**PMPROJECT** BOUTIQUE MANAGEMENT OFFICE

# Escritórios de Gestão Inteligente – EGI

## MANAGEMENT

Autor

MARCELO MARQUES GRANADO, PMP

BOUTIQUE INTELLIGENCE OFFICE

ISBN – 979-8-5259-5952-1

Copyright © Marcelo M. Granado.

Publicação Independente

Direitos desta edição reservados à MARCELO MARQUES GRANADO

BIO. BOUTIQUE INTELLIGENCE OFFICE

Ed, Times Square - 23° Andar - Sl 2302 - Av. Pres. Vargas, 2121, CEP 14080-110 - Ribeirão Preto, SP, Brasil

Todos os direitos reservados. A reprodução não autorizada desta publicação, no todo ou em parte, constitui violação do copyright (Lei n° 9.610/98).

Design e Editoração: BIO. BOUTIQUE INTELLIGENCE OFFICE

Ilustração de capa: Canva.com

M. Granado, Marcelo

Escritórios de Gestão Inteligente / Marcelo M Granado - Ribeirão Preto : BIO. BOUTIQUE INTELLIGENCE OFFICE, 2020.

100 p. - (Management)

Acima do título: BIO. BOUTIQUE INTELLIGENCE OFFICE

Abaixo do título: O futuro da gestão em um formato inteligente. O novo conceito de gestão chegou para transformar as organizações.

1.Escritórios de gestão inteligente - fundamentos, projetos e implementação.

2.Escritórios de gestão - inteligência.

## DEDICATÓRIA

Aos nossos clientes e parceiros que confiam em nosso trabalho e foram a maior fonte de inspiração para esta obra.

A Inteligência Infinita que nos inspirou todos os dias a produzir essa obra.

A minha família, os anjos da minha vida, que cederam seu tempo comigo para que eu pudesse compartilhar meu conhecimento com o mundo.

# ÍNDICE

| | |
|---|---|
| CARTA AO LEITOR | 1 |
| O ESCRITÓRIO BOUTIQUE DE GESTÃO | 2 |
| BIO. O LUGAR DA INTELIGÊNCIA | 3 |
| PORTFÓLIO DE NEGÓCIOS | 4 |
| INSPIRE-SE ANTES DE COMEÇAR | 5 |
| SETUP DA MENTE PARA LEITURA | 6 |
| SETUP CONCLUÍDO | 7 |
| CAPÍTULO 1: A HISTÓRIA DO EGI | 8 |
| CAPÍTULO 2: ÁREAS DE GESTÃO PARA O EGI | 16 |
| CAPÍTULO 3: PROPOSTA DE IMPLANTAÇÃO DO EGI | 23 |
| CAPÍTULO 4: PLANO DE TRABALHO DO EGI | 37 |
| CAPÍTULO 5: INICIANDO A OPERAÇÃO DO EGI | 47 |
| CAPÍTULO 6: GERENCIANDO A MUDANÇA | 57 |
| CAPÍTULO 7: PROJETO DE IMPLANTAÇÃO | 62 |
| CAPÍTULO 8: CONTROLES DE GESTÃO | 69 |
| CAPÍTULO 9: PROCESSOS E ELEMENTOS DO EGI | 73 |
| CAPÍTULO 10: ESTRUTURA E TIPOS DE EGI | 81 |
| CAPÍTULO 11: INDICADORES INTELIGENTES | 127 |
| CAPÍTULO 12: EGI, GOVERNANÇA E COMPLIANCE | 132 |
| CAPÍTULO 13: O INVESTIMENTO DO EGI | 135 |
| CAPÍTULO 14: EGI E OS CENTRO DE SERVIÇOS | 140 |
| CAPÍTULO 15: CSI FRAMEWORK APLICADO AO EGI | 142 |
| CAPÍTULO 16: A EVOLUÇÃO DO EGI | 191 |
| CAPÍTULO 18: A OPERAÇÃO INTERNA DO EGI | 197 |
| CAPÍTULO 19: EGI, O ESCRITÓRIO CONCEITO | 207 |
| CAPÍTULO 20: ESCRITÓRIOS INDEPENDENTES | 224 |
| CAPÍTULO 21: ESCRITÓRIOS REGIONAIS | 228 |
| CAPÍTULO 22: LICENÇAS PARA EGIS | 232 |
| CAPÍTULO 23: O FUTURO DA GESTÃO | 246 |
| SOBRE O AUTOR | 251 |
| OBRAS DO AUTOR | 252 |

# CARTA AO LEITOR

Caro leitor, este livro foi criado a partir das experiências profissionais do autor e das necessidades dos clientes e parceiros do PMPROJECT. Ele contempla de forma prática, os conhecimentos adquiridos em mais de 20 anos de trabalho em projetos, consultorias, processos e implementação de escritórios de gestão. Até o final do livro, serão disponibilizadas as principais questões sobre implementação de escritórios de gestão inteligente.

É comum ouvirmos questionamentos sobre o termo Escritórios de Gestão, afinal estamos trabalhando para organizações, como vamos implementar um escritório dentro de outro negócio?

Essa prática é muito comum quando se trata de gestão de projetos, no caso do PMO (Project Management Office) ou EGP (Escritório de Gestão de Projetos). Não são escritórios em si, na concepção da palavra, como entendemos no Brasil, mas áreas dedicadas a gestão de projetos, que podem estar dentro da organização, como PMO Interno, ou fora dela, como PMO Inteligente.

O EGI Escritório de Gestão Inteligente ou SMO Smart Management Office não é uma especialidade e sim uma categoria de serviços, projetos e processos. O Smart PMO ou EGP Inteligente é uma especialidade de Escritório de Gestão Inteligente com foco em gestão de projetos. Existem vários outros escritórios de gestão inteligente que serão apresentados ao longo deste livro.

Serão apresentadas as origens, como foram concebidos e como surgiram os EGIs, como operam e como podem ser implementados nas organizações ou adquiridos através de escritórios independentes. Modelos e práticas de gestão, estruturas de sistemas e aplicação de métodos e tantos outros assuntos relativos ao EGI serão tratados neste livro. Aprecie-o "sem moderação".

**O Autor**

# O ESCRITÓRIO BOUTIQUE DE GESTÃO

A PMPROJECT BOUTIQUE MANAGEMENT OFFICE sempre esteve à frente do seu tempo, desenvolvendo novos conceitos ou reinventando a forma de aplicar conceitos e práticas de gestão. O Boutique Management Office ou Escritório Butique de Gestão é um desses conceitos.

Os escritórios butiques são muito conhecidos no ramo de investimentos e escritórios de advocacia por seu atendimento e práticas exclusivas. Eles atuam com um seleto público e trabalham de forma dedicada a poucos clientes com alto valor agregado. Essas são as principais características de um escritório butique.

Usando as métricas do escritório butique, a empresa PMPROJECT ECMTK como era conhecida pela sigla da matriz de trabalho e desenvolvimento apresentados neste livro, evoluiu para um escritório butique de gestão de negócios e projetos.

O nosso principal objetivo foi escolher um seleto grupo de clientes para oferecer serviços exclusivos e de alto valor agregado. Assim nasceu o PMPROJECT BOUTIQUE MANAGEMENT OFFICE ou PMPROJECT BMO. Um escritório conceito para clientes especiais com processos altamente personalizados.

Juntamente com o PMPROJECT BMO nasceram os projetos inovadores como o EGI (Escritórios de Gestão Inteligente) e tantos outros projetos e serviços altamente exclusivos.

Se este livro e outras publicações da BIO. BOUTIQUE INTELLIGENCE OFFICE, foi uma escolha, saiba que sua escolha faz parte de um seleto grupo de clientes que pertence ao portfólio de inteligência.

Aproveite sua exclusividade e venha conhecer mais sobre os produtos e serviços do PMPROJECT BMO acessando o site www.pmproject.com.br.

Saiba mais sobre como constituir um escritório butique de gestão no livro Boutique Management Office – BMO da série Management da BIO.

**O Autor**

## BIO. O LUGAR DA INTELIGÊNCIA

A BIO. STORE / BIO. BOUTIQUE INTELLIGENCE OFFICE é a loja exclusiva para aquisição dos produtos e serviços do PMPROJECT BMO, outras publicações do autor e muito mais. A BIO. assim como o PMPROJECT e o EGI são negócios de inteligência. Leia a apresentação a seguir e surpreenda-se.

A BIO. (BIO DOT) sempre acompanhada de um ponto, não é uma simples loja de livros, produtos ou serviços, mas é a primeira loja do mundo a comercializar produtos e serviços de inteligência.

O projeto surgiu na evolução do PMPROJECT BMO criando um conceito de empresa que atua com Inteligência de Gestão para Negócios e Projetos. Serão apresentadas em todas as publicações sobre negócios (pois existem vários portfólios de inteligência na BIO.), sempre essa expressão: NEGÓCIOS E PROJETOS. Isso é devido a característica contínua ou processual dos negócios que iniciam e não tem um final previstos, são considerados como um processo ou operação. Já os projetos possuem uma característica finita com escopo definido e prazos de início, meio e fim.

A BIO. possuí vários portfólios de inteligência. Eles foram criados para organizar os produtos e serviços de inteligência. Os portfólios vão desde Inteligência Infinita até Negócios e Projetos. O foco de atuação se estende de formação pessoal, profissional, coaching, mentoring e práticas de evolução e desenvolvimento da inteligência até negócios e gestão como é o caso deste livro. Os portfólios são divididos por coleções e séries com livros e publicações para oferecer a melhor experiência de inteligência ao usuário.

Enfim, a BIO. não é uma loja, ela é um conceito, é uma prática de vida. A BIO. é a maior mudança de visão de negócios aliada a experiência do usuário e a prática de gestão e inteligência. Venha conhecer mais sobre os produtos e serviços de inteligência da BIO. BOUTIQUE INTELLIGENCE OFFICE em www.pmproject.com.br/bio, afinal, se todos temos vida então, todos somos BIO.

**O Autor**

## PORTFÓLIO DE NEGÓCIOS

As nossas publicações são organizadas em portfólios para auxiliar nossos leitores no encontro das obras.

Este livro pertence ao Portfólio de Negócios. Este portfólio é organizado com as principais obras que ligam o leitor as publicações sobre Inteligência de Gestão.

Os temas da atualidade são tratados em uma linguagem prática e simples para acesso a todos que atuam em negócios e projetos, nas organizações ou fora delas.

Conheça ao final do livro outras obras deste Portfólio. Conheça outros portfólios e outras obras no site da BIO.

BOUTIQUE INTELLIGENCE OFFICE

WWW.PMPROJECT.COM.BR/BIO

ESCRITÓRIOS DE GESTÃO INTELIGENTE - EGI

## INSPIRE-SE ANTES DE COMEÇAR

Talvez essa seja uma pergunta recorrente, essa é a terceira página de introdução? Isso é mais comum do que se imagina. O cérebro foi feito para consumir um produto de acordo com a expectativa criada sobre ele. Aí vai o exercício mais simples do mundo, não pense em batata frita. Claro que o cérebro pensará em batata frita e se possível levará a pessoa a comê-la. O cérebro faz isso. Por isto, esta pausa é necessária.

Pegando a deixa da batata frita. Por que se consome junk food? E o que isso tem a ver com gestão, negócios, projetos e tudo mais. Tem tudo a ver. As pessoas não têm mais tempo. As pessoas não conseguem parar para nada. Elas precisam superar a tudo e a todos. Elas precisam de pressa para assimilar o maior conteúdo possível para estar à frente de tudo e de todos. Elas precisam vencer.

Aposto que muitas das pessoas que lerão este livro foram tão pressionados em todas as áreas da sua carreira, vida, estudos, etc. e frases como esta, "até que enfim concluí a minha faculdade", ou "até que enfim que o mestrado ou pós-graduação terminaram". Essas frases são mais comuns nos dias atuais. Aposto também que essas pessoas não viam a hora de terminar aquele trabalho ou projeto. E tantas frases como essa permeiam o dia a dia de grande parte da população mundial.

Não foi dito nas páginas anteriores que a BIO. é uma empresa de inteligência? E como esse é o maior ativo da BIO. não dá para começar qualquer trabalho sem ligar esse "motorzinho" da inteligência.

Ao se aventurar a ler este ou qualquer outro livro, mesmo que não seja sobre o assunto desejado ou mesmo que seja um livro de outro autor, sem ligar a inteligência, a possibilidade de não assimilar o que leu é muito grande. Não haverá leitura, mas apenas uma passagem pelo assunto.

A leitura ou a audição (no caso de audiobooks) necessita de um fator de conversão. As ondas que o cérebro recebe quando se lê algo em um ambiente, situação ou momento, leva a resultados totalmente diferentes dependendo de cada estado da mente. A seguir uma dica de como aprender ler (ou ouvir) este e outros livros.

## SETUP DA MENTE PARA LEITURA

Talvez essa seja uma pergunta recorrente, o que é setup da mente? Isso é mais comum do que se imagina. Talvez possa parecer que está página está repetida. Isso é proposital. É para testar a atenção sobre o conteúdo da leitura. Este é um pequeno exercício para surpreender o leitor na falta de atenção sobre a leitura.

Não é motivo para preocupação, isso é comum na vida cotidiana, moderna e corrida. Esse pode ser outro fator. Quando declara-se estar em uma vida corrida, falta de tempo e mais, quando as desculpas por não conseguir fazer algo são repetidas, ativa-se na mente um comando para desistir mesmo sem ter começado.

Estereótipos, pré-julgamentos, pontos de vista inflexíveis e opiniões fortes também impedem o aprendizado. Quando critérios são estabelecidos e pregados como uma verdade absoluta sobre qualquer coisa, a experiência do novo, simplesmente por nunca ter ouvido falar dele, não é completa.

Quantas palavras uma pessoa pronuncia nos dias de hoje que a vinte anos atrás nem existia? Ao abrir o smartphone, pegar um aplicativo como Uber e apenas verificar o endereço ou baixá-lo em uma loja de aplicativos como o Google Play, Apple ou Microsoft Store, a pessoa terá percebido o quanto isso é verdade. Caso restem dúvidas abra o Youtube e milhões de vídeos de como tudo isso funciona saltarão a tela.

A vinte anos não existia Youtube (criado em 14/Fev/2005), nem Uber (criado em Mar/2009). Apple e Microsoft tem muito mais de 20 anos. Porém a Microsoft Store só foi criada em Abril de 2017, antes disso ela era Windows Store também com menos de 20 anos pois foi criada em 29/Fev/2012. Isso significa que eles comemoram o aniversário da Windows Store a cada quatro anos? Com certeza não. Se o Google for a escolha para a questão anterior, também é um erro, pois a empresa foi fundada a mais de 20 anos (04/Set/1998).

Pode parecer estranho ou sem conexão a leitura anterior, mas com certeza o cérebro já fez as conexões possíveis, pois este é padrão de comunicação na era da transformação digital. A seguir outro exercício, porém ele deve ser evitado. Procurar cada termo ou expressão, fonte ou a origem dos dados balizados em uma pesquisa "Google". A ideia da BIO. é apenas ativar a mente e a sua curiosidade. Mergulhar na leitura e entregar-se por inteiro ativará a inteligência.

# SETUP CONCLUÍDO

Processo finalizado, pronto para começar? Isso é mais comum do que se imagina. Talvez possa parecer que esta página está repetida. Isso também é proposital. Porém a preparação foi concluída e o método teve êxito.

Baixando as armas, e relaxando, agora um clima para leitura foi estabelecido para este ou qualquer outro livro. É necessário um processo de desconexão das atividades rotineiras para ativar a inteligência. Exercícios mentais levam as pessoas a querer desvendar coisas e provar a inteligência. Porém se a inteligência emocional for afetada por fatores externos, estresse, medo, dúvida, angústia ou mesmo alegria e euforia, isso pode impactar a experiência da inteligência.

A BIO. recomenda utilizar este livro não como um manual pois, geralmente manuais não são lidos, ou são lidos de forma parcial quando são necessários. A recomendação é ler este livro como uma palestra, um curso ou um workshop.

Fazer exercícios ou alongamentos de alguns minutos apenas antes de ler para não ter sono durante a leitura, também é uma boa dica. Fazer pausas frequentes para verificar o entendimento de cada tópico. Pegar a bebida favorita, de preferência que não afete seu pensamento, pode ser um bom acompanhamento para leitura.

Outro fator importante, a posição confortável. Ler é como dirigir ou assistir um bom filme. Se a postura não estiver correta, isso pode trazer reações indesejadas. O caminho pode parecer longo ou filme ruim. Isso tudo tem muito mais a ver com a postura do que com filme ou a direção do veículo. Agora que os conceitos foram entendidos, ora da leitura! A BIO. espera que os seus leitores estejam conscientes nessa experiencia de conhecimento e informação.

A última dica sobre conteúdo e ativação da inteligência. O subconsciente fornece as conexões necessárias para o conteúdo que ainda não é conhecido. Portanto, em casos em que encontrar algo que não se conhece, a BIO. recomenda a leitura do capítulo, parágrafo ou frase, com pausas e anotações dos termos. Ao pausar para pesquisas em uma fonte, isso pode te levar a desconexão e, talvez, acabar parando nas redes sociais sem perceber. SUCESSO.

**O Autor**

# CAPÍTULO 1: A HISTÓRIA DO EGI

## CONHECENDO O EGI

O Escritório de Gestão Inteligente - EGI nasceu de uma necessidade dos clientes do PMPROJECT BMO - BOUTIQUE MANAGEMENT OFFICE.

Os clientes necessitavam de um serviço de gestão em determinadas áreas de forma inteligente.

Serviços de gestão geralmente são feitos por consultorias como o PMPROJECT, mas em projetos ou assessorias pontuais, nunca de forma contínua e sequencial. Isso deixaria de ser consultoria e passaria a ser um processo empresarial, ou um CSC - Centro de Serviços Compartilhado.

Para compreender o funcionamento de um Escritório de Gestão Inteligente, o conteúdo dos capítulos foi organizado, mantendo as referências internas tratadas neste livro, e as referências externas tratadas em outras publicações da BIO.

As informações apresentadas neste livro, as práticas, fontes, modelos, referências e tudo o que for necessário para implementação de um EGI foram pensadas para organizações de qualquer porte ou mercado.

O EGI é muito similar a um Escritório de Gestão de Projetos (EGP/PMO), porém atuando em qualquer área organizacional.

O EGI pode ser estabelecido para qualquer área de gestão de acordo com as necessidades organizacionais. EGI para Negócios (SBM), Engenharia (SEM), Controladoria e Finanças (SFM), Qualidade (IQM), até mesmo a Gestão do Conhecimento (IKM), Tecnologia (ITM) e Gestão Comercial, Vendas e Sucesso do Cliente (ICSM).

Cada escritório inteligente tem por responsabilidade cuidar da gestão de uma área específica e dos processos nela envolvidos.

Outra característica muito similar ao PMO é a organização dos métodos de gestão, a possibilidade de ter equipes multidepartamentais, multidisciplinares e multifuncionais atuando em projetos e negócios.

## OS TIPOS DE EGI

O EGI pode ter níveis e intensidade de atuação diferente para cada organização.

O EGI pode atuar em nível operacional, como EGI de Suporte ou Operação. A nível gerencial o EGI será de Controle ou Gerencial. Para a alta gestão e demais níveis estratégicos o EGI será Diretivo ou Estratégico.

Quanto a atuação o EGI pode ser parcial e compartilhado, atuando em várias áreas ou empresas. Se o EGI for dedicado ele atuará em apenas uma área ou empresa. Se o EGI for exclusivo ele atenderá somente um departamento, diretoria ou área específica sem atender outros clientes durante esse período de gestão.

Um exemplo de EGI de Projetos para gestão de empreendimentos. Um EGI com contrato para gerenciar um portfólio de projetos de empreendimentos para uma urbanizadora familiar.

O escopo inicial pode ser, organizar o portfólio de empreendimentos, verificar a estrutura gerencial, avaliar a consistência dos negócios e desenvolver uma proposta de estruturação para o family office no segmento de empreendimentos.

O EGI atua conectando negócios, projetos e processos de gestão onde uma grande quantidade de profissionais seria necessária para atender todas essas demandas.

No exemplo anterior pode ser criado um EGI tanto de Projetos quanto de Empreendimentos. Veja a composição a seguir.

Tipo de EGI: Suporte (com evolução).
Nível inicial: Operacional
Nível final: Estratégico.
Escopo: Empreendimentos.
Atuação: Parcial (com evolução)
Dedicação inicial: Gestão organizacional
Dedicação Final: Estratégia, Sistemas, Comercial, Marketing e Vendas.
Observações: Atuação em Family Office

## DETALHANDO O EGI

Usando o exemplo do EGI anterior, é possível detalhar suas atividades e processos para entender como ele funciona na prática.

Antes de detalhar o EGI, é importante compreender o tipo de cliente atendido pelo EGI. No exemplo, um Family Offices – FO ou Escritórios de Gestão Familiar.

Um FO geralmente pertence a uma ou mais ramificações de uma mesma família. O FO concentra a administração dos negócios dessa família organizando seus portfólios de investimentos.

Geralmente quem trabalha nos FOs são os próprios familiares com alguns poucos funcionários. Um FO gerencia um portfólio muitas vezes maior que o orçamento de algumas pequenas cidades brasileiras.

Escopos e segmentos de mercado variados podem compor um FO. FOs podem atuar em serviços, comércio ou indústria.

Os FOs podem ainda ser nacionais ou internacionais. Geralmente os FOs tem participações complexas e investimentos pulverizados para reduzir o risco das operações.

Para conhecer mais sobre gestão inteligente e serviços para Family Offices, conheça o livro Family Offices Services da série Management da BIO.

Conhecendo o cliente, de forma genérica o primeiro passo é estabelecer um contrato, por um período específico e um Work Plan ou Plano de Trabalho. Nos capítulos seguintes é possível ver detalhes, frameworks e workflows de trabalhos como esse.

A primeira atividade do EGI é compreender as necessidades do cliente antes mesmo de gerenciá-las.

Empresas familiares têm um cuidado especial com todos que a cercam. Os FOs se preocupam tanto com os funcionários quanto com o seu negócio de família.

Atuar em uma empresa, seja qual for a sua composição, o conhecimento das pessoas e da sua inteligência emocional é tão fundamental quanto o conhecimento técnico.

A compreensão da inteligência emocional supera o conhecimento técnico. O conhecimento técnico pode ser documentado, padronizado e colocado em um processo. Já o conhecimento tácito e a inteligência emocional, aplicada pelos gestores e proprietários, pode ser tão implícita e difícil de medir que muitas vezes, o maior ativo da organização é o próprio colaborador ou o seu fundador.

O EGI posiciona-se entre o objeto ou escopo a ser gerido. As práticas de gestão são estabelecidas para o tipo e forma de negócio. Após o mapeamento das atividades, processos, projetos, inteligência emocional e técnica, os trabalhos são direcionados. A partir daí os escopos secundários também são direcionados e gerenciados.

Uma estrutura de gestão é criada pelo EGI. Entenda aqui por estrutura de gestão, os processos, não as pessoas. Esse é outro foco dos serviços e processos de inteligência do EGI.

Nas demais publicações de negócios do Portfólio Negócios que trata de Inteligência de Gestão, o foco principal também são as pessoas que executam os processos.

A empresa está mapeada, a estrutura foi definida o próximo passo é criar projetos e negócios inteligentes através do EGI.

## SIMPLIFICANDO PROCESSOS COM O EGI

> Simples pode ser mais difícil de fazer do que o complexo; você tem que trabalhar duro para clarear seu pensamento a fim de torná-lo simples.
>
> Steve Jobs

Segundo Steve Jobs, simplificar pode ser mais difícil do que se imagina. É necessário "clarear o pensamento" antes de começar. Entender todo o processo por traz do escopo, detalhá-lo de forma completa e, complexa e inimaginável, para torná-lo, simples.

O clareamento do pensamento ou entendimento do processo, é algo finito. Existe um período de maturação que deve atender as expectativas do cliente versus a resposta do mercado em que atua. O próximo passo para entender o processo, é necessário executá-lo. E para executá-lo, um projeto pode ser desenvolvido antes de conceber um negócio. São etapas simples e inteligentes para acompanhar a evolução do negócio.

O EGI desenvolverá o estudo da viabilidade do processo do projeto e do negócio. Avaliará as implicações das várias vertentes societária, legal, contábil, engenharia, administração, comercial, suprimentos, etc. A lista pode ser muito extensa. No ramo da consultoria, seriam necessários no mínimo 3 a 4 grupos de empresas para suprir todas as necessidades.

O EGI criará uma estrutura de gestão inteligente para poder atender toda essa demanda, com um mínimo de pessoas possível. O EGI mapeará todos os processos e as pessoas necessárias para gestão. Mapeará as áreas do cliente que precisam de gestão inteligente. Definirá junto com o cliente quais delas serão gerenciadas pelo EGI, quais serão transferidas ou absorvidas em processos inteligentes.

O EGI atua em praticamente todos os ramos de empresas e negócios criando um pool de serviços. Eles serão prestados de forma pontual, contínua ou por projetos.

Um exemplo de atividades que podem ser desenvolvidas pelo EGI são as campanhas de marketing. As campanhas podem ocorrer das três formas dependendo do processo de comercialização e do tipo de produto ou serviço.

É possível criar campanhas e eventos pontuais e inteligentes. Em outro momento é possível criar uma divulgação inteligente, contínua e programada. É possível também criar projetos estruturados para criação de campanhas e lançamentos de produtos ou serviços de forma inteligente e inovadora.

Mais formas de gestão inteligente, estratégias, marketing, vendas e empreendimentos são apresentadas nos livros sobre Inteligência Organizacional, Planejamento e Inteligência Estratégica, Management Intelligence Business e Inteligência Comercial e Sucesso do Cliente, todos da série Management da BIO.

Estabelecidos os serviços pelo EGI, eles serão alocados e definidos de acordo com a gestão. Alguns deles ficarão sob a gestão da empresa do cliente, outros serão prestados como serviços pontuais.

Embora os serviços sejam diversificados, todos passam pelo EGI, mesmo os serviços realizados pela empresa cliente. O objetivo é integrar e padronizar, revisar e aprovar os processos, segundo os critérios de inteligência de gestão.

O proprietário, diretor, CEO ou qualquer gestor que esteja responsável pelo EGI, aprovará os processos.

O EGI sempre gerenciará tudo de forma inteligente. O princípio é melhorar os processos de trabalho desenvolvidos na empresa criando foco para as demandas que geram valor para o cliente interno, através de receitas e para o cliente externo, através de entrega de produtos e serviços inteligentes.

O EGI terá sempre uma equipe otimizada para atender as demandas de gestão. Profissionais com conhecimento especializado e equipes multidisciplinares, habilidades em escopos específicos, no caso em empreendimentos como foi o exemplo anterior.

Os profissionais atuarão como consultores internos em todas as etapas. Eles gerenciam as informações de forma completa, conhecendo as práticas de todos os processos de gestão. O gestor responsável pelo EGI deve ser conhecedor de todos os processos da área gerenciada e das áreas afetadas pela sua gestão.

No caso de empreendimentos, um gestor deve conhecer sobre todas as informações necessárias sobre o produto da sua gestão, mesmo que outras áreas da empresa desenvolvam esses papéis.

Por exemplo, o gestor deve conhecer sobre impostos, o que neste caso é responsabilidade da controladoria e da contabilidade. O gestor precisa entender sobre legislação, legalização e constituição societária, papel desenvolvido pelo departamento jurídico ou escritórios de advocacia. O gestor deve conhecer a fundo sobre investimentos e financiamentos de empreendimentos, um papel da tesouraria e do financeiro.

Quanto as atividades técnicas, o gestor precisará entender de projetos e construções, papéis desenvolvidos pela engenharia de empreendimentos.

Muitas outras áreas ainda são necessárias para a gestão de empreendimentos. A gestão de vendas, publicidade e propaganda, papéis desenvolvidos pela área comercial e pelo departamento de marketing são alguns exemplos.

O EGI fará todos papeis descritos anteriormente e, depois de criar a estrutura prevista, atuará como gestor das áreas escolhidas durante o período de adaptação.

É possível que neste período o EGI necessite de dedicação total. Neste caso, o EGI pode ampliar o escopo e gerenciar o empreendimento como um todo ao invés de gerenciar cada área separadamente, A atuação do EGI será da viabilidade até a conclusão do empreendimento.

Durante todo o desenvolvimento do empreendimento, o EGI apresentará os resultados obtidos em cada fase para cada área da sua gestão.

O propósito do EGI é criar e implementar processos de inteligência de negócios e gestão em função da sua habilidade de gestão.

Outro exemplo de EGI é O Smart PMO. O Smart PMO atua como um EGI dedicado somente a projetos, programas e portfólios. O Smart PMO é composto de colaboradores de várias empresas, inclusive de parceiros, fornecedores e até mesmo clientes.

Quando se trata do Sucesso do Cliente por exemplo, um profissional do cliente faz parte do EGI para poder gerenciar os interesses de gestão com foco nos interesses do cliente dentro da organização fornecedora.

O EGI não deve ser comparado a um comitê. Um comitê tem atribuições temporárias e caráter emergencial ou provisório. O EGI tem caráter permanente e evolutivo. O EGI pode atuar em várias fases de um mesmo negócio ou projeto pelo tempo que for necessário para entregar as práticas de inteligência de gestão.

## APRESENTANDO RESULTADOS COM EGI

O EGI pode trazer resultados multifuncionais implementando áreas de gestão inteligente na organização. O EGI pode utilizar a própria equipe existente do cliente como apoio na gestão, apenas redirecionando processos e projetos, capacitando a equipe para atuar na inteligência de gestão. O EGI pode criar equipes especializadas para assumir posições em escritórios de gestão inteligente em áreas totalmente inovadoras.

Outro resultado que o EGI pode trazer são ferramentas de gestão inovadoras como o CSI Framework. O CSI é um framework de gestão inteligente desenvolvido para atuar em escritórios de gestão de forma ágil e inovadora.

O CSI criará um repositório de gestão inteligente nos processos gerenciados pelo EGI. A criação e a operação realizadas na implementação e pós implementação do EGI serão monitoradas e acompanhadas através do CSI.

As informações passam por um padrão de qualidade do EGI e são preparadas para a Alta Gestão ou para o nível estratégico específico selecionado para atuação do EGI. Todas as ações contempladas na gestão do EGI visam a otimização de processos de projetos e negócios.

Outro papel do EGI é atuar na gestão do conhecimento. Todo o conhecimento gerado durante o desenvolvimento da gestão é disponibilizado de forma inteligente. Portais de comunicação e redes integradas fornecem alimentação inteligente em processos.

O EGI ainda pode atuar na alta gestão como conselheiro nos conselhos consultivos ou de administração, consultor ou gestor de áreas específicas na gestão dos resultados inteligentes ou ainda dentro de escopos específicos como consultores técnicos.

As opções e oportunidades para implementação e operação do EGI são extensas e serão apresentadas no decorrer deste livro.

# CAPÍTULO 2: ÁREAS DE GESTÃO PARA O EGI

## IDENTIFICANDO ÁREAS DE GESTÃO PARA IMPLANTAÇÃO

O EGI pode ser implantado para gerenciar qualquer área de gestão da organização. O sucesso na implantação de um EGI, está ligado a seleção da área de gestão e a correta identificação de quais fluxos de gestão serão gerenciados.

Alguns serviços organizacionais já são realizados por fornecedores ou prestadores de serviços. A alta é média gestão, porém, nunca foi um objetivo deles devido a sua complexidade.

Dentro do escopo de produtos e serviços adquiridos por fornecedores, empresas ou prestadores de serviços, em sua maioria, esses serviços são adquiridos como produtos e serviços diretos e não como projetos ou processos integrados. Nesse caso a diferença está na gestão.

Os produtos e serviços são elaborados ou prestados na sede do fornecedor ou no local selecionado pelo cliente. Após a conclusão o produto ou serviço é entregue. O know how de execução fica por conta do fornecedor e o cliente recebe apenas o produto do trabalho executado. Nem sempre o que é entregue está compatível com as reais necessidades.

No caso de projetos, o cliente acompanha todo o desenvolvimento do trabalho, as etapas e as entregas parciais e totais e a própria gestão faz parte do escopo do projeto. Com o advento das abordagens ágeis, é possível até receber parte do produto ou serviço antes mesmo do encerramento do projeto. Tudo isso necessita de uma gestão específica e aprofundada.

Utilizando as práticas de gestão inteligente com suporte do EGI, a relação cliente e fornecedor será acompanhada em todas as fases. Os processos de desenvolvimento do produto ficarão alinhados com as expectativas do cliente final através de processos de inteligência do cliente.

Problemas de produção são antecipados e gerenciados de forma inteligente através da área de sucesso do cliente. Esse é um dos diferenciais do EGI, o foco no cliente final como processo de inteligência de gestão.

## GESTÃO DE FORNECEDORES

Algumas organizações contratam fornecedores para entregar serviços específicos que não afetam diretamente seus processos ou serviços. A prática é comum em quase todas as empresas.

A experiência do cliente em todos os processos desenvolvidos na organização e fora dela é papel do EGI, principalmente nos fornecedores.

O EGI gerencia processos de inteligência como Design Thinking, UX (User Experience) e outros métodos aplicados a experiência do cliente, pensando sempre como o produto ou serviço pode se comportar, desde a sua concepção até a entrega ao cliente final.

O conhecimento sobre todos os processos em torno do produto ou serviço desenvolvido é acompanhado pelo EGI. Utilizando a inteligência de gestão, o EGI monitora e realiza inspeções no processo do fornecedor.

O EGI trabalha junto aos fornecedores desde a especificação técnica, seleção e desenvolvimento de fornecedores, capacitação e auditoria dos processos de serviços e entregas. O papel do EGI é ajudar a organização a descobrir quais entregas, fornecedores e processos, necessitam de gestão inteligente.

Após a identificação, o EGI desenvolverá práticas de gestão para reduzir os problemas e falhas, melhoria de processos e resultados em todas as fases de desenvolvimento. A gestão inteligente do EGI atua como gestora de recursos internos e externos.

Processos de Procurement & Supply Chain são conectados a metodologias inteligentes de gestão através do EGI. Os processos de gestão inteligente com o uso de ferramentas de inteligência tornam a gestão de fornecedores mais transparente e menos complicada.

Enfim o EGI atua na gestão para melhorar a experiência cliente / fornecedor / usuário final. Em todos os processos e fases O EGI desenvolve práticas de inteligência gestão para transformação operacional.

## GESTÃO DE PROCESSOS

As organizações necessitam de processos para conduzir os negócios e projetos. Processos podem ser estruturados ou desconectados, porém todos os processos sofrem influências internas e externas por conta da forma que foram concebidos.

O EGI entra em ação interpretando os processos e encontrando soluções inteligentes para sua execução. O foco sempre está na experiência do cliente, até mesmo em processos internos.

Ao falar em experiência do cliente, eles podem ser classificados como clientes internos e externos. Ambos recebem produtos e serviços. O EGI olha para esses processos com olhar do cliente, tanto externo como interno pois, um processo interno pode trazer impactos para ambos os clientes.

O EGI se preocupa com a experiência do cliente também nas fases de projetos, do desenvolvimento de produtos ou serviços prestados na organização. Não importa se parte do produto, serviço ou projeto é realizada por um processo interno, por fornecedor externo, ou até mesmo em outro estado ou país. O EGI cumpre o papel de acompanhar todas as fases para o sucesso do cliente de forma inteligente.

O sucesso do cliente é retratado na íntegra no livro Inteligência Comercial e Sucesso do Cliente da série Management da BIO.

Os processos são uma parte importante para escolhas das áreas de gestão. Porém é importante saber que empresas, mesmo na era da transformação digital, ainda pensam como empresas da era industrial.

Empresas com processos da era industrial são baseadas em estruturas matriciais e métodos sequenciais ou em cascata. Empresas com processos da era da transformação digital são baseadas em equipes autogerenciadas e métodos ágeis.

O EGI interpreta ambos os perfis das empresas e integra esses processos em fluxos de inteligência de gestão. Algumas empresas necessitam ter processos estruturados de forma matricial, isso faz parte da sua operação e da sua forma de atuação. Outras empresas poderiam ter migrado para uma gestão ágil a muito tempo.

A dificuldade em atuar com gestão ágil ou processos de inovação e transformação digital é a compreensão sobre a tecnologia aplicada a processos através da gestão inteligente.

Os processos com foco industrial têm por interpretação o cargo e a função como seu principal foco. Pessoas devem ocupar funções que executam atividades. Os cargos estão atrelados a posição que ocupam e fixam os patamares de remuneração.

Em uma gestão inteligente, os processos estão atrelados as áreas onde são executados e não aos cargos e funções que os executam. Pessoas são substituídas por processos no organograma e as posições que elas ocupam passam as ser as áreas de atuação da gestão.

Para facilitar a identificação das áreas, um conceito aplicado pelos EGIs, é a identificação de áreas por função para gestão inteligente.

## GESTÃO INTELIGENTE DE ÁREAS POR FUNÇÃO

As áreas de gestão para empresas que adotam inteligência de gestão sofrem alterações em sua estrutura. Uma ou mais áreas podem ser adicionadas a uma área específica sem alterar cargos ou funções na gestão.

O entendimento que o EGI traz sobre os processos é a definição de áreas para aplicar a gestão inteligente. O EGI seleciona quais os serviços serão transformados e quais são suas responsabilidades enquanto área de gestão. O intuito é identificar quais dessas áreas serão elegíveis para compor o processo de inteligência de gestão do EGI.

A compreensão das áreas não modifica a estrutura organizacional nem o modelo de gestão das empresas. O modelo de gestão inteligente por áreas de gestão apenas utiliza todas as necessidades de processos e gestão que uma área precisa, identifica quais responsabilidades e como elas interagem com as demais áreas.

Após o entendimento definido pelo EGI, as áreas selecionadas podem ser integradas a outras áreas, podem ser classificadas como áreas operacionais, áreas estratégicas, de alta ou média gestão. Cada empresa pode ter um modelo diferente apresentado pelo EGI.

## ORGANOGRAMA FUNCIONAL POR ÁREAS

Um EGI pode atuar com gestão inteligente nas organizações, do Conselho de Administração e Diretoria (Alta Gestão), até as áreas Comercial, Administrativa e Operacional (Média Gestão).

Definidas as áreas agora cabe a organização, junto com o EGI, definir quais processos serão passíveis de aplicação da gestão inteligente e quais serão mantidos na situação atual.

Alguns detalhes serão definidos durante a elaboração do plano de trabalho, outros podem ser criados durante a execução e outros ainda, talvez a organização nem saiba que necessita de gestão inteligente nessa área.

Detalhes das áreas, processos e funcionamento do EGI serão discutidos nos próximos capítulos. Essa é uma breve ideia sobre a visão do EGI.

O EGI assim como o PMO, podem ser compostos por pessoas de vários setores, dentro e fora da organização.

O gestor do EGI é sempre alguém de fora da organização. Ele será um membro da empresa PMPROJECT BMO ou de um escritório de concessão de criação de EGIs chamado de EGI Independente.

Os demais membros podem ser membros da própria empresa, fornecedores, parceiros, clientes e representantes do cliente, consultores e auditores externos, etc.

O importante é a compreensão que a gestão está ligada a área objeto de aplicação do EGI e não as pessoas que nela atuam.

## CONCLUINDO O PROCESSO DE IDENTIFICAÇÃO

A conclusão do processo de identificação das áreas de gestão é o passo principal na implantação de um EGI. Ela apresenta as áreas necessárias para a criação da proposta de implantação do EGI. Esse processo pode ser tratado como viabilidade de implantação do EGI.

Tendo em vista que o EGI vai operar como um serviço inteligente por um período definido, será necessário a elaboração de um modelo de gestão inteligente. Esse modelo será criado a partir de um Work Plan ou Plano de Trabalho.

O EGI irá funcionar conforme previsto no Work Plan, porém ele possuiu liberdade de trabalho assim como uma diretoria ou uma gerência tem liberdade para gerir suas áreas de responsabilidade.

Os trabalhos desenvolvidos pelo EGI seguem um cronograma pré-definido no modelo de gestão. O modelo deve ser aprovado e detalhado no Work Plan.

Uma característica sobre esse tipo de serviço é a demanda e a entrega de informações. Como o trabalho e a operação são aliados a rotina diária, acabam definindo o ritmo para a entrega de informações. Cabe ao EGI estabelecer, de forma inteligente, um modelo eficiente de comunicação entre as áreas de gestão.

O processo pode ser demorado no início se a empresa tiver uma estrutura muito rígida. A tendência é melhorar com aplicação de técnicas inteligentes ajustada ao tempo de aplicação. As técnicas auxiliam no estabelecimento e melhoria dos canais de comunicação e de coletas de dados.

Um tópico levantado para otimizar as entregas é o modelo de gestão ágil e incremental adotado pelo EGI. Os modelos são flexíveis e adaptáveis. Através deles é possível alterar um processo, um método ou qualquer elemento de gestão de forma ágil e inteligente.

As informações, objeto principal de execução dos serviços do EGI na organização, também precisam estar disponíveis e com qualidade suficiente para a gestão. O EGI implanta na organização, uma cultura disruptiva, onde a informação é descentralizada e disponibilizada a todos de acordo com o nível de interesse e compliance.

Por exemplo, informações estratégicas e comerciais podem não estar disponíveis para algumas áreas, pois trata-se de estratégias de vendas e expansão de mercado. Por outro lado, as práticas para execução dessas mesmas informações devem ser compartilhadas.

Muitas vezes o atraso na passagem de informações da esfera estratégica para a operacional, reduz o tempo de operação, diminuindo o prazo de execução, elevando os custos, e impactando o produto ou serviço final a ser entregue.

O EGI, através da gestão inteligente, antecipa e organiza ações para reduzir o tempo de comunicação dessas informações e reduzir os impactos desses atrasos.

Todas as informações confidenciais ou com nível estratégico que podem ter impactos em negócios e projetos, é tratada pelo EGI com extremo cuidado.

Acordos de confidencialidade (NDAs), sistemas de proteção de dados e informações, políticas de não divulgação e processos de inteligência, retenção e segurança da informação são aplicados.

Definidos de comum acordo com as organizações, o EGI estabelece as práticas de confidencialidade inteligente na gestão. Tudo isso está contemplado na proposta de implantação de inteligência de gestão com o EGI.

# CAPÍTULO 3: PROPOSTA DE IMPLANTAÇÃO DO EGI

## PREPARANDO UMA PROPOSTA DE IMPLANTAÇÃO

Uma visão geral sobre o EGI e a inteligência de gestão foi apresentado nos dois primeiros capítulos.

A gestão inteligente tem muitas características e especificidades que tornam a implantação de um EGI um processo minucioso.

Uma apresentação detalhada de como colocar em prática a gestão inteligente e o EGI será apresentada nos próximos capítulos.

Modelos de Escritórios de Gestão Inteligente – EGIs estão disponíveis em formato digital no site da BIO. Acesse www.pmproject.com.br/bio.

Este capítulo é dedicado principalmente aos EGIs Independentes que necessitam de uma orientação para emitir as propostas de implantação.

A proposta para implantação do EGI tem por objetivo, criar um processo e preparar o documento que será base da gestão inteligente para ambas as partes, fornecedor e cliente dos serviços do EGI.

A proposta contemplará mais informações do fornecedor do que do cliente. Porém o escopo solicitado, as informações e prazo estabelecido são fornecidos pelo cliente.

Outra informação importante que consta na proposta são as negociações comerciais para operação do EGI.

Se o EGI for independente ou externo a organização, a proposta deve começar com um documento a parte que é muito comum na apresentação de propostas e aquisições de serviços, a Carta de Apresentação da Proposta.

A Carta de Apresentação tem o objetivo de direcionar a proposta ao representante do departamento de aquisições ou ao solicitante da área responsável pela implantação do EGI.

A Carta de Apresentação deve conter, além da identificação do escritório responsável pelo EGI, as informações de contato.

É opcional apresentar um resumo dos serviços na carta de apresentação. A carta não deve ser extensa e em muitos casos não deve ter mais que uma página.

Detalhes sobre termos importantes da proposta para implementação do EGI serão tratados em cada capítulo deste livro.

## APRESENTAÇÃO

A apresentação do modelo de gestão inteligente do EGI deve ser a primeira parte da proposta. Esse modelo será enviado para um novo cliente, e apresentado a vários setores que não conhecem o trabalho do EGI.

Informações técnicas e práticas podem ajudar na aprovação da proposta do EGI e podem reduzir consideravelmente o processo de aquisições.

A primeira parte deve conter o tipo de proposta apresentada. Ela pode ser técnica contendo as informações de execução das atividades do EGI. Ela pode ser comercial ou técnico-comercial contendo tanto as informações técnicas quanto valores e referências financeiras para a implantação do EGI.

Um título será dado ao EGI para o tipo de escritório inteligente ou a natureza dos serviços. Um exemplo pode ser um Escritório de Gestão Inteligente aplicado a Engenharia.

Após o título, a proposta deve trazer uma breve descrição da empresa fornecedora dos serviços do EGI, as áreas e os serviços de competência para execução dos serviços contratados. Eles devem estar explícitos, porém de forma resumida. Detalhes sobre a execução desses serviços tem seu local definido na proposta.

O segundo item da proposta deve ir direto ao assunto, o objetivo do EGI e o escopo de gestão. Geralmente o escopo aqui é o nome da área e do tipo de Escritório Inteligente escolhido. Um exemplo pode ser um Escritório de Gestão Inteligente de projetos, chamado de Smart PMO.

Alguns serviços estão disponíveis para o EGI e suas soluções podem compor o escopo. Esta parte não deve conter detalhamento nem do escopo, nem das soluções, apenas a informação básica sobre esses itens.

O detalhamento do escopo, formas de executá-lo e ferramentas de gestão, estarão disponíveis no Work Plan ou Plano de Trabalho. O Work Plan contém o processo de execução dos serviços de forma integrada e detalhada.

O terceiro item da proposta é um detalhamento preliminar do escopo e alguns tópicos sejam destaque para o EGI. Nessa seção uma breve explicação dos serviços pode ser realizada, sem detalhes técnicos e temas que necessitam de explicações mais detalhadas. Os detalhes devem ser direcionados para o Work Plan.

Alguns EGIs têm vários estágios e pode ser necessário propostas complementares. Nesse caso, um item adicional deve ser incluído. Uma referência a outras propostas deve ser adicionado para incluir o resumo dos serviços e as próximas etapas. O que será adicionado como uma nova proposta e as novas atribuições do EGI devem fazer parte da proposta consolidada.

O importante ao criar uma proposta de implantação é não permitir que ela se estenda além do necessário. Os processos são preliminares na fase de proposta e o papel do EGI é justamente implantar processos definitivos que serão detalhados no Work Plan de cada EGI.

## COMPARTILHAMENTO E LIMITES DE GESTÃO

O EGI é um escritório compartilhado de serviços que conta com o apoio de várias áreas. Na proposta o quarto item é o compartilhamento de funções entre o EGI e as áreas que serão afetadas pelo processo de gestão inteligente.

No capítulo da estrutura do EGI serão apresentados detalhes sobre como as áreas são integradas e a sua interação com o EGI Neste tópico basta citar o uso de recursos internos para compor o EGI como forma de apresentar a integração preliminar.

Um ponto de atenção na apresentação é o limite de atuação do EGI. Tão importante quanto apresentar o que faz o EGI, é explicar o que ele não faz.

O escopo de trabalho previsto na proposta, contrato e plano de trabalho tem tudo o que será feito pelo EGI. Neste item, deve ser apresentado o que não faz parte das atribuições do EGI e, portanto, será tratado como exclusão.

O quinto item da proposta e um dos principais, são os itens fora do escopo. O fornecimento de produtos fora da alçada do EGI e das suas atribuições. Enfim qualquer item que não sejam serviços pré-definidos na proposta, não faz parte do escopo do EGI.

A contratação de serviços externos para execução de serviços também não faz parte do escopo, mas podem ser contratados em proposta a parte.

Por fim, uma das mais relevantes informações são as despesas ou custos reembolsáveis. O tema gera discussão se não for bem apresentado em contratos de prestação de serviços. Este assunto será tratado com mais detalhes na formação de preços, como uma estimativa para a proposta.

O importante para se tratar na fase de proposta do EGI é limitar as atividades do EGI ao seu escopo. O sexto item da proposta é diferente dos itens fora do escopo. Os limites do EGI estão ligados a responsabilidade limitada das atividades do EGI. Os itens fora de escopo estão ligados aos produtos e entregas do EGI. Não há como se responsabilizar por todas as atividades de uma organização em todas as áreas atendidas pelo EGI.

Um exemplo é a segurança da informação e o uso de redes, drives e equipamentos fornecidos para a operação do EGI. O funcionamento dos sistemas, a segurança e as políticas de retenção de dados bem como informações de compliance, são definidos pela organização contratante do EGI.

Outro exemplo são decisões externas tomadas sem informar o EGI. Decisões como essas podem impactar as entregas e o trabalho de inteligência de gestão. Para não ter dúvidas sobre esses temas, melhor incluir esse tipo de detalhe na proposta de implantação.

## PREMISSAS E RESTRIÇÕES

O EGI é algo novo para as organizações. Muitas ações ainda não estão definidas no escopo de trabalho e nem conhecidas por muitas empresas. O sétimo item da proposta são as premissas e restrições.

Premissas são informações pré-estabelecidas no momento da elaboração da proposta, de acordo com a análise do gestor do EGI e do cliente, para apresentação de soluções.

Algo como um cenário específico de funcionamento ou atribuições e respostas de áreas ou ainda situações estimadas para a gestão. Tudo isso é caracterizado como premissas e ajuda a elaborar um escopo preliminar mesmo em cenários indefinidos. Uma abordagem ágil ou híbrida necessitará das premissas para poder direcionar suas atividades.

Restrições são limites de itens ou informações que ficam estabelecidas desde o início das atividades como, por exemplo, o limite de ação em determinadas áreas da empresa.

A aplicação de premissas e restrições, auxiliam no desenvolvimento do escopo preliminar com mais agilidade e facilita o gerenciamento das alterações e de informações ainda não disponíveis nessa fase.

## PRAZOS DE IMPLANTAÇÃO DO EGI

O oitavo item da proposta trata do prazo de implantação do EGI. Este item pode ser dividido em dois subitens, prazo de implantação e extensão de prazo.

Ambos os itens têm a ver com o escopo de alto nível e não detalhes de durações de atividades ou tarefas.

O prazo de implantação é algo que depende de muitos fatores e deve ser mensurado de forma conceitual na fase de proposta. Uma das entregas do EGI é estabelecer o seu prazo de validade na organização.

Deve ficar claro na proposta que o encerramento das atividades do EGI deve estar ligado a passagem das atividades para uma área de gestão responsável. Em casos em que a passagem ainda não está disponível é necessário estender o prazo de gestão do EGI.

Essas cláusulas podem ser incrementadas com outras informações, porém para uma análise mais precisa poderia ser elaborado um modelo de termos & condições (T&C) ou uma política de implantação (IP).

O importante é estar claro o que acontecerá com a área de gestão caso a operação do EGI seja descontinuada ou transferida. Um sistema inteligente não tem paradas abruptas mas sim um planejamento adequado de transferência de gestão.

## SUCESSO DO CLIENTE COM EGI

O EGI poderá realizar as atividades fora das instalações da organização o que será discutido nos tipos e modalidades de EGI. Este é o nono item da proposta e trata do princípio central do EGI, o Sucesso do Cliente.

Gestores e organizadores do EGI, a empresa PMPROJECT BMO, os escritórios independentes, e os demais modelos de EGI, utilizam o conceito de Sucesso do Cliente como o ponto chave de gestão inteligente.

No livro Inteligência Comercial e Sucesso do Cliente da série Management da BIO., é possível conhecer em detalhes as práticas, conceitos e implantação da gestão inteligente ligada ao Sucesso do Cliente.

O item Sucesso do Cliente aparece na proposta como um adicional de informações e comunicação externa do EGI. Neste item a ideia é passar para os clientes do EGI como funcionará a comunicação com o gestor do EGI e equipe, como serão tratados assuntos do cliente e como a gestão inteligente atua nessa prática.

O acompanhamento das atividades por ser online através de meios de comunicação digitais ou presencial para operações do EGI mais complexas que necessitam da presença física dos gestores.

Quando o EGI está integrado na organização ele utiliza os meios de comunicação do próprio cliente. Isso evita criar canais de comunicação paralelos. Essa prática reduz os custos operacionais, e diminui os ruídos de comunicação criando uma cultura onde o EGI faz parte da organização.

Mantendo a comunicação como um ativo organizacional, ao encerrar ou transferir os processos de gestão inteligente, as informações serão mantidas como registros de processos e integradas ao plano de lições aprendidas.

O EGI pode ser adquirido como um serviço por assinatura por demanda. A atuação proativa e preventiva do EGI pode ser equiparada a serviços on demand da era digital.

Na série de livros sobre Management Intelligence da coleção Management da BIO. é possível encontrar detalhes dessas práticas.

A ideia do EGI e outras práticas de inteligência de gestão, de negócios e projetos é melhorar, simplificar e principalmente, antecipar cenários de gestão que necessitam de ações inteligentes.

Adotar as práticas do EGI trará não só mobilidade para os negócios e projetos da organização como confiabilidade na gestão.

## MODALIDADES DE EGI

As modalidades de EGI talvez seja um dos tópicos mais esperados para conhecimento das operações do EGI. O décimo item da proposta será detalhado no capítulo de Estrutura do EGI e nos tópicos a seguir sobre tipos e modalidades do EGI.

Uma prévia das modalidades será apresentada aqui para inclusão na proposta. Cada modalidade inclui um conjunto de informações e define o tipo de gestão inteligente aplicado a execução do EGI.

A modalidade mais comum de um EGI é a TTW ou Travel to Work (viagem a trabalho) onde as atividades do EGI são realizadas na sede do escritório inteligente e, se for necessário, são realizadas viagens pontuais para a sede do cliente ou onde ele informar.

Esta modalidade é a mais utilizada em contratos do EGI. A TTW mescla atividades de desenvolvimento nas unidades do cliente, que necessitam da presença do gestor do EGI e atividades esporádicas que são executadas remotamente.

As atividades remotas têm a seu favor a redução de despesas de viagem e deslocamento dos membros do EGI. No item Formação de Preços devem estar inclusos os cálculos estimados de deslocamentos e outras despesas de viagem.

Na modalidade ICM ou In Company Management (gestão na organização) as atividades são realizadas 100% na sede do cliente e não há suporte ou atividades remotas. Essa prática assemelha-se a um escritório interno de gestão, um PMO interno por exemplo. Está forma é a mais cara das modalidades pois requer um EGI exclusivo em tempo integral.

A modalidade PTM ou Part Time Management (gestão em tempo parcial) é muito parecida com a TTW. A PTM tem atividades realizadas parte na sede do gestor do EGI parte na sede do cliente.

A diferença está PTM para o TTW está no calendário de viagens até a sede do cliente. Na PTM o calendário é fixo, exemplo, uma semana na sede do cliente e uma semana na sede do gestor do EGI.

Existe uma terceira variante de modalidade PTM que é a PTBM ou Part Time Board Management (gestão em tempo parcial para reuniões). Na PTMB o calendário é fixo também, porém atrelado as reuniões de apresentações de resultados como fechamento mensal, bimestral, trimestral, semestral e anual.

## MODALIDADES REMOTAS OU NA SEDE DO EGI

As modalidades remotas do EGI têm o melhor custo-benefício para execução das atividades. Elas são realizadas 100% na sede do gestor do EGI e não tem viagens para sede do cliente.

A modalidade mais simples é a OLM ou Online Management (gestão de serviços online) onde as atividades são executadas com suporte 100% online. Nesta modalidade não há reuniões presenciais e não há despesas de deslocamento, nem contato com o cliente, gestores entre outros. Esta é a modalidade com menor custo de operação para o cliente. Nesta modalidade toda documentação é disponibilizada por meio digital.

A modalidade IHM ou In Headquarter Management (gestão na sede do gestor do EGI) ocorre semelhante a anterior OLM, porém está apta para reuniões presenciais onde o cliente se desloca até a sede do EGI para as reuniões. As soluções de reuniões presenciais na sede do cliente e na sede do gestor do EGI podem ser através de escritórios virtuais.

No caso de IHM com reuniões presenciais em escritórios virtuais, é incluso na proposta as despesas de reuniões periódicas relativos aos aluguéis das salas. Esse processo visa reduzir ao mínimo as despesas do EGI. A redução é necessária para conseguir levar serviços de qualidade a preços mais acessíveis e de forma inteligente.

As modalidades ainda trazem algumas características de execução dos serviços como tempo de suporte online (via site do EGI, chat, e-mail, mensagens eletrônicas, ferramentas de suporte inteligentes, etc.), tipos de deslocamento e horários de atendimento, agendamento e calendários de serviços, escopo de reuniões e programações periódicas.

O EGI não atua somente na gestão, atua também na capacitação dos colaboradores da organização. As mesmas modalidades de EGI citadas anteriormente, aplicam-se a capacitação.

A modalidade ETM - External Training Management é exclusiva para capacitação. Nesta modalidade a capacitação ocorre fora da organização do cliente. Mais informações no capítulo 18, a operação interna do EGI.

## COMPOSIÇÃO DE INVESTIMENTOS PARA EGI

A composição de investimentos para o EGI também pode ser chamada de condições de fornecimento.

A composição do investimento do EGI é feita de forma inteligente e transparente. O EGI é uma continuidade da organização quando se trata de gestão, portanto a composição do investimento também é parte da sua própria gestão.

Gerenciar os investimentos necessários para fornecer serviços viáveis a organização é um dos primeiros desafios inteligentes do EGI.

A composição do investimento é estudada abertamente com a gestão e a operação. A própria organização deve ter condições para fazê-la juntamente com o gestor do EGI.

O décimo primeiro item da proposta, o valor do investimento no EGI, será tratado em detalhes no capítulo de Investimentos do EGI. A ideia é apresentar os modelos de propostas e suas estruturas de investimentos.

Algumas propostas apresentadas podem ser, por exemplo, uma proposta de investimento fixo com incentivo. Neste modelo de proposta, o EGI trabalha remunerado com uma parte fixa outra atrelada aos resultados da gestão.

Uma proposta de preço fixo também é interessante para organização contratante ter um valor conhecido mensal para o seu fluxo de caixa.

Um contrato de preços variáveis conhecido como tempo e material não é usual no EGI devido à demanda gerada para a gestão e acompanhamento.

## TRIBUTOS E IMPOSTOS PARA EGIS

Outra parte importante na composição do investimento são os tributos e impostos que compõe a operação do EGI.

Para que o EGI seja interessante para ambos os lados, tanto para o cliente que o contrata quanto para o próprio EGI, os modelos de escritórios inteligentes são criados com tipos de tributações diferentes no Brasil para atender cada demanda.

Conheça como funcionam os EGIs internacionais acesse o site www.pmproject.com.br/egi.

Estudos comprovam que a maioria dos EGIs pode funcionar muito bem sendo uma microempresa com opção pelo Simples Nacional.

Esse modelo de tributação facilita e simplifica a gestão, do próprio EGI tendo o mínimo necessário para a gestão interna do EGI. Mais detalhes sobre outros modelos de tributação no capítulo Operação Interna do EGI.

Quanto a inclusão dos impostos nas propostas de forma inteligente, o valor do investimento e os impostos serão apresentados separadamente na composição de investimentos do EGI.

O objetivo de apresentar os impostos separadamente é devido as variações tributárias que alteram o valor do investimento total do EGI.

## INCLUSO NO INVESTIMENTO DO EGI

Estão inclusos no valor do investimento do EGI, a prestação de serviços e as despesas operacionais. As despesas podem ser negociadas e divididas entre o cliente e o EGI. Outras análises podem ser implantadas através de gestão inteligente de investimentos para o EGI.

A otimização dos investimentos no EGI é feita através de engenharia financeira e fiscal tornando o EGI uma proposta atraente para ambas as partes. A economia gerada pelo EGI pode ser compartilhada através de resultados de gestão inteligente.

## EGI MULTICLIENTE

O compartilhamento da gestão do EGI com outros clientes também é uma prática inteligente de gestão de investimentos.

Os modelos de EGIs, exceto os EGIs dedicados ou exclusivos, são escritórios de gestão múltipla, a exemplo dos Multi-Family Offices que prestam serviços para muitos FOs como forma inteligente de gestão do investimento.

O EGI atua com vários clientes ao mesmo tempo e pode compartilhar e evoluir através do conhecimento compartilhado. A experiência aplicada em EGIs multiclientes é uma solução para clientes que não conseguem implantar EGIs dedicados ou exclusivos.

Assim como os Multi-Family Offices, o EGI mantém a organização e a gestão individualizada para cada cliente de forma distinta e inteligente.

Enfim a composição do investimento deve estar clara na proposta de implantação do EGI e deve informar a formação da gestão e como se dará a movimentação de membros ou equipes.

## DESPESAS OU CUSTOS REEMBOLSÁVEIS

Um dos itens que fazem parte da composição do investimento são as despesas ou custos reembolsáveis.

As despesas reembolsáveis do EGI são definidas de forma inteligente como uma opção para o cliente. É permitido o reembolso de despesas de viagens e serviços desde que obedeçam aos limites estabelecidos por lei.

Em casos em que as despesas de viagem sejam superiores aos serviços prestados em virtude de seus gastos, como acontecem em EGIs internacionais, elas terão outras tratativas legais.

Neste caso a modalidade de despesas reembolsáveis para este item é substituída por faturamento das despesas de viagem, o que será acrescido dos impostos de faturamento e taxa administrativa, como taxa de transferência de divisas para o exterior, entre outras despesas.

A opção de despesas reembolsáveis é mais vantajosa se aplicada em EGIs com deslocamentos no mercado doméstico e com períodos curtos e viagens menos frequentes.

No caso de viagens recorrentes, a compra de pacotes de viagens, cartões fidelidade e outras formas inteligentes de gestão serão aplicadas.

Outra opção de uso é o Concierge ao invés das Agências de Viagem. Cartões com bandeiras exclusivas possuem esses serviços de forma inteligente como parte dos pacotes de serviços..

Em resumo, o EGI atuará sempre com inteligência na formação de investimento e operação. O resultado é obtenção de melhores opções para o cliente.

## FORMAS DE REMUNERAÇÃO DO EGI

O décimo segundo item da proposta é referente as formas de remuneração do EGI.

O EGI é um sistema de gestão com remuneração mensal. A natureza da operação do EGI é semelhante a um aluguel de serviços on demand.

O EGI apresenta sua proposta para o cliente com uma visão inteligente onde a abertura de serviços dará liberdade de escolha para a gestão.

Desta forma, a política de remuneração do EGI é mensal com assinatura de serviços. Pacotes podem ser adicionados ou suprimidos de forma inteligente.

## RENOVAÇÃO AUTOMÁTICA DO EGI

O décimo terceiro item da proposta trata da forma de renovação dos serviços do EGI. O objetivo é simplificar a renovação de forma inteligente reduzindo processos internos de gestão.

Para EGIs evolutivos com alterações de escopo é necessária a avaliação dos serviços a serem alterados.

A renovação será apresentada de forma clara nesse item informando ao cliente os prazos e formas de renovação.

## A EVOLUÇÃO DO EGI COM MUDANÇAS NA GESTÃO

As mudanças organizacionais ocorrem a todo momento e a gestão é a primeira a ser afetada. Fusões, aquisições, transferências de gestão e muitos outros processos como esses afetam diretamente a gestão. Essas mudanças são tratadas como evolução de mercado.

O EGI trabalha de forma inteligente nesses processos compartilhando o conhecimento e as práticas estabelecidas nesses casos.

O EGI evoluirá junto com a organização para que ela possa ter flexibilidade na gestão. Encontrar meios de desenvolver novas práticas inteligentes, em casos de mudança de gestão, é um dos papeis da gestão inteligente do EGI.

## ESCOPO PRELIMINAR NA PROPOSTA DO EGI

O décimo quinto item da proposta é o escopo preliminar de atuação do EGI. O escopo preliminar apresentará quais serviços serão executados e como o objetivo do EGI será atingido.

O escopo preliminar será simplificado para apresentar as informações de gestão inteligente na fase de proposta. Este escopo será detalhado durante a implantação do EGI.

O escopo preliminar deve conter serviços de alto nível para apresentar aos clientes os principais tópicos dos serviços de gestão inteligente do EGI. Este item auxilia na apresentação interna do cliente para compreender melhor os serviços do EGI.

O escopo preliminar deve conter ainda uma breve declaração do escopo e a citação do Work Plan como referência para detalhes técnicos.

## LIBERDADE DE GESTÃO INTELIGENTE COM O EGI

O EGI trabalha em regime de liberdade de gestão e práticas ágeis de tomada de decisões em vários níveis.

Essa política visa dar agilidade nos processos do EGI desbloqueando canais de gestão.

A entrega de informações do EGI acontece de forma inteligente nos canais de gestão estabelecidos.

O objetivo do EGI é fornecer um conjunto de informações para tomada de decisão, desenvolvendo seus processos e práticas de forma inteligente e ágil.

## INFORMAÇÕES RELEVANTES PARA O EGI

O item final da proposta são informações relevantes ou finais.

Nas informações relevantes estarão os anexos e documentos finais da proposta.

Os anexos terão referências ao Work Plan e aos documentos complementares da proposta.

Nas informações relevantes também estão as condições e validade da proposta.

É importante ter um item tratando das condições pois, durante o período de apresentação da proposta, muita coisa acontece nos mercados onde o EGI irá atuar. Alterações na economia podem ocorrer e alterar a composição do investimento do EGI e da própria empresa contratante.

Em casos em que a composição de investimento apresentada ocorrer durante um período de alteração econômica, seja local ou mundial, este item deve informar as ações tomadas pelo EGI. Ao final da proposta, o gestor do EGI fará as considerações finais.

Enfim todos os principais itens estão inclusos na proposta. Esses itens descritos neste capítulo têm objetivo de servir de orientação para ambas as partes, cliente e EGI. O objetivo é auxiliar na elaboração de uma proposta de trabalho para o EGI e compreender os impactos da nova área de gestão inteligente.

Uma boa proposta é um espelho da operação do EGI. Uma boa operação é o primeiro resultado inteligente que a organização irá perceber.

# CAPÍTULO 4: PLANO DE TRABALHO DO EGI

## CRIANDO E ENTENDENDO O WORK PLAN

O Work Plan (WP) ou Plano de Trabalho é o documento preliminar do EGI. Nele é possível apresentar as principais informações do projeto de implantação e operação do EGI:

- Apresentação da estrutura do EGI
- Metodologia aplicada
- Framework de gestão
- Documentação proposta
- Processos gerenciados
- Projetos e processos que serão criados e melhorados
- Business case
- Fases, etapas e entregas
- Análise histórica da evolução (em casos de EGIs evolutivos)
- Integração com serviços existentes
- Áreas de aplicação
- Cronograma macro
- Escopo por área
- Entre outras informações.

É possível que o WP seja um documento sintético em relação a todo o trabalho realizado pelo EGI.

Detalhes técnicos são apresentados em procedimentos documentados como relatórios, propostas, especificações, manuais, etc. ou como informações em experiências aplicadas, capacitação de equipes, etc.

Algumas empresas de tecnologia, startups e outras empresas com abordagens ágeis preferem processos práticos ao invés de procedimentos extensos para documentação.

O EGI cria processos inteligentes de gestão e documenta de forma ágil, pois em alguns casos a documentação é exigida para auditorias internas e externas.

Os processos de documentação são sintéticos e completos evitando um tempo dispendioso com a produção de relatórios de gestão.

As metodologias são extensas fontes de informações e podem conter várias referências. O EGI trabalha para criar fontes de gestão inteligente com metodologias ágeis através de frameworks de gestão.

## APRESENTAÇÃO DO EGI

A parte inicial do Work Plan apresenta o EGI, sua estrutura e operação. No capítulo da estrutura do EGI este item é apresentado com mais detalhes. No Work Plan o EGI deve ser apresentado de forma sintética.

O resumo do EGI é apresentado no Work Plan na primeira parte e contempla a proposta de trabalho em apenas um parágrafo, No resumo é citada a metodologia aplicada e o cliente ou unidade que será gerenciado pelo EGI.

Um guideline sobre o tema de gestão inteligente é apresentado e o tipo ou nome do EGI também. Um exemplo de EGI é um Smart PMO, SFM, SBM etc. O resumo deve incluir ainda a extensão do escopo e o nível de atuação.

O EGI pode atuar nos níveis estratégico, gerencial, operacional e o que será desenvolvido durante a gestão, como processos, práticas, treinamentos, políticas etc. E por fim a atuação como gestor de uma área ou departamento também é aplicável ao EGI.

introdução deve ser uma breve descrição do Work Plan com a operação do EGI. Na introdução também deve aparecer o principal objetivo do EGI, por exemplo gestão inteligente de uma área específica ou a implementação de um processo de gestão inteligente, etc.

O próximo item é o mapeamento de processos das áreas de atuação do EGI. Em seguida o WP apresenta os estágios de gestão inteligente e o framework utilizado para organizar e estruturar a gestão. Em geral o CSI Framework pode ser adotado como título dessa parte do WP. Outros frameworks podem ser adotados de acordo com a necessidade do EGI.

Ao lado da descrição do framework, um diagrama do framework, de forma simplificada, encerrará a apresentação.

## DOCUMENTOS DO WP PARA O EGI

Os documentos são a terceira parte do Work Plan. Os documentos são uma das partes mais importantes do WP por se tratar de quais políticas, processos, métodos e áreas de alto nível serão afetadas.

Nesse estágio nem todos os processos foram identificados no formato de escritório inteligente, por isso é importante adotar análises de alto nível.

Tomando como exemplo o Smart PMO em nível estratégico, documentos serão criados a nível organizacional, isso afetará toda a organização. É recomendável subdividir por áreas ou níveis, se for o caso em PMO Support – Suporte a operação, PMO Control – Controle Gerencial e PMO Directive – Estratégico.

Nos modelos de documentos e no capítulo de processos existem informações detalhadas sobre documentos. Usando o Smart PMO como exemplo, esta é uma lista de informações preliminares:

- EGI - Smart PMO
    - PMO Estratégico com os respectivos objetivos
    - PMO Gerencial com os respectivos objetivos
    - PMO Operacional com os respectivos objetivos
- Estrutura atendida
    - Portfólios
    - Programas
    - Projetos
- Áreas de gestão para aplicação
    - Administrativa
    - Comercial
    - Operacional
- Tipo e nível de controle
    - Suporte
    - Controle
    - Diretivo
- Processos envolvidos
    - Custos
    - Cronogramas
    - Reports
    - Aquisições
    - Riscos

- o   Etc.
- Gestão do conhecimento
    - o   Lições aprendidas e gestão do conhecimento
    - o   Encerramento de processos e contratos.
    - o   Etc

Este é apenas um exemplo genérico. Outras informações podem ser adicionadas com escopo de gestão inteligente do EGI.

## BUSINESS CASE

O Business Case é a quarta parte do WP. Importante entender que ele não é um documento do EGI e sim da organização que contrata o EGI.

Na fase de elaboração do WP ainda não há contato com todos os dados da organização, o Business Case é um referencial, elaborado com as informações e expectativas do cliente para elaboração da proposta do EGI.

Outras informações relevantes podem ser adicionadas posteriormente na revisão operacional do WP que acontece pós mapeamento das informações e integração da gestão.

O Business Case apresentará um cenário atual da organização contratante de forma simplificada e completa. No BC deverá conter o estado atual da gestão da organização, sua posição de mercado, análise de concorrência e as principais ações estratégicas que demandaram a contratação do EGI.

A motivação para a contratação do EGI é outro dos principais tópicos do WP. A motivação traz explicitamente o motivo pelo qual o EGI vai fazer a diferença na organização.

Se o WP for uma atualização ou complemento de um EGI evolutivo, quando já existir um WP anterior, o BC deve apresentar uma referência ao WP anterior e a motivação para evolução do EGI.

Um resumo dos trabalhos realizados no WP anterior e ações de gestão já realizadas na organização, até a chegada do EGI, são um excelente referencial para o BC.

Números confidenciais e estratégias comerciais no WP não são recomendados em determinados níveis de gestão.

Uma recomendação é colocar informações públicas e de uso livre para o EGI na fase de proposta e WP. Pós mapeamento as informações estratégicas podem ser acrescentadas.

A recomendação é devida a proposta e o Work Plan percorrer várias áreas da organização onde a confidencialidade pode estar ligada a essas áreas.

Dependendo do projeto do EGI, o documento de referência, Work Plan, percorrerá várias áreas da empresa inclusive de fornecedores e clientes.

Números e SPIs (Smart Performance Indicators) estratégicos podem ser reservados apenas ao Business Case. Se mesmo assim a gestão decidir incluí-los, é recomendável citar em nota sobre números e SPIs informados.

Ao lado da introdução do BC é recomendável incluir um diagrama visual resumindo tudo o que foi tratado como as áreas e indicações de movimentação em casos de EGI evolutivo.

As áreas em desenvolvimento ou a implantar, serão destacadas dotted line como áreas que ainda não existem, mas serão criadas pela gestão inteligente do EGI.

## SOW – STATEMENT OF WORK – ENTREGAS

As Statements of Works (SOW) ou Declarações de Trabalho são descrições detalhadas dos estágios e das entregas do WP. A SOW é a quinta parte do WP.

Os trabalhos desenvolvidos pelo EGI na fase de proposta, podem ser apresentados em forma SOW. O Work Plan é um guia de referência de alto nível, ou seja, com informações estratégicas e gerenciais, para execução dos trabalhos. Não há por que ser extenso ou complexo.

As SOWs no WP são fichas resumo das questões ou temas propostos para gestão do EGI. Normalmente são apresentadas na forma de frases que exprimem a necessidade de gestão e vão até um diagrama apresentando o fluxo da solução proposta ou evolução da solução, no caso de EGIs evolutivos.

O título da questão é seguido da solução proposta.

Apenas o título da solução ou o objetivo deve ser incluído no WP e os demais itens quando houver validação dos processos.

O diagrama das SOWs irá apresentar de forma visual a solução proposta e como cada SOW se integra a solução inteligente. Um comparativo da situação atual versus situação proposta ou situação que pretende ser atingida pela gestão inteligente.

Tudo isso serve para mostrar onde estará inserido o EGI na organização, o objetivo do trabalho proposto e como serão realizadas as atividades para concluí-lo.

## TIMELINE, ROADMAP OU SCHEDULE

A sexta seção do WP é apresentação da gestão inteligente no tempo. Esse processo dependerá do tipo e foco do EGI.

Em casos mais simples, uma Timeline pode ser suficiente para apresentação das atividades do EGI.

Em casos mais complexos, onde vários períodos e ações estratégicas são envolvidos e conectados, um Roadmap seria a melhor opção.

Em casos em que é necessária uma abertura das atividades e prazos mais detalhados, o Schedule ou Cronograma é a melhor sugestão.

Tanto a Timeline, Roadmap ou Schedule, devem conter uma lista de estágios de alto nível. Nesses estágios serão apresentadas as entregas principais de forma inteligente.

Recursos como ciclos de iteração e processos incrementais devem ser informados.

O diagrama representativo da Timeline, Roadmap ou Schedule, poderá conter durações, datas ou outros indicadores, como períodos apresentados em escala superior.

Para marcos contratuais ou entregas pré-definidas e acordadas, devem estar indicados no diagrama.

A gestão inteligente é algo dinâmico, ágil e iterativo. Isso deve ser levado em conta na elaboração deste item do Work Plan.

O diagrama será o "mapa do tesouro" do EGI e apresentará, quando atualizado, os passos atingidos em cada fase. A atualização do diagrama e do WP serão realizados de forma inteligente pela gestão do EGI.

## UMA VISÃO DO EGI

Essa é a sétima seção do WP e necessita de uma análise aprimorada para a criação de um processo de Gestão Inteligente.

Nesta seção será necessário criar um diagrama comparando a área específica objeto da gestão e o novo escritório inteligente de gestão ou um retrato da nova área pós implementação do EGI.

Para EGIs evolutivos cabe uma comparação entre as fases de evolução até o estágio atual e o futuro com o novo EGI evoluído.

Um exemplo de áreas de gestão alteradas com o EGI está no diagrama a seguir.

## ANTES DO EGI

## DEPOIS DO EGI

## MÚLTIPLAS ÁREAS

No modelo apresentado, as áreas de Orçamento e Planejamento estão sob diretorias diferentes. Em avaliação prévia foram detectadas divergências entre orçamento e planejamento. Um dos representantes do cliente informou que gostaria de implementar uma única área que fizesse a gestão de ambas as partes.

A solução encontrada foi implantar um EGI que pudesse unir as duas áreas em um processo de integração de gestão.

O EGI é uma estrutura independente que pode ser compartilhada no todo ou em partes. Um único EGI pode gerenciar áreas atualmente pertencentes a duas ou mais áreas diferentes.

Após a implementação do EGI, o escritório inteligente criado definirá processos de gestão e entregas a todas as áreas de forma inteligente.

O EGI definirá processos de inteligência para integrar ambas as áreas e otimizar a operação através da gestão focada em ambos os departamentos.

Para EGIs de múltiplas áreas, o foco está na integração e na entrega de valores para ambas as áreas de origem. O gestor do EGI responderá com informações gerenciais inteligentes para ambas as diretorias no exemplo anterior.

A gestão do EGI atuará com foco no cliente de forma inteligente com validação de informações em todos os fluxos e direções.

Outra característica de EGIs que gerenciam mais de uma área com superiores diferentes, é a capacidade de fornecer informações integradas a todas as áreas independentes da demanda individualizada ou conjunta.

No exemplo anterior, com a gestão das áreas de orçamento e planejamento é possível informar indicadores inteligentes de gestão do planejamento, do orçamento e como ambos se conectam.

As formas de gestão inteligente podem ser aplicadas de diversas maneiras para clientes diferentes, internos ou externos.

## ETAPAS E ENTREGAS DO WORK PLAN

A seção final do WP apresenta as etapas e as entregas equivalentes. As entregas serão conectadas as áreas gerenciadas.

Uma baseline para implementação de ações nas áreas gerenciadas pelo EGI é criada. São aplicados processos de iteração para validação das entregas pelo EGI de forma ágil e inteligente.

Na fase de elaboração o Work Plan é difícil identificar com precisão níveis de tarefas ou atividades, o que será executado em cada área ou seção. Cabe a gestão inteligente do EGI representam um entendimento para utilizar no Work Plan.

As informações do Work Plan são um referencial de alto nível e o seu detalhamento será realizado através da criação de projetos, operações e processos inteligentes de gestão pelo EGI.

O Work Plan é um referencial para implantação do EGI. Ações detalhadas de inteligência de gestão serão apresentadas durante o desenvolvimento de processos e das práticas de gestão.

A entrega final do EGI apresentada no WP não é um projeto, ou um único resultado.

Apesar de ser tratado como um projeto de forma conceitual o EGI trabalha com inteligência de gestão. Então várias ações serão estabelecidas e podem gerar novas outras ações que, iteradas podem gerar muitas outras.

Esse processo é contínuo, por isso, para a maioria das organizações, o EGI será evolutivo e a cada nova implantação o EGI assumirá uma nova área de gestão.

Não cabe ao EGI ficar no mesmo ponto por muito tempo, pois a sua característica inteligente e evolutiva serve para estruturar e organizar áreas. Após essa organização o EGI pode evoluir para gestão e acompanhamento e depois para gestão estratégica.

A evolução do EGI pode ser horizontal, dentro da mesma linha de atuação, seja média ou alta gestão. Ele pode organizar as áreas em destaque no WP e depois prosseguir para outras áreas.

A sugestão é que o EGI prossiga para áreas afins que tenham ligação a atual área do EGI ou correlatas.

Se houver a necessidade de assumir novas áreas totalmente distintas do EGI atual, é recomendável a implantação de outro EGI na nova área a ser gerenciada.

A evolução do EGI também pode ser vertical, elevando o nível da área de gestão ou criando áreas superiores ou inferiores para aplicar a inteligência de gestão.

## TOQUE DE MIDAS

O EGI possui uma característica aplicada na gestão chamada de Toque de Midas.

O mito sobre o rei que tinha a capacidade de transformar tudo que tocava em ouro, tomou outras proporções nos tempos atuais e a expressão representa hoje a capacidade de fazer prosperar tudo que toca.

O Toque de Midas é a capacidade de fazer prosperar de forma inteligente, todas as áreas que conduz. Os resultados serão apresentados em forma de retorno para as organizações.

Transformar a organização através da gestão inteligente requer uma capacidade de atuar de forma inovadora e responsável. Criar processos e gestão inteligente que sejam sustentáveis e tragam resultados para a organização.

O oposto do Toque de Midas é o Agile Fast Food.

O Agile Fast Food é uma expressão para representar a entrega de processos de gestão, projetos ou qualquer trabalho de forma rápida o suficiente sem avaliar os impactos gerados.

O Agile Fast Food é aplicado por muitas empresas em vários patamares de gestão, desperdiçando recursos, inchando processos e complicando a gestão.

O EGI sempre atuará com o Toque de Midas, gerando, de forma inteligente, resultados expressivos em qualquer área de atuação.

# CAPÍTULO 5: INICIANDO A OPERAÇÃO DO EGI
## A PRÁTICA ATRAVÉS DA INTELIGÊNCIA DE GESTÃO

Iniciar a operação de um escritório de gestão inteligente é um passo para o futuro da organização.

A gestão inteligente atuará em processos e pessoas. Na realidade, gerir uma área é gerenciar pessoas que vão executar os processos e projetos existentes nessa área. E para gerenciar é necessário entender o que está acontecendo antes de tomar decisões ou promover ações.

Na era da transformação digital, a gestão começa nas pessoas e termina na estratégia.

No livro Planejamento e Inteligência Estratégica o tema de gestão inteligente através do novo planejamento estratégico na era da transformação é atrelado a planejamentos ágeis e inteligentes.

O enfoque é atuar de forma rápida para acompanhar as evoluções do mercado. A visão generalista das áreas de gestão dará lugar a visão inteligente.

Um mapeamento inteligente é utilizado para determinar, na área de gestão, quais processos podem ser otimizados.

É necessário entender de forma simplificada qual o principal objetivo da área, sem muitas "declarações". A primeira atividade de todas é entender o fluxo de trabalho e a partir dele criar as variantes de gestão inteligente. O EGI tem um mantra para a gestão inteligente:

> Toda necessidade gera um projeto ou processo.
> Todo projeto ou processo gera um resultado.
> Todo resultado necessita de foco
> para gerar valor ao cliente.

## PROCESSOS DE INTELIGÊNCIA DE GESTÃO

Ao iniciar um processo de mapeamento inteligente é utilizada uma metodologia inteligente de gestão. A metodologia dependerá da área de atuação, nível e processos de gestão.

No livro Metodologias Inteligentes de Gestão da série Management da BIO., são abordados o uso, a criação e a adaptação de metodologias para gestão inteligente, de forma criativa e inovadora.

No EGI alguns conceitos de metodologias inteligentes são aplicados para avançar com o mapeamento inteligente. De conceitos simples como frameworks até conceitos avançados como a teoria dos sistemas são aplicados. Baseado nos conceitos de gestão inteligente, as metodologias inteligentes organizam os sistemas de gestão de forma prática e completa.

## ENTENDENDO O MÉTODO

Os produtos e serviços são aplicados com fluxo multidirecional. Projetos e negócios são criados utilizando esses fluxos. A conexão ocorre em cada processo em que a gestão é aplicada.

Não existe mais a gestão desconectada. Não há como criar ações, sistemas, métodos e processos desconectados e organizações empresariais irrelevantes.

> "Deixamos de ser uma empresa centrada em processos para nos tornarmos uma empresa centrada no cliente".
> Presidente do Arcos Dourados do Brasil (McDonalds).

Essa bem que poderia ser uma campanha de uma grande indústria ou de uma universidade, poderia ser de qualquer organização que queira um atendimento mais humanizado. Mas é da segunda maior rede fast food do mundo.

O McDonalds perdeu a primeira posição para uma rede que não tem batatas fritas no cardápio. Os Arcos Dourados ocupam o 2º lugar com 10 mil lojas a menos que o singelo Subway. Os Arcos Dourados tiveram sua era de ouro.

Para entender o método de gestão inteligente é necessário conhecer as pessoas por trás do método. O principal agente do método inteligente é o cliente. Para entender o método é necessário entender o cliente, sua história, sua experiência, sua inteligência.

## REESCREVENDO O MÉTODO COM FOCO NO CLIENTE

O McDonalds chegou a ser reconhecido mundialmente pela rapidez no processo de produção de hamburgueres.

Uma rígida escala de processos criada pelos irmãos McDonalds e "explorada" pelo controverso empreendedor Ray Kroc fez da pequena loja de hamburgueres, um conglomerado conhecido mundialmente.

Ao ouvir da própria presidência da rede que ela deixará de ser uma empresa de processos e se tornará uma empresa com foco no cliente, é um sinal de alerta para aqueles que ainda não entenderam a experiência do usuário.

Para o EGI, o mapeamento inteligente requer uma revisão dos métodos com um olhar externo, com foco no cliente.

Reescrever o método utilizado pela organização com um novo olhar cheio de inovação, isso é a proposta do EGI.

O caso McDonalds traz um exemplo para repensar a gestão. Alterando o foco para o cliente ao invés do processo, isso transformará a estrutura de processos da organização.

O EGI olha a organização com todas as suas interfaces, não importando qual a área de gestão, o mapeamento inteligente irá reescrever a história da organização com as áreas sob sua gestão e impactadas por elas, não só a área escolhida para atuação.

Antes de iniciar a releitura da organização para reescrever seus métodos, um processo de investigação inteligente é aberto.

## COMEÇANDO A INVESTIGAÇÃO INTELIGENTE

No livro Management Intelligence Systems CSI da série Management da BIO., foi criado um framework de gestão baseado em investigação inteligente de informações.

O sistema CSI ou Control System Information foi criado para poder auxiliar a investigação de processos de gestão inteligente para o cenário atual, de transformação digital e constante mudança.

O CSI tem como base a metodologia inteligente de gestão, MPMP - Methodology of Program Management Project.

Ela foi criada originalmente para atender a área de projetos, mas se expandiu para todas as áreas de gestão de forma inteligente.

O CSI une o sistema de investigação de processos a metodologia inteligente através de 5 estágios definidos a seguir:

## FRAMEWORK DE GESTÃO

## FLUXO DE INFORMAÇÕES, MÉTODOS E PROCESSOS

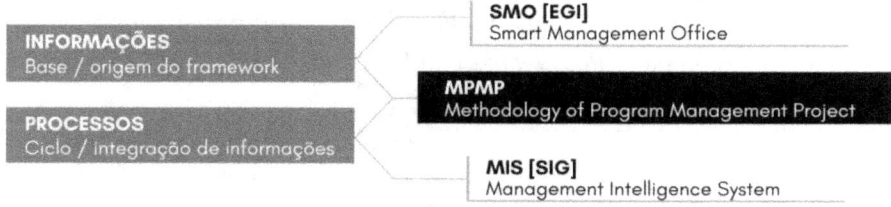

O CSI atua sob um framework com integração de processos através do fluxo de inteligência de gestão. O fluxo de informações é a base do framework.

O framework conecta os Escritórios Inteligentes de Gestão – EGIs aos processos e aos Sistemas Inteligentes de Gestão. A conexão é gerenciada através da MPMP, uma metodologia inteligente de gestão que integra todas as áreas.

A MPMP é o centro da inteligência que atua em cinco estágios de gestão.

## OS 5 ESTÁGIOS DE GESTÃO DO CSI

O CSi Framework estabelece 5 estágios de gestão começando com a definição e entendimento da estratégia através das informações do negócio.

Em seguida os projetos são elaborados para atingir os objetivos estratégicos. Os processos são criados para projetos e negócios de forma inteligente e integrada.

Esse estágio converge para as necessidades do negócio e do cliente com o objetivo final de gerar valor para a organização em todos os sentidos.

Cabe a gestão, através do framework, desenvolver a inovação para ampliar a visão de negócios e projetos. Todos os estágios são acompanhados por processos e informações inteligentes.

A metodologia MPMP está no centro de toda a gestão do framework e organiza processos, informações e tudo que for gerado dentro do ciclo de inteligência de gestão.

As práticas são orientadas com foco na gestão para atingir os objetivos e realizar o necessário ao invés do complexo e desnecessário.

Por fim a convergência do foco se dá no estabelecimento de parcerias e obtenção de resultados para o negócio e para a organização.

Os projetos são entregues e os benefícios gerados são monitorados e mantidos para convergir finalmente em programas de longa duração.

Em resumo, o framework de gestão inteligente, não quer entregar produtos e projetos, quer estabelecer parcerias duradouras com benefícios para ambos os lados, organização, fornecedores, clientes, colaboradores e sociedade como um todo.

## PROCESSOS DE INTELIGÊNCIA DO 1º ESTÁGIO

O 1º dos 5 estágios une as estratégias organizacionais com a viabilidade dos projetos que serão implementados para atingi-las.

Antes de entender os processos, cabe ao gestor integrar as estratégias e as informações, negócio, projetos e viabilidade.

Note que os processos são o sistema nervoso central e como um sistema eles se propagam para todos os demais itens do framework de gestão. A seguir o diagrama do Estágio 1.

## ESTÁGIO 1 – ESTRATÉGIAS E VIABILIDADE

## PROCESSOS DE 2º ESTÁGIO

O 2º estágio deriva do 1º estágio e conecta-se de forma inteligente com o 3º estágio. O 2º estágio leva as estratégias e a viabilidade até o encontro com as necessidades de negócios, do cliente, do projeto etc. O intuito é parametrizar o que deve ser feito em cada processo com o olhar do cliente.

O objetivo é deixar claro como é a relação inteligente da estratégia com os projetos. As necessidades do negócio são entradas para desenvolvimento dos projetos e os processos são estruturados para atingir esse objetivo. A seguir o diagrama do Estágio 2.

## ESTÁGIO 2 – NECESSIDADES

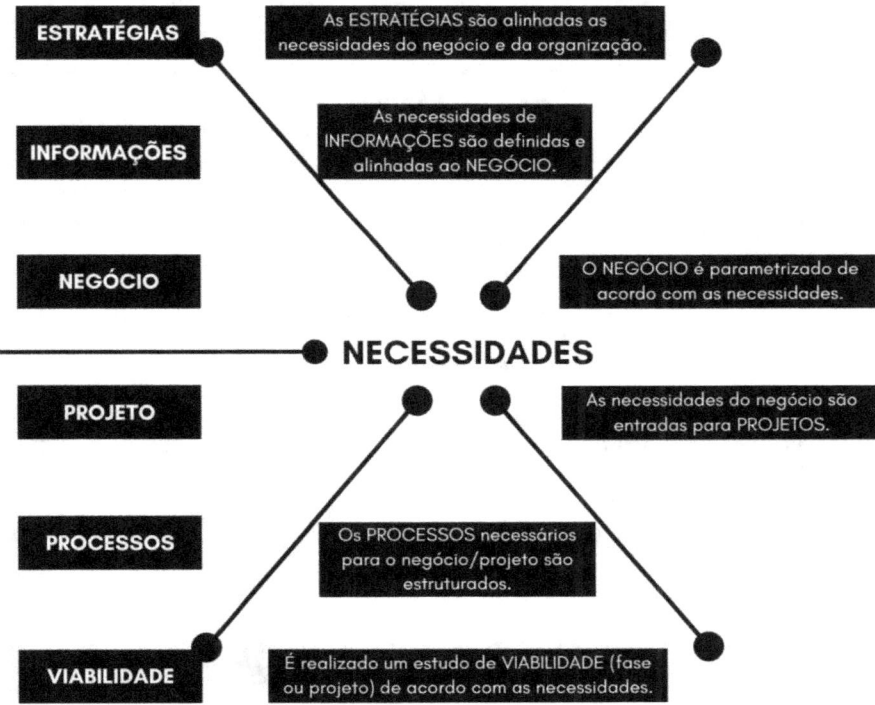

## PROCESSOS DE 3º ESTÁGIO

O 3º estágio deriva do 2º estágio e conecta ao 4º estágio de forma inteligente. O 3º estágio trata das necessidades conectadas a geração de valor e a inovação.

Este estágio é o que diferencia as novas organizações das tradicionais. Ao escolher ações que possam implementar a geração de valor para o cliente, negócio, projeto etc. a organização decide se reinventar e inovar no modelo de gestão.

Tudo isso é estruturado e parametrizado pela metodologia inteligente de gestão, a MPMP. A seguir o diagrama do Estágio 3.

## ESTÁGIO 3 – GERAÇÃO DE VALOR E INOVAÇÃO

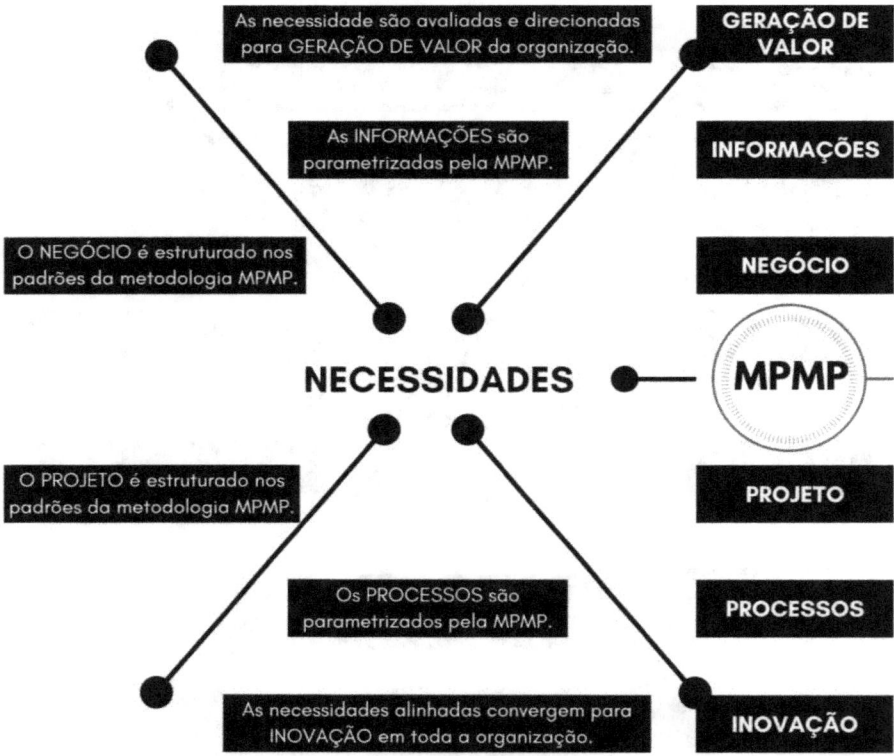

## PROCESSOS DE 4º ESTÁGIO

O 4° estágio deriva do 3° estágio e conecta-se de forma inteligente ao 5° estágio. O 5° estágio trata do foco e direção. Ambos os lados do framework trabalham na geração de valor e inovação.

O foco é o principal vetor de toda a estrutura de negócios e pode facilmente ser o case de sucesso da organização. Ter foco definido em todas as vertentes aumenta a possibilidade de atuar no que realmente importa, como estabelecer critérios claros de direcionamento inteligente. A seguir o diagrama do Estágio 4.

## ESTÁGIO 4 – FOCO

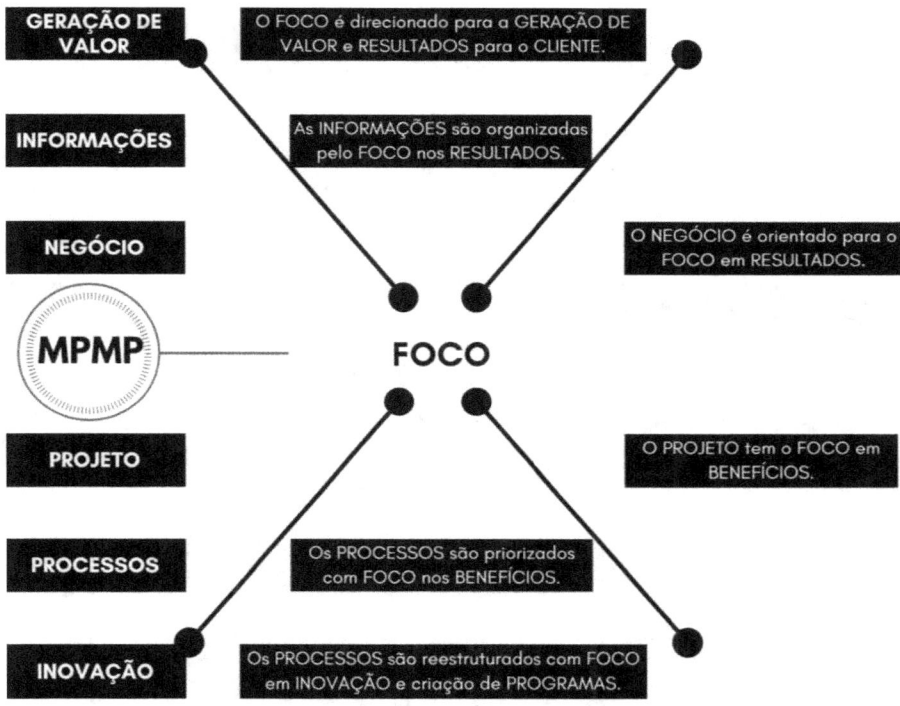

## PROCESSOS DE 5º ESTÁGIO

O 5º estágio deriva do 4º estágio e usa o foco para atuar de forma inteligente no desenvolvimento de parcerias e programas.

Os clientes são cúmplices do negócio, criam laços e fazem o negócio prosperar com uma visão clara do que desejam e das entregas que recebem em forma de parcerias.

O foco na criação de benefícios, descaracteriza a atual visão de projetos como um conjunto de entregas e passa a atuar na criação de programas, benefícios, resultados duradouros e parcerias de sucesso.

A relação cliente empresa gera parceria e entendimento. O cliente sente-se amparado e são estabelecidos programas de atendimento otimizado ao cliente de forma inteligente. A seguir o diagrama do Estágio 5.

## ESTÁGIO 5 – PARCERIAS E RESULTADOS

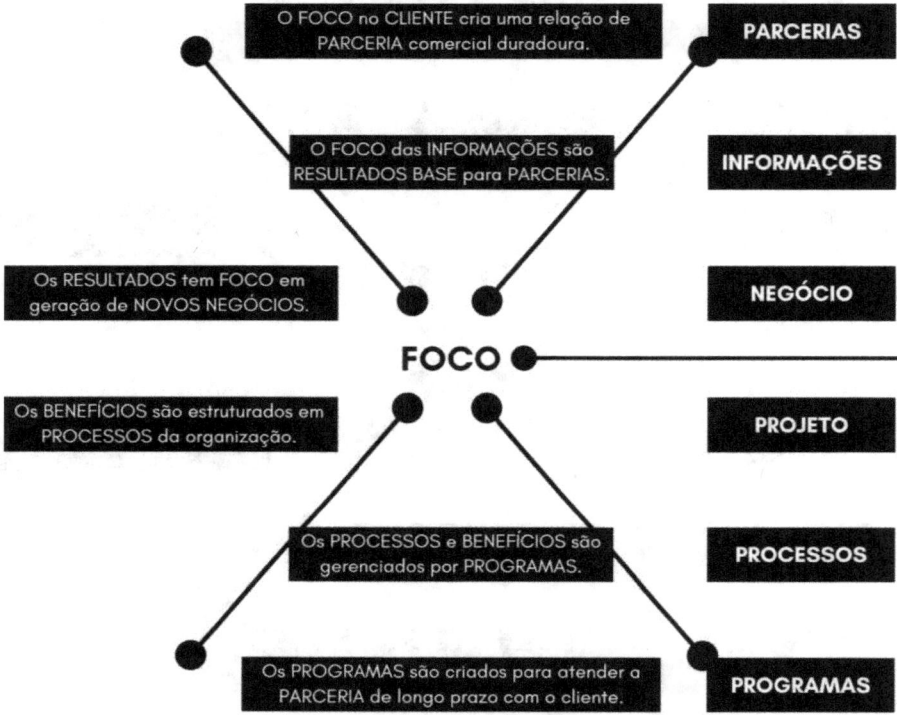

O CSI Framework cria um ciclo de inteligência de gestão em todo o fluxo de negócios e projetos sempre com foco no cliente.

O cliente ao adquirir confiança no processo estabelecerá uma parceria de sucesso. A parceria visa atender demandas futuras de forma inteligente.

A partir daí são criados programas que trazem benefícios para o cliente ao longo prazo.

Um exemplo prático de benefícios de longo prazo são os programas de atendimento exclusivo, ciclos de atendimento otimizado, programas de manutenção inteligentes e parcerias prontas para resolver questões de forma otimizada.

Os exemplos de programas e benefícios duradouros são muitos. O importante é entender que o foco no cliente gera valor para todos, cliente, organização, fornecedores, etc.

# CAPÍTULO 6: GERENCIANDO A MUDANÇA

## A MUDANÇA DE FOCO COM O EGI

Uma nova visão para negócios e projetos chega com o uso do CSI como framework de gestão.

O mapeamento inteligente, possui 3 fases de gestão de mudanças integrando o framework de gestão e as metodologias inteligentes.

O framework cria processos inteligentes de gestão e a metodologia define os passos necessários para implementá-los. A seguir o diagrama das linhas de visão do CSI.

## AS FASES DE INTEGRAÇÃO NA VISÃO DO CSI

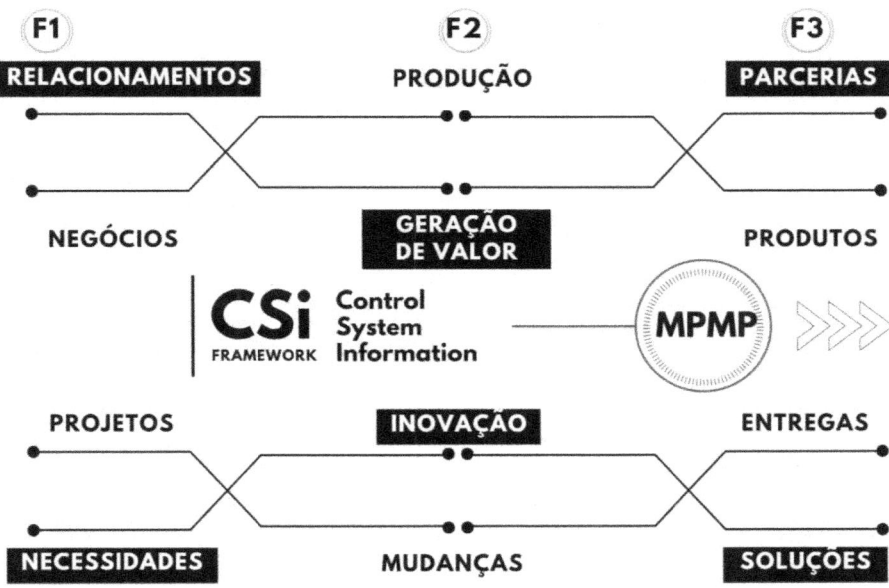

Na visão do CSI, negócios geram produtos através da produção e relacionamentos geram valor e parcerias duradouras. Projetos geram mudanças e produzem entregas e necessidades geram inovação e soluções inteligentes. Tudo isso é integrado pelo CSI e pela MPMP. Uma característica do CSI é atuação nas organizações de forma inteligente através de negócios e projetos.

## A INTEGRAÇÃO DAS VISÕES DE PROJETOS E NEGÓCIOS

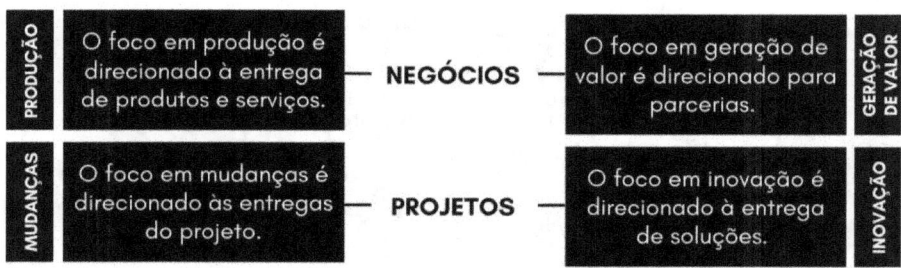

O CSi integra as 2 visões, a tradicional e a inovação para negócios e projetos.

O CSI buscou desenvolver de forma inteligente as visões de gestão. A visão tradicional, linear e preditiva e a visão inovadora geradora de oportunidades e de caráter evolutivo e indefinido.

Para gerenciar essas visões são necessários ciclos de gestão inteligente.

## OS CICLOS DE GESTÃO INTELIGENTE COM O CSI

Os ciclos de gestão inteligente são estabelecidos pelas fases do CSI. As fases foram estabelecidas de forma inteligente combinando o framework de gestão e a metodologia inteligente MPMP.

Para auxiliar na identificação o CSi Framework cria processos de inteligência e a Metodologia MPMP direciona os processos para implementação.

As fases são integradas com uma abordagem ágil onde cada iteração produz informações relevantes para a fase. O ciclo é incremental e pode ser repetido até atingir a inteligência de gestão esperada.

## AS FASES DE GESTÃO

A 1ª fase de gestão inteligente é a identificação. Na 1ª fase 4 vetores são estabelecidos, Relacionamentos, Negócios, Projetos e Necessidades. O objetivo da 1ª fase é identificar e entender os 4 vetores e iniciar os trabalhos de gestão inteligente com o EGI. A seguir o diagrama da fase de identificação.

## FASE 1 - IDENTIFICAÇÃO

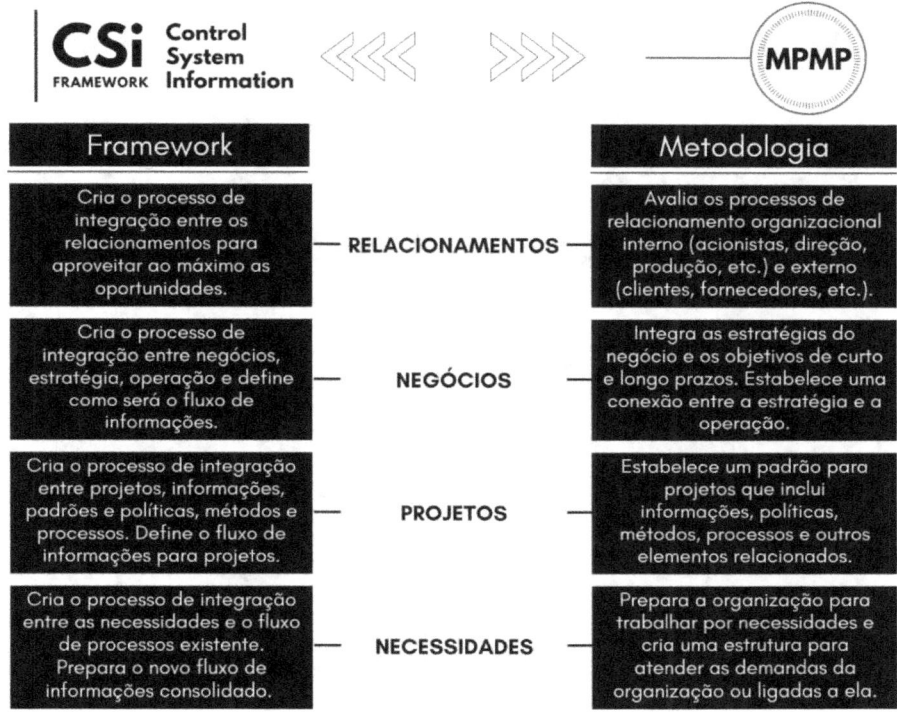

## INTELIGÊNCIA DE PROCESSOS DO EGI COM O CSI

A 2ª fase de gestão inteligente é a execução. Na 2ª fase os 4 vetores são Produção, Geração de Valor, Inovação e Mudanças. Nesta fase o objetivo é preparar a organização para executar os processos preparados na fase anterior.

Para auxiliar na execução o CSi Framework cria processos produtivos e a Metodologia MPMP conduz esses processos até a cadeia produtiva para a execução.

Como o processo é iterativo e incremental ele pode convergir até a 1ª fase para atingir a inteligência de gestão e retornar à 2ª fase com processos otimizados de forma inteligente.

Em seguida a 2ª fase passa pelo mesmo processo de iteração para atingira a inteligência de gestão. A seguir o diagrama da fase de execução.

## FASE 2 – EXECUÇÃO

## A EXPANSÃO DOS PROCESSOS DE GESTÃO INTELIGENTE

Para auxiliar na execução o CSi Framework estabelece processos evolutivos e a Metodologia MPMP prepara a organização para desenvolver soluções duradouras e parcerias de longo prazo.

Esse é o momento de rever todo o processo antes de prosseguir. É importante avaliar se as fases anteriores atuaram de forma inteligente e com foco suficiente para gerar resultados duradouros com o cliente. A seguir o diagrama da fase de expansão.

## FASE 3 – EXPANSÃO

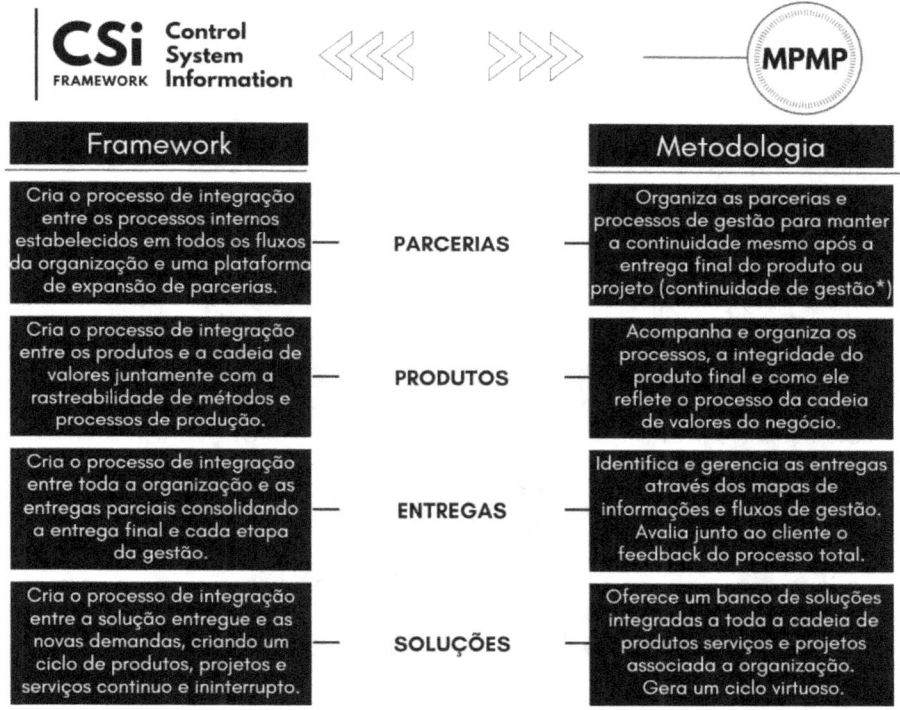

O framework CSI pode ser implementado em qualquer organização, em qualquer estágio de negócio ou projeto. Ele é a ferramenta organizacional mais completa existente, pois atua em todas as etapas de negócios e projetos.

A implantação do CSI Framework como ferramenta inteligente na organização, pode ser encontrada no livro Management Intelligence Systems CSI da série Management da BIO.

# CAPÍTULO 7: PROJETO DE IMPLANTAÇÃO

## O PODER DA AÇÃO NO PROJETO DO EGI

A implantação de um Escritório Inteligente de Gestão – EGI em organizações segue um projeto com 5 etapas.

O projeto foi desenhado de forma inteligente para utilizar uma metodologia híbrida de gestão ágil e preditiva.

A metodologia híbrida foi escolhida devido ao conhecimento pré-estabelecido sobre os planos para desenvolvimento e implementação do EGI. Porém o conhecimento organizacional é indefinido quando se trata da visão do cliente. Quando a visão do cliente for implementada ela terá uma forma iterativa e incremental.

A cada nova descoberta uma nova iteração é realizada e os processos revisados e inseridos de forma incremental ao escopo do projeto. Para implementação do EGI é utilizado o CSI Framework como ferramenta de ação e implementação através do CSI Plan.

## PROJETO DE IMPLANTAÇÃO DO EGI – CSI PLAN

O **CSi Plan** pode ser aplicado em 5 etapas. Todas as etapas tem como princípio a **AÇÃO** como forma de orientação do trabalho.

## AS ENTREGAS DO PROJETO E O PODER DA AÇÃO DO CSI

A abordagem ágil, parte da abordagem híbrida de implantação, permite já nos primeiros momentos do EGI fornecer resultados de gestão inteligente utilizando o princípio da ação.

O princípio da ação cria a dinâmica de entregas por processo no projeto do EGI com o CSI. A dinâmica da ação cria etapas independentes com resultados completos. É possível obter resultados em todas as etapas.

Cada etapa do CSI Plan traz resultados prontos para uso e aplicação através da gestão inteligente do EGI. As entregas devem estar prontas para uso no momento do seu desenvolvimento.

As etapas seguem um fluxo de validação que pode auxiliar no desenvolvimento. Se a entrega tiver as condições necessárias para uso, deixando apenas os ajustes finais para outro momento, elas podem ser utilizadas normalmente, agilizando o processo de implantação. A seguir o princípio da ação nas etapas do CSI Plan.

## AÇÃO NAS ETAPAS E ENTREGAS DO EGI COM CSI PLAN

**PREPARAÇÃO** — Organizar as informações do projeto e apresentar na 1ª etapa informações estratégicas, oportunidades reais, metas e viabilidade para atingir os objetivos organizacionais.

**APLICAÇÃO** — Aplicar o framework de gestão nas informações existentes de projetos e processos criando os primeiros controles com foco em agilidade.

**INTEGRAÇÃO** — Integrar os controles criados através do framework de gestão e criar a conexão das informações gerenciais, a unificação e a padronização de processos do EGI.

**DISPONIBILIZAÇÃO** — Disponibilizar todo o conhecimento criado através de processos simplificados com acessibilidade constante e praticidade para toda a organização.

**FINALIZAÇÃO** — Configurar e parametrizar os processos finais do EGI incluindo também uma revisão dos processos existentes, auditoria e simulações para validação do EGI em funcionamento.

## PREPARAÇÃO – ENTREGAS DA 1ª ETAPA

Na etapa de preparação do EGI os esforços são concentrados nos 4 vetores de ação. As oportunidades de gestão, estratégias de negócio, estudos de viabilidade e as metas inteligentes.

Ao conectar os 4 vetores o processo de inteligência de gestão começa a se formar.

Oportunidades reais ganham estrutura de gestão. Informações estratégicas integram-se as oportunidades. Metas são definidas para atingir os objetivos estratégicos da organização.

O processo estabelecido passará pelo estudo de viabilidade para garantir o sucesso da implantação.

Se o processo for reprovado entra no ciclo de iteração para reavaliar e rever o processo.

As informações geradas nessa etapa são registradas e utilizadas como conhecimento adquirido de gestão. Esse processo ocorre no encerramento de cada ciclo de iteração.

Se o processo for aprovado segue para 2ª etapa do CSI Plan com o conhecimento adquirido e as práticas inteligentes iniciadas.

## APLICAÇÃO – ENTREGAS DA 2ª ETAPA

Os resultados obtidos na 1ª etapa criaram fluxos de inteligência de gestão.

A organização tem projetos e processos em andamento.

Na 2ª etapa de aplicação, os processos desenvolvidos na fase da preparação, são implementados na prática tanto nos negócios e projetos novos como nos negócios e projetos em andamento. Na 2ª etapa os esforços são concentrados em 3 vetores de inteligência, Informações, Controle e Foco.

Os controles são implementados conforme definidos na 1ª etapa. As informações são organizadas nesses controles com foco em soluções inteligentes de gestão. O objetivo é apresentar de forma ágil respostas sobre negócios e projetos para toda a organização.

Os controles são organizados com diretrizes padronizadas facilitando a leitura e interpretação para todas as áreas afetadas pela gestão inteligente.

Se os controles não atingirem os objetivos, se o foco não for direcionado ou se as informações não estiverem organizadas de forma inteligente, o processo é reprovado e o ciclo de iteração se inicia podendo retornar até a 1ª etapa para correção.

Se os controles forem aprovados o fluxo segue para 3ª etapa.

## INTEGRAÇÃO – ENTREGAS DA 3ª ETAPA

Na etapa de integração o EGI integra os controles existentes com os novos controles criados nas etapas anteriores.

O EGI unifica o tipo de informação e cria através da MPMP uma padronização de processos e informações criando reports gerenciais inteligentes.

A conexão das informações cria um processo único e padronizado.

O objetivo é refletir e repetir as práticas inteligentes em processos semelhantes. Para processos diferentes padrões de inteligência são aplicados para unificar o modelo de gestão.

A cada novo controle criado, uma integração é feita para associá-lo a inteligência de gestão. A conexão passa a fazer parte de um pool de controles de gestão semelhante a um portal de informações.

O foco é tirar as informações de gestão dos processos comuns e uniformes e padronizá-las em fontes de abastecimento inteligente e automatizadas para assumir o controle total da gestão.

Se a padronização não atender os quesitos de gestão, se as conexões não forem estabelecidas de forma unificada e se os controles não estiverem integrados, o ciclo é reprovado e deve ser iterado.

O ciclo pode retroceder quantas etapas forem necessárias até a sua aprovação. Quando o ciclo for aprovado ele seguirá para 4ª etapa de gestão inteligente.

## DISPONIBILIZAÇÃO – ENTREGAS DA 4ª ETAPA

O papel do EGI na disponibilização é providenciar a entrega de informações a todos interessados de forma controlada e pontual.

Algumas organizações criaram padrões de distribuição de informações que remontam de 20 anos atrás. O padrão de comunicação atual é dinâmico, ágil e simplificado.

É possível estar em qualquer lugar do planeta e acessar um smartphone com as informações de gestão de qualquer organização inteligente.

Os princípios da disponibilização são estabelecidos por 3 vetores. A praticidade da informação, a acessibilidade do sistema e a simplificação dos controles e processos.

O foco da 4ª etapa é conceder acesso garantido a informação a todos os níveis da organização de acordo com a demanda inteligente estabelecida.

Para atingir a simplificação dos controles, muitos processos precisam ser simplificados e integrados a inteligência de gestão. A praticidade é o principal fator de simplificação dos controles.

Controles e processos que necessitam de acessos complicados e fontes extensas ou numerosas, serão substituídos por fontes acessíveis de gestão.

Se os controles não atingirem a praticidade, se os processos não forem acessíveis e simples conforme os processos estabelecidos pela inteligência de gestão, os acessos não serão aprovados.

Acessos reprovados serão retornados para o ciclo de iteração e levados, se necessário, as etapas anteriores até atingir a performance de inteligência de gestão. Quando os controles e processos atingirem a performance esperada, o processo irá para a última etapa do CSI Plan.

## FINALIZAÇÃO – ENTREGAS DA 5ª ETAPA

A etapa de finalização é caracterizada pela entrega final de projetos, negócios e processos.

Nesta etapa ocorre a passagem de conhecimento e inteligência de gestão dos controles, produtos e serviços criados pelo EGI e pelos processos gerenciados por ele.

O papel do EGI na etapa de finalização é atuar como auditor inteligente de processos, projetos e negócios. O EGI fará a revisão final dos projetos e negócios acompanhando os processos da preparação até a fase final de implantação.

O EGI monitorará, de forma inteligente, se os registros das lições aprendidas e o arquivo do projeto, processo ou negócio foram realizados conforme esperado. Simulações e operação assistida são realizadas nesta etapa pelo EGI.

O EGI acompanhará as áreas em todas as etapas, porém na finalização, o EGI atuará com a visão do usuário e do cliente. O objetivo é rever o processo na visão de quem utilizará o produto ou serviço prestado, acompanhar as suas fases de teste, revisão e aprovação. Se algum dos processos não atingir a aprovação final, ele será retornado e iterado de forma inteligente até atingir a performance esperada.

Se os processos forem aprovados, o EGI consolida todas as informações e finaliza os projetos, negócios e processos em todas as instâncias. É papel do EGI prover soluções inteligentes para a finalização e criar processos que preparem a organização para encerrar ciclos de gestão desde as primeiras etapas.

Lições aprendidas não são criadas ao final de um ciclo, mas durante todo o ciclo. O registro pode ocorrer em um período específico, mas as lições precisam ser dinâmicas.

Os registros podem ser considerados, em alguns casos, um dos maiores ativos organizacionais criados. Os registros podem conter a própria expertise do negócio pois, traz o conhecimento da gestão inteligente. O conhecimento pode impulsionar novas vendas, novos negócios, parcerias e relacionamentos duradouros com os clientes.

Todas as etapas serão tratadas em detalhes nos livros Management Intelligence Systems CSI, Metodologias Inteligentes de Gestão, Intelligent Project Portfolio Management IPPM, Inteligência Econômica e Financeira, Inteligência Organizacional e Smart Project Audit, todos da série Management da BIO.

## ENCERRANDO OS CICLOS COM O EGI

O EGI trabalhou em todas as etapas de implantação e parte para o encerramento das atividades de gestão inteligente.

Neste processo de encerramento, um ciclo evolutivo impulsiona a organização a crescer.

Nesse momento, no processo de finalização, novas metas e processos serão estudados ampliando a visão sobre o EGI.

Esse é o momento de apresentar novas soluções, propostas e planos de trabalho inteligentes para o futuro das organizações.

Os processos implementados de forma inteligente se transformarão em programas de relacionamento de gestão.

O EGI atuará como um provedor de serviços inteligentes para seus clientes, através de programas integrados de gestão. O cliente tem um parceiro confiável e de longa data. O EGI provou ser uma opção ágil e de confiança para organização, agregando valor ao cliente.

O resultado esperado na finalização é garantir o acesso a gestão inteligente, observando a sua história e validando a visão do cliente em todas as etapas.

O objetivo é estabelecer parcerias duradouras para entrega de soluções de alto valor agregado. Mas o cliente não quer somente entregas, ele quer ser compreendido.

Parece uma declaração de missão, mas é um mantra de trabalho de todo o EGI.

Entregas de projetos e negócios funcionam para projetos e processos únicos. Para parcerias duradouras, a compreensão do cliente é o fator crítico de sucesso.

Compreendendo as necessidades do cliente, novos projetos e negócios inteligentes devem surgir e com isso, um projeto ou negócio, pode se tornar uma parceria de longa duração.

Esse o objetivo final do EGI, trabalhar para o Sucesso do Cliente.

# CAPÍTULO 8: CONTROLES DE GESTÃO

## A INTEGRAÇÃO COMO CHAVE PARA GESTÃO

A gestão através do EGI requer uma integração de negócios e projetos. No ambiente convencional, negócios e projetos correm em paralelo e geram resultados desconectados. Os resultados de projetos fazem parte do resultado dos negócios, mas são tratados de forma diferente e individualizada.

A desconexão entre estratégia e operação aumenta os riscos de execução e precisa ser revisada de forma ágil e inteligente. Se o processo entre definir a estratégia e executar a operação for longo o suficiente, ele pode estar defasado e necessita de atualização.

As atualizações de estratégias devem seguir um fluxo iterativo e incremental. O objetivo é dar agilidade na tomada de decisões estratégica reduzindo o prazo de implementação.

Um exemplo de impactos causados pelo atraso nas decisões são as operações indexadas as moedas ou indexadores voláteis. Uma decisão que implique no atraso de um dia pode alterar o orçamento e inviabilizar determinadas atividades, dependendo da volatilidade do mercado financeiro.

Outro exemplo são as conexões de alta velocidade, provedores e sistemas compartilhados. O atraso na entrega de soluções pode parar usuários, empresas e até cidades inteiras.

O CSi unifica os controles de gestão e cria o Control System Information – Framework. O Control System Information é um conjunto integrado de controles gerenciais. Os controles são criados de forma inteligente e integrados da estratégia a operação.

A conexão inteligente possibilita avaliar as decisões estratégicas e as atividades operacionais em um único bloco de decisões. Projetos, processos e negócios são vistos como um bloco integrado de decisões e não como itens individualizados de gestão.

Os controles de gestão do CSI são criados de forma inteligente com integração de processos em formato celular. Células de gestão são criados pelo CSI para compor o processo inteligente de gestão.

# CONTROLES DE GESTÃO PARA EGIS

O **CSi** possui 4 elementos de gestão que integram todas as informações de uma organização, da estratégia à operação, da concepção ao resultado final.

No capítulo das práticas de gestão do EGI estão detalhados cada um dos elementos e controles de gestão do CSI.

O diagrama dos controles de gestão compara os controles convencionais que correm em paralelo enquanto os elementos de gestão do CSI são integrados em células.

No livro Inteligência Organizacional da série Management da BIO. são apresentados os Sistemas de Gestão Organizacional por Células.

Inspirado no método científico da organização celular, as células são os menores organismos vivos, exceto os vírus. As células têm sua identidade própria e a autogestão como princípio. Os vírus necessitam se hospedar em uma célula para ter sua vida propagada.

As células de gestão funcionam de maneira semelhante. As células de gestão têm identidade própria e tomam decisões inteligentes do nível estratégico ao operacional.

Os vírus de gestão são processos hospedados nas células de gestão que precisam ser eliminados para criação de processos inteligentes.

Partindo desse conceito, o CSI criou um sistema celular de integração dos elementos de gestão. A seguir os elementos de gestão do framework com suas vertentes em formato celular.

## OS ELEMENTOS DE GESTÃO DO CSI FRAMEWORK

No capítulo 15 serão detalhados todos os elementos de gestão. A integração de todos os elementos de gestão cria um sistema de informações gerenciais integrado e inteligente, o CSI – Control System Information.

O CSI irá controlar as informações gerenciais de acordo com os elementos de gestão e distribuí-las de forma integrada e inteligente a todas as áreas de gestão da organização.

A integração celular de informações é um protocolo padrão do EGI e uma prática em todos os projetos de implantação de escritórios de gestão inteligente.

Através dos elementos BRidge e TOWER os processos de gestão inteligente são integrados fazendo a ponte entre a estratégia e a operação. Os elementos HALL e ROAD criam os canais e fluxos de informações ágeis e humanizados. Os processos de registro e controle de capital humano, lições aprendidas e práticas ágeis de gestão inteligente são gerenciados a partir desses elementos.

Outro fator importante na integração é a possibilidade de avaliar altos níveis de gestão inteligente com informações integradas a nível de operação.

Um exemplo, é possível identificar um único item, em qualquer esfera ou tamanho e integrá-lo a qualquer projeto, programa ou portfólio, negócio ou processo no qual ele está inserido. É possível avaliar, de forma inteligente, como alterações de escopo, prazo, preço, custo ou outra variável, afeta os níveis de gestão.

## INTEGRAÇÃO DOS SISTEMAS COM EGI E O CSI

Sistemas de gestão organizacional como ERP, MRP, EPM, PPM e tantos outros sistemas e plataformas fazem parte do escopo de gestão da organização.

Uma preocupação dos clientes quando se trata de Escritórios de Gestão Inteligentes são os seus sistemas de gestão atuais. A primeira impressão é que as plataformas atuais serão afetadas pela inteligência de gestão na implantação do EGI.

O que ocorre é justamente o contrário. A primeira abordagem do EGI é mapear de forma inteligente, através do processo de investigação do CSI, os sistemas e plataformas de gestão e como eles podem ser integrados ao EGI.

Nessa fase de mapeamento, as conexões diretas e indiretas são estabelecidas. Esse é o momento de avaliar umas das principais premissas dos trabalhos do EGI, o que os sistemas entregam e principalmente, o que eles não entregam.

Existe uma expectativa muito grande do cliente quando adquire uma plataforma de gestão. Os clientes esperam que as plataformas entreguem tudo o que foi prometido na fase de proposta e algo mais, uma coisa que eles pensam ser uma entrega, que os sistemas funcionem de forma personalizada para atender as suas expectativas.

Esse problema é cíclico e aparece na maioria dos clientes de sistemas de gestão. Frustração e decepção por utilizar sistemas que não entregam o esperado. Alguns clientes chegaram a adquirir dois ou até mais programas para superar os anteriores, mas nenhum entrega o que o cliente realmente espera.

O EGI e o CSI trabalham na integração conjunta desses sistemas apresentando as soluções inteligentes de gestão. Muitos sistemas conectados não querem dizer que estejam integrados.

O EGI avalia através do CSI e do método investigativo de gestão, como a conexão acontece e avalia as necessidades de integração.

A seguir os elementos de gestão e como eles atuam de forma inteligente para realizar essa integração.

# CAPÍTULO 9: PROCESSOS E ELEMENTOS DO EGI

## OS PROCESSOS E ELEMENTOS DE GESTÃO

Os desafios do EGI estão ligados a diversidades de negócios que podem ser aplicados. A questão está em como criar um padrão para ser aplicado a qualquer tipo de negócio ou projeto.

Por isso foi criada uma estrutura de elementos de gestão que é aplicada a maioria dos negócios e projetos executados nos mais de 20 anos de experiência do PMPROJECT.

Fazem parte do escopo dos elementos padrões de gestão:

- os sistemas de gestão
- um conjunto de softwares e aplicativos de gestão
- processos de integração
- integração de sistemas, processos e softwares para a gestão do EGI.

A metodologia para gestão inclui um conjunto de métodos para gerenciar negócios e projetos através do EGI de forma integrada e inteligente.

As ferramentas são um conjunto de técnicas e abordagens aplicadas na gestão inteligente do EGI.

Vários elementos estão disponíveis para a gestão de acordo com necessidade de cada tipo de EGI.

Antes de implementar os sistemas, métodos e práticas, é necessária avaliação do nível de profundidade da gestão do EGI.

Cada EGI tem um nível de profundidade de acordo com a expectativa do cliente e dos resultados que ele espera obter com a gestão inteligente.

O nível de profundidade pode ser superficial, tratando apenas das informações gerenciais de alto nível e aplicando processos do EGI para a alta gestão. O nível intermediário, trata das informações gerenciais de alto nível, porém integrando informações e detalhes técnicos, operacionais e administrativos de competência da média gerência.

O nível de profundidade mais extenso é o das atividades quem chegam até aos níveis operacionais, financeiros e comerciais, podendo chegar ainda nos clientes finais, fornecedores e processos externos.

No nível mais profundo de gestão inteligente, até análise legais são analisadas pelo EGI. A seguir um diagrama exemplo com elementos de gestão.

## ELEMENTOS DE GESTÃO PARA O EGI

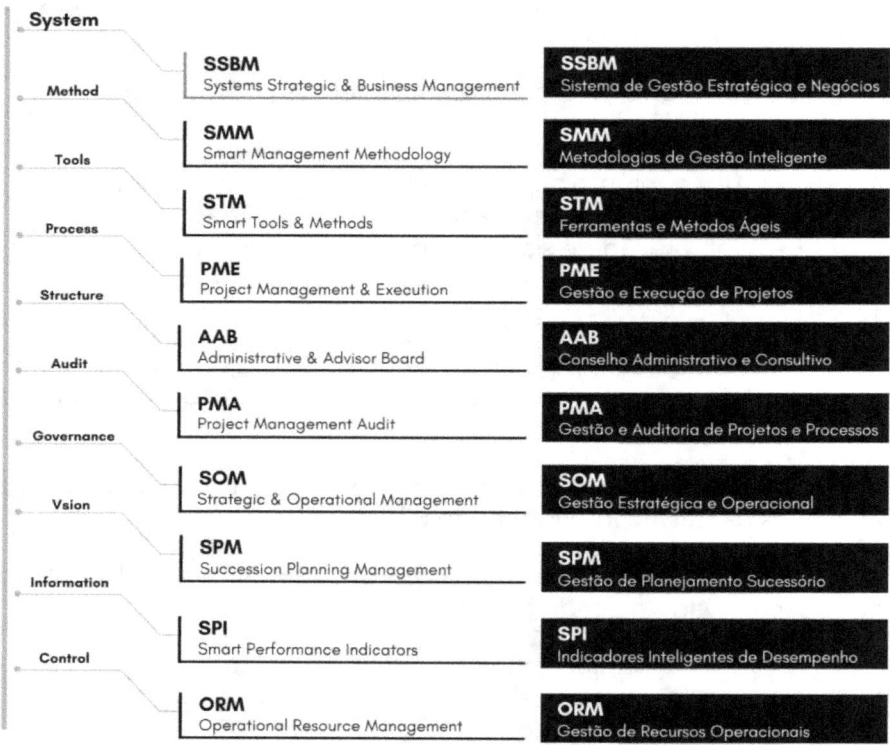

Não é objetivo deste livro entrar em detalhes sobre cada um dos elementos de gestão do diagrama anterior. Esses elementos foram desenvolvidos em anos de estudo e práticas de gestão nos diversos clientes do PMPROJECT.

Eles pertencem a um conjunto de inteligência de gestão e metodologias práticas para transformar processos em sistemas inteligentes de gestão.

As práticas e os elementos se fundiram em diversas publicações de gestão que tomaram forma durante os anos de experiência e práticas implantando e gerenciando escritórios de gestão inteligente.

## PUBLICAÇÕES DA BIO PARA CADA ELEMENTO DE GESTÃO

| ELEMENTOS | TEMA | LIVROS | |
|---|---|---|---|
| **SSBM** Systems Strategic & Business Management | SISTEMA DE GESTÃO PARA EGI | Management Intelligence BUSINESS | Management Intelligence TECHNOLOGY / Management Intelligence SYSTEMS CSI |
| **SMM** Smart Management Methodology | METODOLOGIAS PARA PROJETOS E NEGÓCIOS | Management Intelligence BUSINESS | Metodologias Inteligentes de GESTÃO / Inteligência ORGANIZACIONAL |
| **STM** Smart Tools & Methods | FERRAMENTAS E MÉTODOS PARA PROJETOS | Management Intelligence USER EXPERIENCE | Metodologias Inteligentes de GESTÃO / Management Intelligence SYSTEMS CSI |
| **PME** Project Management & Execution | GERENCIAMENTO E EXECUÇÃO DE PROJETOS | Smart PMO | Metodologias Inteligentes de GESTÃO / Intelligent Project Portfolio Management IPPM |
| **AAB** Administrative & Advisor Board | ESTRUTURAS DE ALTA GESTÃO BOARD | Smart Project AUDIT | Planejamento e Inteligência ESTRATÉGICA / Inteligência ORGANIZACIONAL |
| **PMA** Project Management Audit | AUDITORIAS DE NEGÓCIOS E PROJETOS | Smart Project AUDIT | Planejamento e Inteligência ESTRATÉGICA / Inteligência ORGANIZACIONAL |
| **SOM** Strategic & Operational Management | GESTÃO ESTRATÉGICA E OPERACIONAL | Management Intelligence BUSINESS | Planejamento e Inteligência ESTRATÉGICA / Inteligência ORGANIZACIONAL |
| **SPM** Succession Planning Management | PLANEJAMENTO SUCESSÓRIO | Family Office SERVICES | Planejamento e Inteligência ESTRATÉGICA / Inteligência ORGANIZACIONAL |
| **SPI** Smart Performance Indicators | INDICADORES DE DESEMPENHO | Management Intelligence BUSINESS | Planejamento e Inteligência ESTRATÉGICA / Inteligência Econômica e FINANCEIRA |
| **ORM** Operational Resource Management | GESTÃO DE RECURSOS | Management Intelligence BUSINESS | Intelligent Project Portfolio Management IPPM / Inteligência Econômica e FINANCEIRA |

Os livros da série Management contém conhecimentos e práticas de gestão inteligente para empresas da era da transformação digital.

São cases, histórias, informações e métodos inteligentes sobre as mais avançadas técnicas de gestão inspiradas nas organizações do século 21.

A seguir ferramentas que fazem parte do escopo desses livros e são aplicados ao EGI.

## ASOO, APWS, ASOW – DECLARAÇÕES PARA O EGI

O escopo de trabalho do EGI é direcionado e orientado por processos e projetos inteligentes. Para criar uma implementação no EGI, os processos são registrados para definir as entregas, objetivos e performance a serem atingidos.

Para orientar o registro das informações, o ciclo ASPS (Agile SOO, Agile PWS e Agile SOW) é adotado. O ciclo ASPS contempla as declarações de objetivos, performance e trabalho em um único processo.

A criação de declarações para o EGI segue o padrão inteligente para implementar soluções de gestão. Como a gestão é complexa e subjetiva, são adotados padrões inteligentes.

Apoiada no desenvolvimento ágil e em abordagens híbridas, este workflow é iterativo e incremental quando se trata de soluções em escala para gestão inteligente. A seguir o diagrama do ciclo ASPS.

## ASPS CYCLE

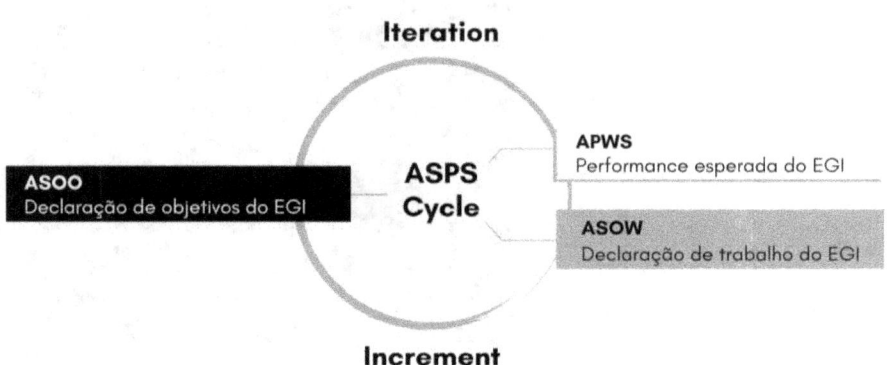

## ASOO – AGILE STATEMENT OF OBJECTIVES

Uma SOO - Statement of Objectives ou Declaração de Objetivos é um documento que retrata em detalhes os objetivos apresentados no Work Plan.

A SOO para EGI Estratégico deriva do planejamento estratégico ou do plano de gestão organizacional (Business Plan). A SOO para EGI Operacional deriva do plano ou planejamento operacional ou do Work Plan. A SOO para EGI de Projetos, deriva do plano de gerenciamento do projeto.

É importante entender que ter planos e planejamentos, sejam operacionais ou estratégicos, não quer dizer que eles serão extensos, complexos e com enormes volumes de documentos e processos. Por isso a SOO segue uma abordagem híbrida com ciclos de iteração e incremento de informações para incluir na declaração apenas os objetivos de forma inteligente e ágil.

Não há espaço no cenário atual para planos fixos e duradouros sendo que o mundo está em constante mudança. Isso também não exime as áreas de gestão de estabelecer os documentos necessários para avaliar a gestão de forma inteligente.

É por isso que o EGI cria no contexto entre a mudança constante e a necessidade de organização da gestão, padrões inteligentes de processos e documentos. Para negócios e projetos onde a abordagem ágil prevalece, foi desenvolvido o Agile SOO. Uma visão ágil sobre objetivos estratégicos e operacionais integrados a gestão de forma inteligente.

Saiba mais sobre Agile SOO no livro Management Intelligence Business da série Management da BIO.

## APWS – AGILE PERFORMANCE WORK STATEMENTS

Uma PWS – Performance Work Statements ou Declaração de Desempenho do Trabalho é um documento que apresenta os indicadores de desempenho do trabalho a ser realizado pelo EGI.

A medição de desempenho do trabalho pode ser algo complexo em alguns setores ou práticas de gestão.

O investimento para medir alguns processos de trabalho pode ser tão alto quanto o próprio trabalho a ser desenvolvido.

O EGI e as práticas de gestão inteligente criam maneiras de implementar, medir e gerenciar a performance de trabalho.

O OKR e os SPIs aliados a experiências de gestão e abordagens híbridas são exemplos de como o desempenho evoluiu e necessita de indicadores inteligentes de desempenho.

Para atender essa demanda de gestão inteligente foi desenvolvido o Agile PWS, uma abordagem ágil para indicadores de desempenho e performance.

Saiba mais sobre Agile PWS no livro Management Intelligence Business da série Management da BIO.

## ASOW – AGILE STATEMENT OF WORK

Uma SOW - Statement of Work ou Declaração de Trabalho é o documento do EGI, que descreve de forma suscinta e completa, o desenvolvimento das ações para implementação de projetos e negócios através da gestão em escritórios inteligentes.

Na SOW estão os requisitos do trabalho a serem executados. O EGI utiliza a SOW com a definição de atividades específicas da implementação da gestão inteligente.

A operação do EGI, entregas e fases, roadmap, cronograma ou timeline e outras informações de execução do trabalho de forma inteligente são apresentadas na SOW.

Outras informações para SOW são estimativas de investimento para os estágios de implantação, termos e condições para aceitação do trabalho, forma de monitoramento, controle e acompanhamento de processos, etc.

A SOW é um detalhamento do escopo apresentado na proposta de implementação do EGI e no Work Plan.

Através da SOW podem ser definidos detalhes técnicos e operacionais, e ações específicas que não foram possíveis detalhar no Work Plan.

Para abordagens ágeis ou híbridas é criada a Agile SOW que contemplará a declaração do trabalho aliada ao Agile SOO e ao Agile PWS em um único lugar através do ciclo ASPS.

O objetivo da Agile SOW é agilizar o processo de atualização e gestão de processos inteligentes de forma iterativa, incremental e inteligente quando muitas revisões de processos são necessárias.

Saiba mais sobre Agile SOW e ASPS Cycle no livro Management Intelligence Business da série Management da BIO.

## CRIANDO AGILE SOW PARA O EGI

A criação de Agile SOW seguirá as diretrizes estabelecidas no Work Plan.

Templates de Agile SOW estão disponíveis no site da BIO. em www.pmproject.com.br/bio.

Em organizações onde o contrato do EGI fará a implementação de processos e uma SOW não é prática da organização, a criação de Agile SOW será apresentada no Work Plan como solução.

Quando o detalhamento da Agile SOW estiver disponível ela poderá ser revisada de forma inteligente.

Em casos em que a Agile SOW não está presente para os projetos e negócios em andamento, ela será criada posteriormente.

A criação de Agile SOW retroativa aos processos e projetos em andamento não faz sentido pois, muitas das atividades podem ter sido concluídas no momento da criação.

Será realizada uma análise dos projetos e processos existentes e aplicada a iteração através da Agile SOW.

O objetivo é substituir as informações existentes por processos inteligentes de gestão.

Nenhum processo existente será eliminado. Ele será transforma em processos inteligente de gestão.

A seguir um diagrama de criação com os elementos ASPS Cycle para o EGI.

## ELEMENTOS DA ASPS CYCLE

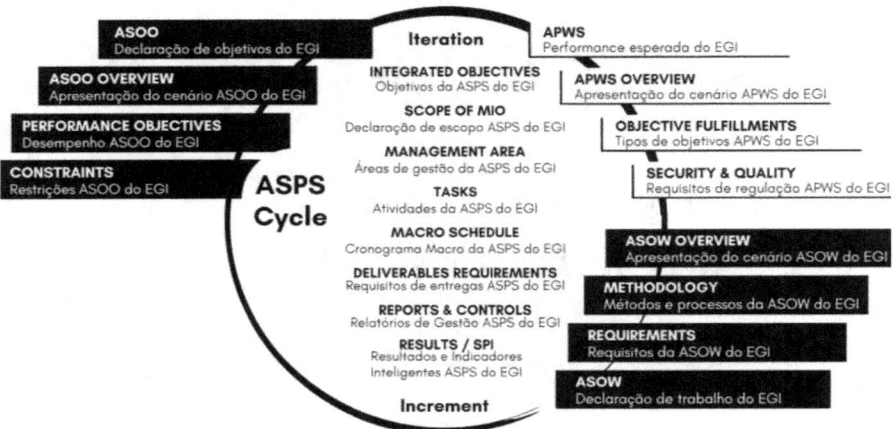

Para integrar as informações sobre ASOO, APWS, ASOW através do ASPS Cycle os itens marcados como centrais são desenvolvidos de forma integrada.

No momento da criação dos elementos do ASPS eles são integrados as 3 declarações de forma inteligente.

Não é possível, nesta fase de criação do ciclo ASPS, ter informações detalhadas para inclusão nas declarações. Por essa razão as informações serão em alto nível e detalhadas conforme iniciada a execução, em um processo incremental e iterativo.

A iteração que ocorre no desenvolvimento das atividades constantes do ASPS Cycle criará um documento com o As Built automático do projeto, negócio ou processo de forma inteligente.

# CAPÍTULO 10: ESTRUTURA E TIPOS DE EGI

## A MATRIZ ECMTK PARA DESENVOLVIMENTO E GESTÃO

Existe um padrão de informações em negócios e projetos. Os padrões fazem parte da composição do desenvolvimento do negócio, do acompanhamento e da gestão, dos sistemas que se aplicam e do conhecimento gerado com processos e projetos.

Baseado nessa análise foi criado um negócio inspirado em etapas de desenvolvimento e aplicados ao EGI.

Desta forma, a estrutura do EGI segue a matriz de desenvolvimento e gestão inteligente desenvolvida pelo PMPROJECT.

A matriz foi criada para estruturar negócios e projetos em qualquer estágio. O objetivo da matriz é identificar os macroprocessos de gestão de um negócio ou projeto.

Nos mais de 20 anos de trabalho e experiência, esse padrão existe em todos os negócios e projetos. Utilizando esse padrão foram criadas as divisões de negócios e projetos que gerenciam e organizam as informações de gestão de forma inteligente.

O padrão criado é chamado de Matriz ECMTK – Engineering, Consulting, Management, Technology and Knowledge.

## MATRIZ ECMTK

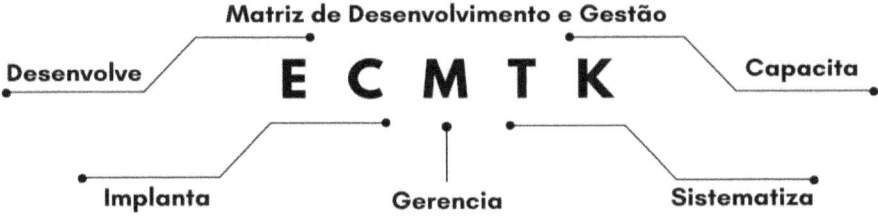

O primeiro elemento da matriz é a Engenharia ou Engineering. Através da Engenharia os projetos e processos são desenvolvidos e aplicados a negócios.

O segundo elemento é a Consultoria ou Consulting. Através da Consultoria os processos e projetos criados pela Engenharia são implementados nos negócios.

O terceiro elemento é a Gestão Inteligente ou Management. Através da Gestão Inteligente os processos e projetos criados pela Engenharia e implementados pela Consultoria, são gerenciados de forma inteligente pelo EGI.

O quarto elemento é a Tecnologia ou Technology. Através da Tecnologia são criados os sistemas de gestão que irão compor o EGI e serão utilizados juntamente com elementos de gestão.

Os elementos são conectados de forma inteligente com os sistemas de gestão e são disponibilizados e entregues de acordo com a necessidade do negócio.

O quinto elemento é a Gestão do Conhecimento ou Knowledge.

A Gestão do Conhecimento utiliza os princípios da Engenharia do Conhecimento para transformação da Matriz ECMTK em conhecimento aplicado a gestão inteligente.

Através da capacitação, treinamento e o Empowerment das equipes, gestores e áreas afetadas pelo EGI e a gestão inteligente, os processos e projetos ligados aos negócios são entregues ao cliente em forma de conhecimento.

Cada elemento da matriz segue práticas de gestão inteligente onde as organizações desenvolvem seus negócios e projetos.

Os negócios partem da Engenharia que representam o desenvolvimento, mesmo no caso de empresas que não tenham um departamento de engenharia.

A Engenharia trata das áreas de pesquisa e desenvolvimento, projetos executivos e estudos técnicos, etc.

A Engenharia é a responsável por validar os processos de design e inteligência para implementação.

Um novo produto a ser lançado, um serviço a ser prestado ou resultados esperados, todos são objetos de estudo da área de Engenharia.

Experiência do usuário, Design Thinking, cultura de implementação, pensamento otimizado, simplicidade, funcionalidade, operacionalidade, foco no cliente final estão entre os pontos mais importantes avaliados pela Engenharia.

Os negócios continuam na Consultoria de forma aplicada e inteligente, mesmo no caso de empresas que não tenham uma consultoria de gestão ou consultores internos aplicando a gestão.

A Consultoria é um dos escopos mais diversificados do PMPROJECT BMO. Através da Consultoria são desenvolvidos de forma intuitiva e inteligente as práticas de gestão em todas as áreas da organização.

A Consultoria atua como um agente de mudanças organizacionais. Ela operacionaliza e acompanha, ao mesmo tempo, todas as atividades em todas as áreas onde o EGI atua.

Através da Consultoria as atividades são executadas no formato de operação assistida, onde os processos são executados com monitoramento da Consultoria.

Os negócios são geridos de forma inteligente com as boas práticas de gerenciamento através do Management.

Todas as empresas, independente do porte ou mercado em que atuam, possuem equipes de gestão. Nesse caso o Management crie e otimiza processos de gestão em toda a organização.

Os negócios têm sua conexão estabelecida para gestão através de sistemas integrados e inteligentes desenvolvidos pela Tecnologia da Matriz ECMTK.

E os negócios finalizam na área de Gestão do Conhecimento, mesmo que a organização não estabeleça oficialmente esta área.

Através da Gestão do Conhecimento, todo os ativos organizacionais são convertidos em conhecimento de gestão inteligente para a organização.

Veja o diagrama da Matriz ECMTK a seguir e como os elementos se integram para gestão de negócios e projetos.

# MATRIZ PARA DESENVOLVIMENTO DE ESCRITÓRIOS DE GESTÃO INTELIGENTE

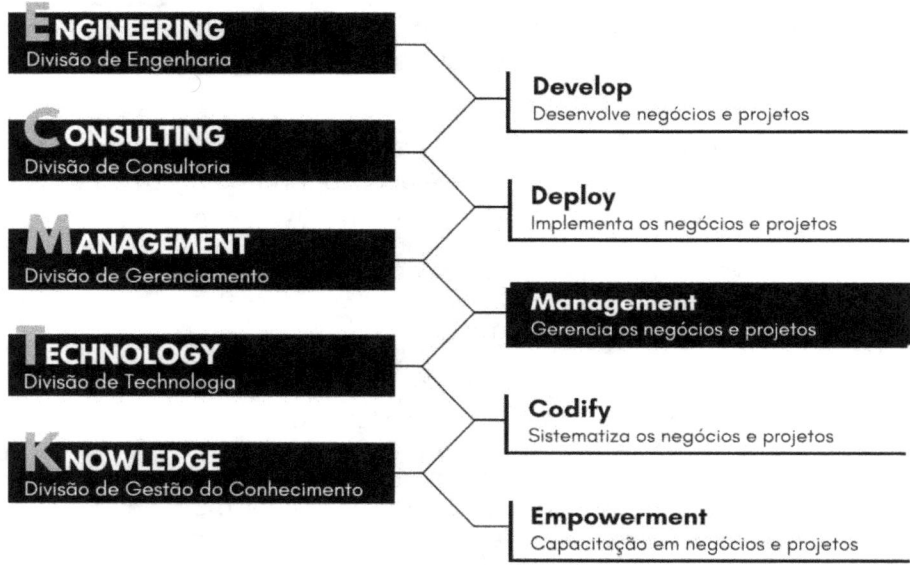

## AS DIVISÕES E OS PROCESSOS DE ENGENHARIA

A Engenharia atua desenvolvendo ferramentas, processos, sistemas, planejamento e execução para negócios em todos os setores organizacionais através de projetos e negócios.

Os projetos e negócios são divididos em 2 áreas de atuação, Métodos & Processos e Áreas de Engenharia.

### 1) MÉTODOS E PROCESSOS

As abordagens são compostas de ferramentas e técnicas, métodos e processos inteligentes de gestão.

Através do STM são desenvolvidos métodos e ferramentas de Gestão e Produção para sistemas de gestão inteligente.

Através do PME são desenvolvidos métodos de Gestão Inteligente, com abordagens ágil, preditiva ou híbridas para gestão e execução de serviços e projetos. O STM e o PME podem ser aplicados em conjunto com qualquer outra ferramenta de gestão ou execução.

O STM e o PME integram informações de qualquer área ou segmento atendendo todas as necessidades organizacionais no quesito desenvolvimento e execução de processos, metodologias e ferramentas inteligentes.

## 2) ÁREAS DE ENGENHARIA

As áreas de engenharia envolvem praticamente todos os sistemas organizacionais. O foco em áreas específicas atende à demanda de negócios e projetos.

A área de R&T – Roads & Transport desenvolve projetos e sistemas de engenharia ligados as áreas de estradas, rodovias, pontes e elementos, aeroportos e concessões de serviços para áreas de transporte aéreo e terrestre.

A área de M&M – Mining & Metals desenvolve projetos e sistemas de engenharia ligados as áreas de mineração, processos de extração, esteiras e transportadores, trens e ferrovias, serviços para áreas de escavação e transporte sobre trilhos.

A área de C&P – Constructions & Propertiers desenvolve projetos e sistemas para todos os tipos de construção e obras, residenciais, comerciais em todos os padrões de construção.

A área de P&I – Plants & Industries desenvolve projetos e sistemas para todos os tipos de plantas industriais nos diversos segmentos, programas e serviços de manutenção, parada programada, montagens industriais e serviços de engenharia industrial.

A área de O&O – Onshore & Offshore Projects desenvolve projetos e sistemas para todos os tipos de plantas de Óleo e Gás, plataformas de petróleo FPSO, estaleiros, portos e operações de logística portuária, incluindo outros transportes marítimos.

A área de E&P – Enterprise & Partnerships desenvolve projetos e sistemas para parcerias organizacionais, projetos de empreendimentos urbanos ou rurais, masterplans e projetos de expansão, incorporação imobiliária, empreendimentos comerciais como shoppings centers e áreas comerciais, etc.

A área de IIS – Information Intelligence Systems desenvolve projetos e sistemas de engenharia para todos os ramos, negócios, áreas e segmentos.

O IIS é o um pool de inteligência aplicado a negócios e projetos e é o coração do EGI. É o IIS que desenvolve as soluções de gestão inteligente para todas as áreas do EGI.

Veja ao final do capítulo a estrutura dos elementos de gestão da divisão de Engenharia.

## AS DIVISÕES E OS PROCESSOS DE CONSULTORIA

A atuação em gestão em áreas internas necessita de apoio externo em praticamente todas as organizações.

O conhecimento em várias áreas e mercados pode contribuir para avanços tecnológicos de gestão inteligente nos clientes da consultoria. Por essa razão a Consultoria atua em negócios e projetos com implementação de ferramentas, processos e sistemas de gestão inteligente de acordo com a necessidade organizacional.

A implementação da Consultoria ocorre através de 2 grupos de gestão inteligente, a Consultoria Organizacional e a Operacional.

## 1) CONSULTORIA ORGANIZACIONAL

A Consultoria Organizacional é parte integrante do processo de estruturação de negócios e projetos de alto nível. A Consultoria Organizacional trabalha para compreender a organização como um todo antes de qualquer atividade.

O formato da Consultoria Organizacional é estabelecido de acordo com tipo de organização e das práticas de gestão. Para organizações com estruturas de gestão matricial, os departamentos de gestão estão divididos em conselho de gestão, diretoria e gerência executivas, etc.

Nesse modelo de estruturação a Consultoria Organizacional atua com a gestão inteligente através dos conselhos administrativo e consultivo (AAB), gestão comercial (SCM), gestão financeira e controladoria (FMC), etc.

A Consultoria Organizacional aborda principalmente as áreas de Alta e Média Gestão através de processos organizacionais para estruturação de negócios e a criação de portfólios de projetos.

A implementação da Consultoria Organizacional se preocupa com uma visão organizacional da era da transformação digital. Novos modelos de gestão surgiram e novas formas de estruturação fazem parte da cultura organizacional.

Para organizações com estrutura de Gestão Ágil ou Lean, como startups, negócios e projetos escaláveis e de alto impacto, a estrutura interna pode ser totalmente diversificada dos modelos atuais de gestão.

Nesse novo modelo de estruturação, a Consultoria Organizacional atua com a gestão inteligente em áreas como o sucesso do cliente (ICSM), experiência do usuário (UXM), autogestão e equipes autogerenciadas (Self-Management), etc.

Outra atividade desenvolvida pela Consultoria Organizacional é o estudo da estabilidade organizacional. O objetivo é manter o negócio ou projeto em pleno funcionamento mesmo com a movimentação organizacional sejam fusões e aquisições, transferência de gestão, movimentação de pessoas, cargos ou funções. Quaisquer impactos relativos à movimentação organizacional são considerados.

Os impactos causados por uma transferência de gestão podem levar meses ou anos para se recuperar se não for gerenciado de maneira coordenada. Nesse cenário a Consultoria Organizacional atua no planejamento sucessório em escala (SPM).

Através do SPM a Consultoria Organizacional planeja e gerencia o futuro de todas as diretorias e gerências a nível de negócios e projetos, trabalhando para minimizar os impactos de transferência de gestão.

As áreas chaves da organização estão ligadas a gestão e controle financeiro, gestão de recursos, capital e investimentos. Essas áreas tratam da saúde financeira da organização.

A Consultoria Organizacional implementa soluções inteligentes nas áreas financeiras através dos controles de gestão financeira e controladoria (FMC). Um diferencial da abordagem inteligente é olhar a gestão financeira com foco no sucesso do cliente.

Outras áreas podem fazer parte da Consultoria Organizacional e serão gerenciadas de maneira inteligente pelo EGI.

## 2) CONSULTORIA OPERACIONAL

A Consultoria Operacional é parte integrante da operação, produção ou execução de negócios e projetos com a implementação de estruturas operacionais de gestão inteligente.

O objetivo da Consultoria Operacional, aplicada ao EGI, é levar a todas as esferas da organização uma informação única e consolidada, trabalhada de forma inteligente.

Todos os setores da organização terão uma única linguagem para gestão inteligente baseadas na operação e nas estratégias da organização.

Nessa abordagem, a Consultoria Operacional desenvolve a gestão estratégica e operacional (SOM). A gestão SOM é um conjunto de práticas de gestão para todas as áreas operacionais da organização. O foco da gestão SOM é integrar as áreas operacionais as áreas estratégicas em um único sistema de gestão.

Os sistemas, controles e práticas da gestão SOM envolvem as engenharias, desenvolvimento de produtos e serviços, áreas de pesquisa e desenvolvimento, planejamento e controle, produção, Supply Chain, Comex, etc.

As estruturas operacionais são implementadas de maneira diversificada e necessitam de controles inteligentes de gestão para pessoas, serviços e insumos. Esses controles são direcionados para a gestão de recursos (ORM), gestão de equipes inteligentes (ITM), gestão e auditoria de projetos e processos (PMA), etc.

A Consultoria Operacional é aplicada no formato hands on integrando operações e projetos com os objetivos estratégicos e vice-versa, de forma prática e funcional.

Gerenciar a operação, dependendo do porte da organização, exige um grande esforço. A Consultoria Operacional atua com foco em redução do esforço de gestão, concentrando as atividades de forma inteligente nos sistemas integrados de gestão.

Um exemplo da aplicação e redução dos esforços é a capacidade de identificar, de forma inteligente, recursos e pessoas, em qualquer atividade operacional ou estratégica, seus impactos na gestão e na operação e como eles interagem entre si.

As atividades desenvolvidas em detalhes, o processo de implantação das consultorias e as práticas inteligentes de gestão estão disponíveis nos livros Inteligência Organizacional, Inteligência Econômica e Financeira, Inteligência Comercial e Sucesso do Cliente e Management Intelligence Business, todos da série Management da BIO.

Veja ao final do capítulo a estrutura dos elementos de gestão da divisão de Consultoria.

## AS DIVISÕES E OS PROCESSOS DE GERENCIAMENTO

A divisão Management merece destaque, afinal ela representa a própria gestão inteligente. A divisão Management atua em toda organização em métodos, sistemas, estratégias, negócios, projetos e operações. Tudo na organização tem a ver com a inteligência de gestão. Por isso essa área está envolvida em todos os negócios, projetos e processos.

A atuação da área de Management está ligada a criação e operação dos Escritórios de Gestão Inteligentes.

A área de Management desenvolve e implementa os escritórios de gestão juntamente com as áreas de Consultoria e Engenharia. A divisão de Management é dividida em 2 grupos de gestão, Métodos e Sistemas, e Escritórios de Gestão Inteligente.

### 1) MÉTODOS E SISTEMAS

As metodologias definem os processos de gestão em toda a organização e os sistemas integram esses mesmos processos. A SMM - Smart Management Methodologies é um conjunto de metodologias inteligentes de gestão.

As metodologias inteligentes agrupam uma série de métodos e abordagens de gestão de negócios e projetos, e são implementadas e atualizadas a cada novo ciclo de implementação. Os sistemas fazem parte da área de tecnologia, apenas o CRM é parte integrante do portal de gestão, pois atua diretamente com o cliente externo e o EGI correspondente.

Saiba mais sobre metodologias inteligentes, sua aplicação e projetos para implantação no livro Metodologias Inteligentes de Gestão da série Management da BIO.

## 2) ESCRITÓRIOS DE GESTÃO INTELIGENTE

A divisão Management é organizada por áreas de gerenciamento através dos Escritórios de Gestão Inteligente (EGI). A estrutura de EGI foi idealizada para integrar as várias áreas de conhecimento em um único local, o escritório de gestão. Os EGIs são divididos em 2 subgrupos.

## 2.1) GESTÃO ESTRATÉGICA E NEGÓCIOS

Os escritórios de gestão estratégica atuam no gerenciamento organizacional, portfólios e programas, estratégias e planos, processos e projetos organizacionais.

Estes escritórios inteligentes estão ligados a Alta Gestão e trabalham em um nível estratégico desenvolvendo o alto nível da organização. Sua atuação representa a espinha dorsal do negócio e estabelece estruturas de gestão inteligente para todas as demais áreas.

Alguns dos Escritórios de Gestão Inteligente Estratégicos são SBM – Smart Business Management, SPM – Smart Partnership Management, ICSM – Intelligent Customer Success Management, SFM - Smart Finance Management e o SPMO – Smart PMO, todos atuando em nível estratégico.

## 2.2) GESTÃO DE PROJETOS E OPERAÇÕES

Os escritórios de gestão de operações atuam no gerenciamento de projetos e operações através da execução e implementação de processos operacionais.

Através de métodos e sistemas os escritórios operacionais trabalham nas informações gerenciais organizando e estruturando a gestão a nível operacional.

Estes escritórios inteligentes estão ligados à Média Gestão conectando as áreas operacionais e estratégicas através da integração de projetos, negócios e processos.

Os EGIs operacionais são áreas onde as informações específicas são tratadas através da inteligência de gestão. Os EGIs representam a união da experiência profissional, técnica e conceitual com a prática e a operação.

Através dos escritórios de gestão inteligente as ações de gerenciamento são aplicadas de forma coordenada, melhorando os processos e criando uma gestão competitiva e otimizada.

Alguns dos Escritórios de Gestão Inteligente Operacionais são SEM – Smart Engineering Management, ITM – Intelligent Management Technology, IQM – Intelligent Quality Management, IKM – Intelligent Knowledge Management, IHSM – Intelligence Health & Safety Management e o Smart PMO, todos a nível operacional.

O Smart PMO ou PMO Inteligente é um dos únicos escritórios de gestão que atua em ambos os níveis, estratégico e operacional.

O Smart PMO Support, atua com suporte a organização de projetos e Smart PMO Control, atua com controle e monitoramento de projetos, programas e portfólios em ambos os níveis, operacional e estratégico.

O Smart PMO pode atuar também a nível estratégico de gestão, podendo ser uma diretoria ou EGI de Alto Nível, o Smart PMO Directive. Ele será responsável pela gestão e direção de todos os projetos da organização. Veja ao final do capítulo a estrutura dos elementos de gestão da divisão Management.

## AS DIVISÕES E OS PROCESSOS DE TECNOLOGIA

A tecnologia é a matriz de todos os processos organizacionais. E através da tecnologia que o desenvolvimento de sistemas ou técnicas de operação de negócios e projetos são realizados.

Nas organizações não existe outra fonte com tantas informações técnicas de gestão como nas áreas de tecnologia. Muitos processos de tecnologia não são ligados a Tecnologia da Informação e tratam de tecnologias de desenvolvimento, operação, execução, criação e muitas outras áreas.

A tecnologia abrange todas as técnicas de desenvolvimento de qualquer área da organização. A transferência de tecnologia engloba todo o processo de capacitação de uma área para outra, de uma organização para outra e até mesmo de um país para outro.

Essas são áreas onde os Escritórios de Gestão Inteligente tem a maior atuação e incorporação de inteligência, por se tratar de um escopo altamente técnico. Para auxiliar os Escritórios de Gestão Inteligente, os negócios e projetos são organizados em sistemas de gestão para integrar toda a organização.

Os sistemas vão além dos softwares de plataforma e suítes de aplicativos. Os sistemas organizam todo o fluxo de informações da organização de forma integrada. Os sistemas de gestão utilizam uma abordagem inteligente de implementação e são organizados em 2 grupos de gestão.

## 1) GESTÃO ESTRATÉGICA E NEGÓCIOS

Os sistemas de gestão estratégica organizam os negócios, portfólios e programas, estratégias, processos e projetos integrando ferramentas, softwares, frameworks, redes e infraestrutura.

O foco da gestão estratégica de tecnologia é a gestão de alto nível sempre pensando na organização como um todo. Em nível estratégico os negócios são desenvolvidos em plataformas criadas e gerenciadas pela gestão inteligente de tecnologia.

## 2) GESTÃO DE PROJETOS E OPERAÇÕES

Os sistemas de gestão de projetos e operações organizam os projetos, a execução, os processos operacionais, softwares, frameworks, redes e infraestrutura. O foco da gestão de projetos e operações é na execução das entregas e na produção, atuando na Média Gestão e aplicação das áreas operacionais.

O SPMS é único sistema que integra e organiza os 2 grupos de projetos e processos em ambos os níveis estratégico e operacional.

Através do SPMS a organização consegue gerenciar portfólios, programas e projetos em todas as etapas, da concepção ao resultado e encerramento, chegando até a auditoria pós encerramento.

Saiba mais sobre sistemas inteligentes, sua aplicação e projetos para implantação no livro Management Intelligence Technology da série Management da BIO. Veja ao final do capítulo a estrutura dos elementos de gestão da divisão de Tecnologia.

## AS DIVISÕES E OS PROCESSOS DE GESTÃO DO CONHECIMENTO

A Gestão Inteligente do Conhecimento é o coração das organizações. Através da Engenharia do Conhecimento, todo o conhecimento organizacional adquirido é disponibilizado e utilizado para capacitar o gerir o capital humano.

Os ativos de processos organizacionais, a cultura, as lições aprendidas, os padrões, processos e procedimentos, os sistemas de gestão integrada, plataformas de conhecimento e a inteligência da informação, todos eles fazem parte da gestão do conhecimento. O conhecimento é organizado em 4 grupos de gestão.

## 1) INFORMAÇÕES GERENCIAIS – SPI

As informações gerenciais são a base para todo o conhecimento. Através delas os Escritórios de Gestão Inteligente conseguem integrar o conhecimento de qualquer área da organização.

As informações gerenciais são consolidadas pelos SPI – Smart Performance Indicators ou Indicadores Inteligentes de Desempenho são aplicados a Gestão de Equipes Inteligente, aos Escritórios de Gestão Inteligente e aos Sistemas de Gestão Inteligente.

Os SPIs medem o sucesso da gestão inteligente aplicada aos negócios e projetos e convergem em um único portal de informações gerenciais disponível para a organização de acordo com os níveis de informações aplicáveis. As informações gerenciais utilizando o CSI Framework como modelo de gestão inteligente para investigação de informações.

Saiba mais sobre informações gerenciais e SPI, sua aplicação e projetos para implantação no livro Management Intelligence Business da série Management da BIO.

## 2) ENGENHARIA DO CONHECIMENTO – IMKE

Em um passado não muito remoto as organizações sofriam com a falta de informação. Hoje esse processo se inverteu. As organizações sofrem com o excesso das informações. Nem toda informação gera conhecimento, mas todo conhecimento um dia foi uma informação estruturada e organizada.

A IMKE – Intelligent Management Knowledge Engineering ou Gestão Inteligente da Engenharia do Conhecimento trabalha para organizar as informações e estruturar processos de forma coordenada e inteligente. A IMKE utiliza as metodologias inteligentes de gestão para organizar o conhecimento nos Escritórios de Gestão Inteligente.

Saiba mais sobre A IMKE, sua aplicação e projetos para implantação no livro Metodologias Inteligentes de Gestão da série Management da BIO.

## 3) EQUIPES DE GESTÃO INTELIGENTE

A gestão não é realizada em processos, mas em pessoas que executam esses processos nas organizações. Gerenciar pessoas é o grande desafio de qualquer área de gestão. Para atingir esse objetivo é fundamental o conhecimento sobre pessoas e as práticas de gestão inteligente aplicadas à sua compreensão. As pessoas devem ser organizadas e capacitadas para que a gestão tenha sucesso.

Os Escritórios de Gestão Inteligente atuam com a SMT – Smart Management Teams ou Equipes de Gestão Inteligente. Ao atuar em equipes de gestão inteligente, o foco está em ampliar a visão das pessoas para toda a organização.

O objetivo é atuar sempre com uma visão do negócio e não da área de atuação. As pessoas que atuam nas organizações são responsáveis não só pela sobrevivência do negócio, mas pelo seu crescimento. A gestão de equipes inteligentes é uma transformação de cultura e uma mudança total nos métodos de gestão atuais.

Saiba mais sobre a SMT, sua aplicação e projetos para implantação nos livros Inteligência Organizacional, Inteligência Comercial e Sucesso do Cliente, Management Intelligence Innovation todos da série Management da BIO.

## 4) PLATAFORMAS DE GESTÃO INTELIGENTE

O controle das informações gerenciais é estruturado em SMP – Smart Management Platforms ou Plataformas de Gestão Inteligentes de conhecimento. A SMP é integrada em toda a organização.

As plataformas de gestão inteligentes podem ser internas ou externas e agregam informações de vários setores da organização. As plataformas gerenciais inteligentes têm o foco de organizar o conhecimento produzido em qualquer área da organização.

O conhecimento produzido na organização, depois de gerenciado pelas plataformas inteligentes, é disponibilizado a todos os interessados. As plataformas de gestão inteligente englobam a SMS – Smart Management School ou Escolas de Gestão Inteligente.

São inúmeras escolas de formação de equipes de gestão inteligente e Escritórios de Gestão Inteligente. A SMS é composta de várias plataformas de gestão inteligente que vão desde a capacitação e treinamentos das rotinas organizacionais até a formação de gestores inteligentes para sucessão organizacional.

Saiba mais sobre a SMP e SMS, sobre as plataformas de gestão inteligentes, sua aplicação e projetos para implantação no livro Management Intelligence Technology da série Management da BIO. Veja ao final do capítulo a estrutura dos elementos de gestão da divisão Knowledge.

## TIPOS DE EGI – ESTRATÉGICO E OPERACIONAL

Para criar um ambiente próprio para cada organização, um padrão nos tipos e níveis de gestão foi estabelecido.

A partir desse processo os Escritórios de Gestão Inteligente foram divididos em tipos e níveis de acordo com atuação nas organizações.

Uma boa prática antes de implementar ou atuar junto a um EGI é compreender o seu nível de atuação e influência na gestão.

Os tipos de EGIs podem ser organizados em Áreas de Gestão Estratégicas e Negócios ou Áreas de Projetos e Operações.

O EGI para áreas Estratégicas e Negócios acomoda a áreas organizacionais do Board (Conselho de Administração) as diretorias e departamentos de administração ligados à área corporativa e os níveis de Alta Gestão.

O EGI para áreas de Projetos e Operações acomoda áreas de gestão ligadas diretamente a operação e execução dos projetos e processos ligados à Média Gestão.

Algumas áreas são administrativas e poderiam estar ligadas as áreas estratégicas, mas aqui foram selecionadas com a visão operacional devido a sua ligação direta com projetos e operações.

Existem outras áreas que podem ser alocadas como áreas organizacionais, operacionais ou de projetos, porém estas foram selecionadas para apresentar um exemplo de estruturação de EGIs por áreas estratégicas e de negócios, projetos e operações.

Muitas empresas organizam seus negócios de forma diferenciada, mesmo que tenham muitas subsidiárias e filiais, em alguns casos elas são organizadas de forma diferente das suas matrizes, devido as características regionais que enfrentam.

Utilizando o exemplo de multinacionais com unidades fabris e escritórios comerciais distribuídas em vários países pelo mundo, elas organizam seus escritórios administrativos e comerciais alocados em unidades administrativas, como uma extensão das suas unidades e parte integrante do processo administrativo local.

Outras unidades, com a mesma organização comercial e administrativa, mas sem unidades fabris, podem ser organizados de maneira totalmente diferente.

Tudo depende da estratégia de negócios local, dos custos de operação, de acordos de negócios e dos trâmites legais de cada país.

Enfim, a seleção de áreas para o EGI dependerá do tipo de escritório inteligente (SBM, SPM, ICSM, SFM, SPMO, etc.) objeto da implantação nas organizações dos clientes. A seguir os diagramas do EGI para cada tipo.

# EGI DE NEGÓCIOS OU ESTRATÉGICO

*SMM e ICRM são métodos e sistemas inteligentes integrados diretamente aos Escritórios de Gestão Inteligente de nível Estratégico e Negócios.

As áreas estratégicas e de negócios estão apresentadas de forma contextual. Uma área estratégica aqui pode representar uma área operacional em outra organização e vice-versa. As estruturas de Escritórios de Gestão Inteligente serão definidas com o cliente.

Um olhar geral sobre as áreas estratégicas revela basicamente um perfil de gestão ligada as práticas financeiras, contabilidade e impostos, marketing e vendas.

Essas áreas lidam com o capital em primeira e segunda instâncias, elas são consideradas estratégicas na maioria das organizações.

Para organizações onde alguns dos serviços e áreas descritas acima representam áreas de apoio a gestão, elas são consideradas áreas operacionais.

## EGI DE PROJETOS E OPERAÇÕES

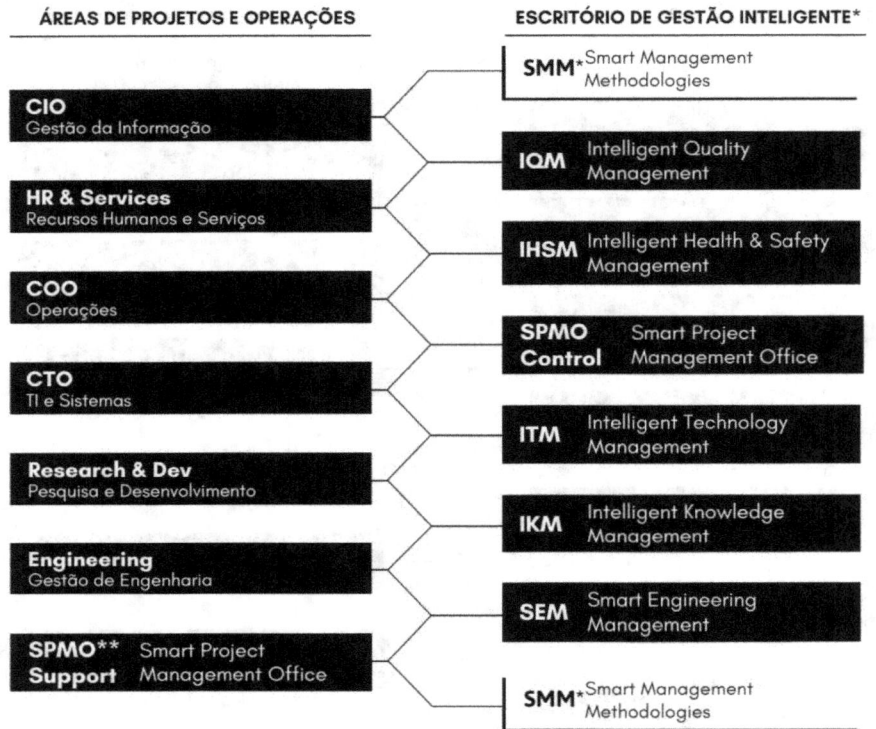

*SMM são métodos integrados diretamente aos Escritórios de Gestão Inteligente e SPMO
**O SPMO Support atua junto com o PMO da organização do cliente.

As áreas de projetos e operações tem a mesma visão das áreas estratégicas quanto a gestão. A sua divisão ocorre apenas para selecionar áreas que estão mais ligadas ao desenvolvimento do produto, de serviços ou de entregas ao cliente.

A visão é muito mais relacionada ao produto para o cliente com aplicação de conceitos como o sucesso do cliente.

Os EGIs apresentados aqui neste livro são referências e a criação de novos EGIs não está limitada a eles. Estes EGIs foram colocados aqui como exemplos de escritórios de gestão e como a sua aplicação é organizada.

## TIPOS DE EGI E SUAS ÁREAS DE APLICAÇÃO

Os tipos de EGI podem ser organizados também por áreas de aplicação. Um EGI que trata de Negócios e Gestão Organizacional pode ser chamado de SBM – Smart Business Intelligence ou Escritório de Gestão Inteligente para Negócios.

O SBM é um escritório estratégico e está ligado ao CEO ou Alta Direção e ao Board do negócio ou projeto.

O SBM Escritório de Gestão Inteligente de Negócios gerencia negócios e projetos através de processos definidos pelo Board e pelo CEO da organização.

O SBM executará tarefas específicas da Alta Gestão e será responsável pela gestão inteligente de processos dessas áreas. O SBM atuará como um escritório auxiliar de gestão inteligente para fornecer informações precisas para a Alta Gestão da organização.

O SBM, seus processos e os projetos para implementação nas organizações estão detalhados no livro Management Intelligence Business da série Management da BIO.

Outro exemplo de EGI é o SPMO – Smart Project Management Office ou Escritório de Gestão Inteligente de Projetos. O SPMO é um escritório estratégico, de projetos ou de operações.

O SPMO executará tarefas específicas da área de projetos de acordo com o nível e a aplicação.

No livro Smart PMO da série Management da BIO. será apresentado um escopo completo do Smart PMO como um Escritório de Gestão Inteligente.

A seguir os diagramas e os elementos de Gestão de cada EGI. Recordando que novos EGIs podem ser criados a partir da necessidade organizacional, não se limitando os exemplos deste livro.

As aplicações e o detalhe dos elementos de gestão de cada EGI estão disponíveis nos livros da série Management da BIO apresentados no capítulo 9.

## SBM – ESCRITÓRIO DE GESTÃO INTELIGENTE DE NEGÓCIOS

O SBM – Smart Business Management é integrado a todo o sistema organizacional. O SBM é responsável pela alta gestão do Conselho (Board) e diretorias (Alta Gestão) até as gerências administrativas e operacionais dos negócios (Média Gestão).

O SBM define os objetivos organizacionais, visão, missão, planejamento estratégico e diretrizes de gestão. O SBM é o escritório onde estão concentrados os negócios e projetos organizacionais e a governança corporativa.

Através do SBM podem ser criados processos de gestão para toda a organização e reduzir significativamente as demandas do Board, do CEO, das diretorias, das gerências, da Alta e Média Gestão.

Veja o diagrama dos elementos de gestão do SBM ao final deste capítulo.

## SEM – ESCRITÓRIO DE GESTÃO INTELIGENTE DE ENGENHARIA

O SEM – Smart Engineering Management gerencia as engenharias, pesquisas e desenvolvimento de soluções de uma organização.

Gestão e padronização dos processos de engenharia interna (organizacional) e externa (clientes e fornecedores) fazem parte do escopo deste escritório inteligente.

O SEM define, através da engenharia, os padrões de excelência operacional, gestão inteligente e produção otimizada.

O SEM é o escritório onde estão concentrados os processos de gestão de engenharia para negócios e projetos. Através do SEM podem ser criados processos de gestão para toda a engenharia ampliar o conhecimento, explorar novas técnicas e práticas de desenvolvimento de produtos e processos.

O SEM atua com inovação em sistemas, negócios, projetos e muitas outras áreas onde a criatividade e o desenvolvimento inteligente são aplicados.

O SEM atua com as demandas das áreas de desenvolvimento de produtos e sistemas, diretoria de engenharia, do nível estratégico ao operacional, na sede administrativa ou nas implantações de campo, fábricas, canteiros e instalações.

O SEM também agrega as áreas de P&D nos diversos tipos de organizações atuando como Escritório de Gestão Inteligente de Pesquisa.

O SEM tem seu foco direcionado para as criações e inovações em qualquer ramo de atuação das organizações.

O SEM está sempre conectado com as novas tendências de mercado e desenvolvimento de novos produtos e serviços.

O SEM atua com foco em grandes projetos divididos inicialmente nas áreas de gestão

   R&T – Roads & Transport,
   M&M – Mining & Metals,
   C&P – Constructions & Propertiers,
   P&I – Plants & Industries,
   O&O – Onshore & Offshore Projects,
   E&P – Enterprise & Partnerships e
   IIS – Information Intelligence Systems.

Veja o diagrama dos elementos de gestão do SEM no final do capítulo.

## SFM – ESCRITÓRIO DE GESTÃO INTELIGENTE DE FINANÇAS E CONTROLADORIA

O SFM – Smart Finance Management gerencia as áreas financeiras, controladoria e contabilidade.

O SFM é responsável pela gestão de tesouraria, contabilidade gerencial e fiscal, contabilidade de custos e demonstrações financeiras, projeção de resultados e controle interno, investimentos e gestão de recursos.

O SFM é o escritório onde estão concentrados os processos de gestão financeira inteligente para negócios e projetos.

Através do SFM podem ser criados processos de gestão de contas a pagar, receber, contabilização, impostos, projeções financeiras, análise de viabilidade financeira (Project Finance) para implementação estratégica de novos negócios e projetos.

Outras informações de gestão inteligente aplicadas as áreas financeiras são gerenciadas de forma inteligente pelo SFM.

O SFM é o board de todas as informações financeiras da organização.

O SFM é o responsável pelos processos de auditoria contábil externa e balanços auditados.

Em organizações de capital aberto, o SFM também é responsável pela área de RI – Relação com Investidores. Nesses casos o SFM é responsável por toda a gestão de RI, publicação de relatórios, gestão de carteira e report para acionistas.

Outras atividades de responsabilidade do SFM estão ligadas a projeção de resultados e análises de inteligência financeira. Projeções de fusões, aquisições, aberturas de novas unidades, programa de expansão e internacionalização dos negócios, tudo passa pelo SFM.

O aval de projetos e negócios, garantias e gestão bancária, investimentos com capital próprio e capital de terceiros são todos tratados no SFM. O SFM cuida ainda da parte fiscal e tributária com práticas e gestão para recuperação de impostos e cálculos de gestão de impostos nacionais e internacionais.

Projetos de administração de empresas em fase de recuperação judicial e trâmites de gestão sob demanda sejam elas de empresas, grupos econômicos holdings, tudo é papel do SFM.

O SFM atua junto SPM para desenvolvimento de novos negócios e parcerias inteligentes de gestão incluindo investimentos em projetos, venture capital, seed capital, etc.

O SFM é o provedor financeiro das organizações e trata os processos de gestão de capital de forma inteligente em todas as esferas.

O SFM está integrado ao ICSM para garantir os recursos necessários para execução das atividades de Sucesso do Cliente.

O SFM funciona como uma extensão de Escritório de Gestão Inteligente do cliente apoiando as atividades financeiras que garantem o produto, projeto ou serviço do cliente em desenvolvimento na organização.

Veja o diagrama dos elementos de gestão do SFM no final do capítulo.

## IHSM – ESCRITÓRIO DE GESTÃO INTELIGENTE DE SAÚDE E SEGURANÇA

O IHSM – Intelligent Heath & Safety Management é o escritório de gestão inteligente necessário para todas as organizações.

O IHSM é o escritório de gestão integrada de saúde e segurança no trabalho, no ambiente externo (sociedade e meio ambiente) e no ambiente interno (cultura e ambiente organizacional).

O IHSM foi idealizado para gerenciar todas as áreas de saúde e cuidado das pessoas que atuam nas organizações, das obrigações legais com órgãos reguladores, esferas nacionais e internacionais com normas e leis aplicáveis para regulamentação e certificação.

O papel do IHSM é minimizar e integrar processos de auditoria e certificação concentrando todos os esforços em um único local de gestão.

Outro papel importante do IHSM é representar a organização junto a sociedade com processos de interesse e responsabilidade social. Programas de voluntariado, ajuda comunitária e muitos outros eventos ligados a filantropia e ajuda solidária organizacional são geridos pelo IHSM.

O IHSM é o health & care organizacional responsável pela saúde física e mental do capital humano. O IHSM atua na gestão dos sistemas gestão integrados (SGI) obrigações e funções ligadas as áreas de saúde, segurança e meio ambiente.

Através do IHSM podem ser criados processos de gestão de saúde aplicada ao trabalhador, segurança e padrões internacionais de trabalho, inspeções, auditorias e certificações.

O IHSM controla todos os indicadores de bem-estar do colaborador na empresa através do SPI. Em organizações alimentícias, o IHSM também é responsável por certificações, auditoria e processos alimentares dos organismos reguladores.

Os processos de auditoria se estendem a qualquer outro tipo de negócio ou projeto que necessite de algum tipo de certificação (química, industrial, construção etc.) e relativos ao cuidado do capital humano.

Outro papel do IHSM é gerenciar os recursos humanos em processos motivacionais de saúde mental. Esse é um dos principais papeis do IHSM em ambientes com trabalhos sob pressão.

Programas de capacitação e cuidados com a saúde em todas as esferas, dentro e fora da organização são papéis desempenhados pelo IHSM.

A gestão e o cuidado do capital humano são gerenciados pelo IHSM através de práticas de gestão organizacional e da SMS – Smart Management School.

As práticas envolvem a integração do indivíduo na organização como um todo, entendendo o indivíduo como a extensão de todo a sua vida, profissional e pessoal.

Veja o diagrama dos elementos de gestão do IHSM no final do capítulo.

## IKM – ESCRITÓRIO DE GESTÃO INTELIGENTE DO CONHECIMENTO

O IKM – Intelligent Knowledge Management gerencia o conhecimento organizacional de forma inteligente.

O IKM é o escritório de gestão integrada de inteligência e engenharia do conhecimento.

O IKM é o coração da organização pois concentra e organiza todo o conhecimento organizacional produzido em todas as áreas e escritórios de gestão.

O IKM é o escritório onde estão concentrados todos os documentos da organização aplicados a negócios e projetos.

Através do IKM podem ser criados processos de gestão de conhecimento, gestão de ativos de conhecimento, lições aprendidas e todos os demais processos ligados a gestão nas organizações.

O IKM também é responsável por normas, políticas, processos e todo conhecimento produzido como patentes, documentação técnica, operacional, registros e arquivamento de documentos.

Outro serviço inédito do IKM é a extração, mapeamento e gestão da informação. O IKM avalia junto com os demais EGIs todo o processo de gestão de documentos e registros e se responsabiliza por organizar e padronizar esses processos e documentos.

Um papel importante do IKM é fornecer treinamento e capacitar todas as áreas de gestão da organização. O IKM tem um programa gerenciado pela Smart Management School – SMS que capacita gestores em todas as esferas da organização.

Através da Smart Management School o IKM desenvolve programas de gestão corporativos com um inovador método de formação gerencial.

De Programas 101 até o MIA - Master in Intelligent Administration são aplicados em todos os níveis de gestão de conhecimento.

Os programas da SMS levam conhecimento do zero ao avançado com aplicações práticas e desenvolvimento de habilidades e técnicas de gestão em níveis. Os programas são gerenciados pelo SMP – Smart Management Platforms ou Plataformas de Gestão Inteligente e pelo IMKE – Intelligent Management Knowledge Engineering ou Gestão Inteligente de Engenharia do Conhecimento.

Os programas do IKM criados na SMS estão disponíveis para o público interno (funcionários, gestores e sócios) e para o público externo (fornecedores, clientes e parceiros).

Os programas são uma possibilidade de ampliar os conhecimentos de gestão a nível dos programas de Mestrado de Administração Inteligente (MIA). Uma das políticas do IKM está amparada na capacitação e compartilhamento do conhecimento através das práticas de gestão.

Veja o diagrama dos elementos de gestão do IKM no final do capítulo.

## SPMO – ESCRITÓRIO DE GESTÃO INTELIGENTE DE PORTFÓLIO, PROGRAMAS E PROJETOS

O SPMO – Smart Project Management Office ou PMO Inteligente, foi o primeiro dos EGIs a ser criado. Através do SPMO foi possível criar as metodologias de gestão inteligente e os negócios que deram origem ao EGI. O SPMO é uma das experiências mais intensas junto a clientes nas diversas áreas de Engenharia e Gestão do PMPROJECT nos mais de 20 anos de gestão inteligente.

Através do SPMO as metodologias foram estruturadas e os processos, frameworks e modelos de gestão foram criados. O SPMO é o escritório de gestão inteligente que integrada portfólios, programas e projetos.

O SPMO é o centro de excelência em negócios e projetos na organização pois concentra e organiza o conteúdo produzido nas áreas e escritórios de gestão e o portfólio organizacional (incluindo operações).

O SPMO é o escritório onde estão concentrados todos os padrões organizacionais aplicados a negócios e projetos.

Através do SPMO podem ser criados projetos em qualquer esfera organizacional ou fora dela (projetos para clientes).

O SPMO também é responsável pelos resultados dos projetos e operações consolidando todas as informações a nível de programas e portfólios. Através do SPMO são capacitados os gerentes de projetos, programas e portfólios.

Através de programas de capacitação e certificação, aliados e preparados pelo IKM e a SMS, o SPMO desenvolve os gerentes, a equipe e toda a organização com foco em projetos, programas e portfólios incluindo certificações.

O SPMO é um dos EGIs que podem ser evolutivos desde a sua concepção. Através do programa de expansão do EGI, é possível implantar um EGI do SPMO com foco em evolução já na fase de proposta.

Nesta fase o SPMO entrará dando suporte aos negócios e projetos da organização (SPMO Support). Em seguida passará a gerenciar e controlar os projetos em todas as esferas (SPMO Control).

E por fim, o mais alto nível de gestão do SPMO é implementado para gerenciar não só as áreas de projetos e negócios como decidir a nível organizacional quais projetos, programas ou portfólios são os melhores para a organização (SPMO Directive).

O SPMO também trabalha ativamente para ampliar a cultura inteligente de projetos e processos. Com foco em padronização e operação otimização, o SPMO cria verdadeiros sistemas de gestão em todas as áreas totalmente voltados para a cultura ágil.

Os programas criados pelo SPMO são programas de capacitação interna e externa a exemplo do IKM. Após cumprir os programas, o SPMO auxilia o público interno e o externo a se capacitarem através de certificações mundiais de acreditação.

Os programas desenvolvidos no SPMO são para as diversas funções, desde novos entrantes no mercado até profissionais com anos de carreira e experiência. O sucesso da aplicação do SPMO em empresas multinacionais deu origem a um livro totalmente dedicado ao Smart PMO.

O livro Smart PMO da série Management da BIO. traz o melhor de todos os processos e a prática de gestão de um EGI com atuação em projetos de alta complexidade.

Veja o diagrama dos elementos de gestão do SPMO no final do capítulo.

## IQM – ESCRITÓRIO DE GESTÃO INTELIGENTE DE QUALIDADE E SISTEMAS DE GESTÃO INTEGRADOS

O IQM – Intelligent Quality Management gerencia a qualidade e os sistemas de gestão integrados de normas e padrões de excelência operacional. O IQM é o escritório onde estão concentrados todos os padrões de sistemas integrados e procedimentos organizacionais aplicados a negócios e projetos.

Através do IQM podem ser criados padrões de qualidade e excelência de gestão operacional. O IQM também é responsável pelas auditorias de certificação organizacional e pelo SGI – Sistema de Gestão Integrada de normas e padrões.

O IQM integra com o IKM para gestão integrada de processos de qualidade, saúde, segurança e meio ambiente e conhecimento.

Veja o diagrama dos elementos de gestão do IQM no final do capítulo.

## SPM – ESCRITÓRIO DE GESTÃO INTELIGENTE DE PARTICIPAÇÕES E INVESTIMENTOS

O SPM – Smart Partnership Management gerencia participações em empreendimentos, incorporações de imóveis, concessões e projetos de alto valor agregado como plantas industriais greenfileds e projetos que exigem financiamentos nacionais e internacionais.

O SPM é um dos maiores escritórios de gestão do programa Escritório de Gestão Inteligente. Através do SPM podem ser criados projetos nacionais e internacionais como concessões intercontinentais (rodovias, ferrovias, hidrovias etc.). Portos e aeroportos, minas e jazidas entre vários outros empreendimentos de grande porte são todos parte do programa SPM.

O SPM também é responsável pela gestão de capital e financiamentos com banco mundial e organismos de fomento. O SPM conecta investidores públicos e privados e gerencia parcerias e concessões de longa duração (10, 20, 30 anos etc.).

Veja o diagrama dos elementos de gestão do SPM no final do capítulo.

## ICSM – ESCRITÓRIO DE GESTÃO INTELIGENTE DE SUCESSO DO CLIENTE

A americana Salesforce foi a criadora do termo Sucesso do Cliente. Em meio a falta de engajamento e altos índices de insatisfação dos clientes aliado ao baixo faturamento, surge a filosofia de trabalho Sucesso do Cliente. Inspirado na filosofia da Salesforce, o PMPROJECT criou o Escritório de Gestão Inteligente que trabalha com o Sucesso do Cliente.

O ICSM – Intelligent Customer Success Management gerencia a parte mais importante da relação comercial, o cliente. O ICSM é o único dos escritórios de gestão inteligente que possui um portal, o ICRM ou Gestão Inteligente de Relacionamento com o Cliente onde toda a gestão da parceria com o cliente é mapeada.

O ICRM fornece informações valiosas para gestão e sucesso do cliente e fornece as condições para avaliar as ações para atender os pedidos do cliente e manter a parceria.

O ICSM atua no desenvolvimento de parcerias duradouras e fidelização do cliente nos negócios e projetos. A integração com O Escritório de Gestão Inteligente de Parcerias – SPM traz uma contribuição para organização, o faturamento recorrente através de parcerias e serviços de longa duração. Para o cliente o ICSM traz informações transparentes e um acompanhamento das suas soluções.

Através do ICSM podem ser criados todos os processos necessários para a experiência e sucesso do cliente através do canal de vendas (SRM).

O ICSM também é responsável pela gestão de vendas e relacionamento com o cliente através do Portal ICRM estruturado a partir do departamento comercial e expandido a toda a organização (SCM).

O ICSM conecta-se ao Smart PMO e ao SEM para desenvolver processos de UX (User Experience) e melhorar a comunicação cliente e organização.

A atuação da área de engenharia (SEM) e do time de projetos (SPMO) vão desenvolver processos inteligentes de gestão para as entregas necessárias para obter os melhores resultados para o cliente.

O objetivo é entender quais são as características dos projetos do cliente e como o produto ou serviço a ser entregue, serão utilizados pelo cliente final de forma intuitiva e funcional. Tudo isso faz parte da gestão inteligente para o Sucesso do Cliente.

Veja o diagrama dos elementos de gestão do ICSM no final do capítulo.

## ITM – ESCRITÓRIO DE GESTÃO INTELIGENTE DE TECNOLOGIA E INTELIGÊNCIA DA INFORMAÇÃO

O ITM – Intelligent Technology Management gerencia os sistemas, informações, comunicações, dados e redes, infraestrutura e tecnologia disruptiva na organização.

O ITM trabalha nas áreas de desenvolvimento tecnológico das organizações. O ITM atua em projetos e negócios de sistemas agroindustriais até plataformas de petróleo chegando a projetos aeroespaciais. O ITM é o cérebro da organização.

O ITM é o escritório de gestão que acompanha todos os demais escritórios em processos de implantação de gestão, pois ele é responsável por todos os sistemas de gestão (Management Systems).

Através do ITM são criados os processos de sistemas e os projetos de TI e Inteligência da Informação incluindo, mas não se limitando a serviços remotos, cloud computing, inteligência artificial, IoT e outros processos disruptivos.

O ITM também é responsável pela gestão de Sucesso do Cliente nos projetos e negócios relacionados a sistemas e implantação de Tecnologia da Informação.

O ITM conecta-se SPMO e ao SEM para desenvolver processos de UX (User Experience) e melhorar a comunicação cliente e organização em sistemas e inteligência da informação.

Na era da transformação digital o ITM tem o papel fundamental de manter atualizada toda a organização no desenvolvimento de novas tecnologias e inovação. Desde a operação de sistemas de gestão até práticas de conectividade remota e espacial.

O ITM coordena todas as atividades de implementação de projetos internos e externos que envolvam qualquer tipo de tecnologia, desde um simples aplicativo de mensagens até segurança da informação global pelo mundo.

Todas as atividades de desenvolvimento de novos mercados e possibilidades de desenvolvimento de máquinas, equipamentos, instrumentos de precisão ou qualquer implementação tecnológica na organização, passa pelo ITM.

O ITM tem uma atuação diferente dos demais Escritórios de Gestão Inteligente pois a equipe do ITM é multidisciplinar e totalmente livre de departamentos ou áreas de trabalho.

O nível de atuação do ITM é tão grande pois contempla todas as áreas da organização que usa algum tipo de tecnologia.

Para integrar o ITM em projetos com múltiplos Escritórios de Gestão Inteligente, as equipes são multi-EGIs pois atuam em mais de um escritório ao mesmo tempo.

Manter um ITM totalmente exclusivo talvez seja muito dispendioso para organização, mas não quer dizer que seja inviável dependendo do tipo de negócio ou projeto.

Veja o diagrama dos elementos de gestão do ITM no final do capítulo.

## OUTROS TIPOS DE EGI

Os Escritórios de Gestão Inteligente são independentes e podem ser criados a partir de qualquer negócio, projeto ou área.

Estes EGIs foram colocados neste capítulo para ilustrar como funciona a gestão inteligente organizada em forma de escritórios de gestão.

Saiba mais sobre gestão inteligente no livro Inteligência Organizacional da série Management da BIO.

## ELEMENTOS DE ENGENHARIA

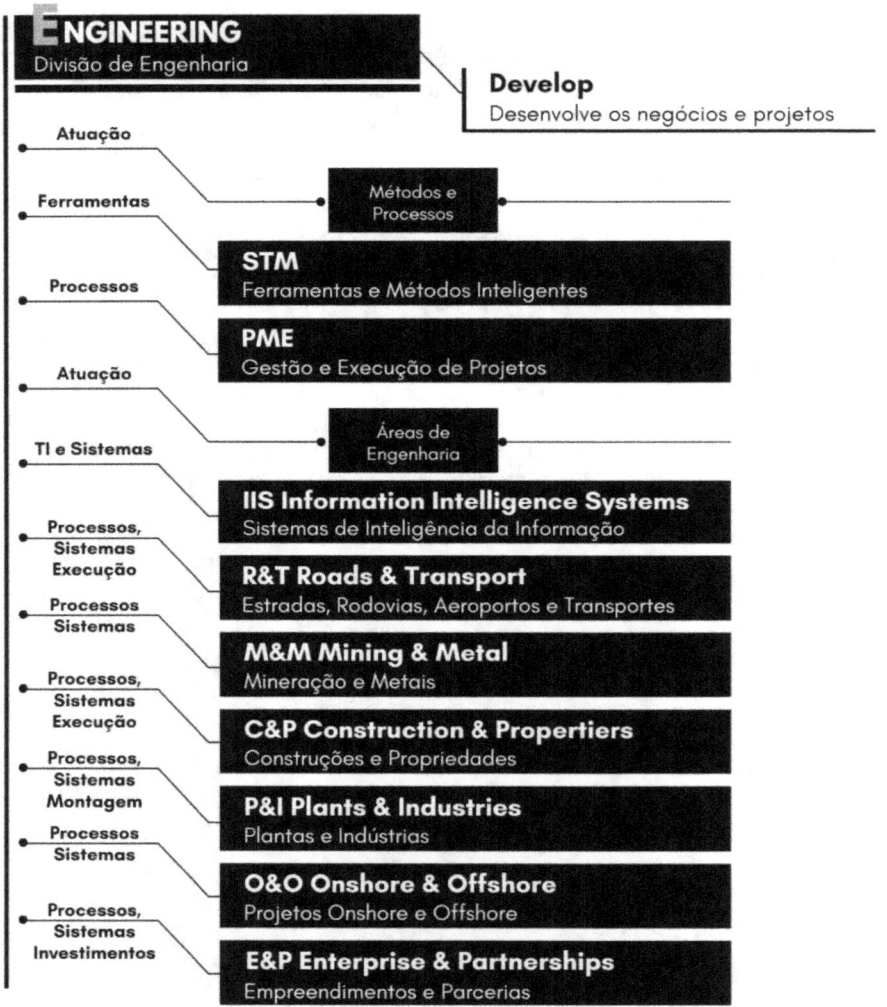

## ELEMENTOS DE CONSULTORIA

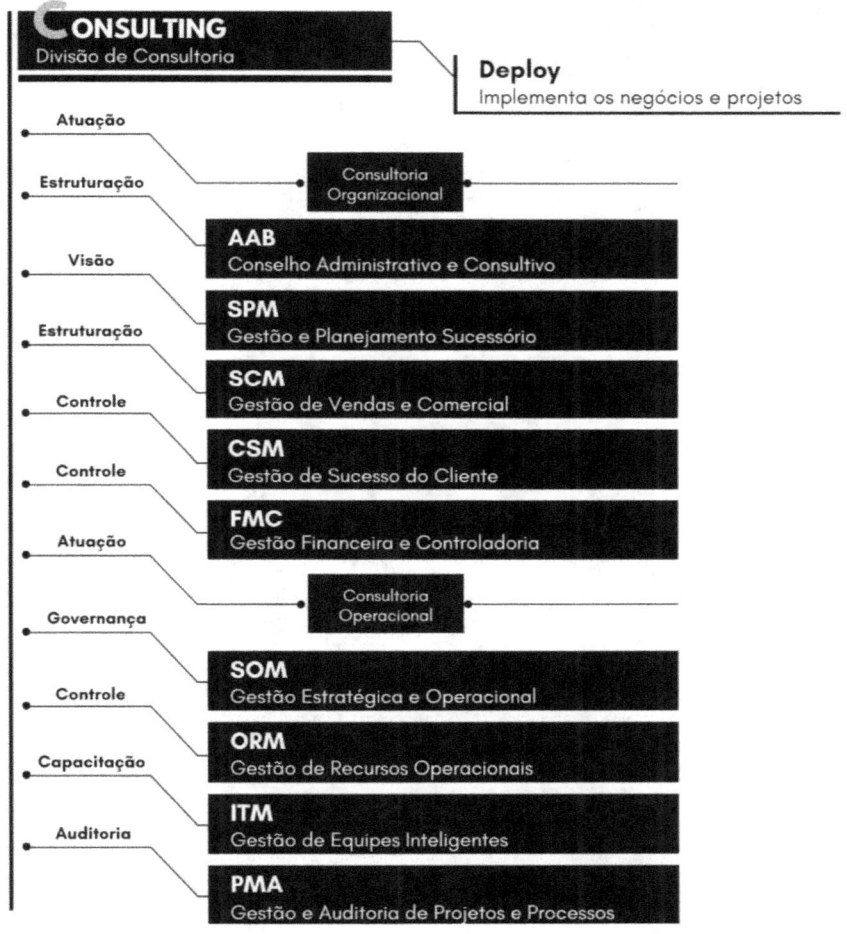

# ELEMENTOS DE GERENCIAMENTO

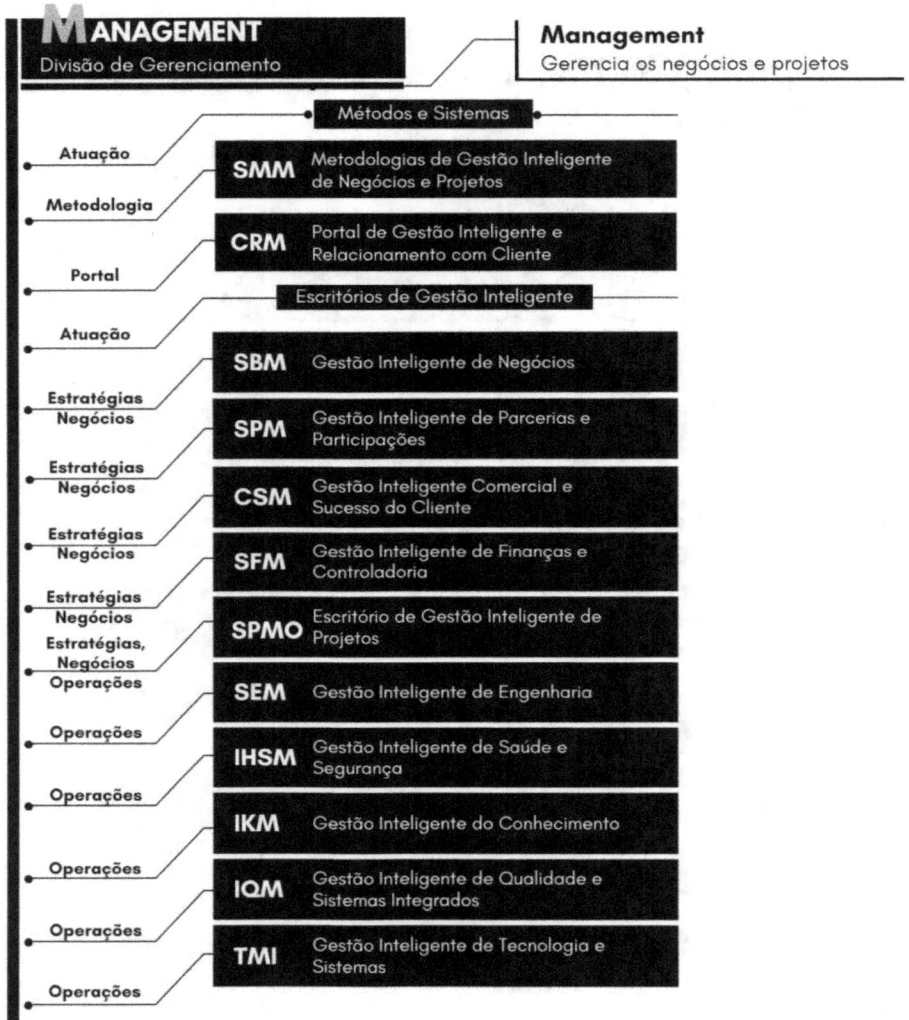

CAPÍTULO 10: ESTRUTURA E TIPOS DE EGI

## ELEMENTOS DE TECNOLOGIA

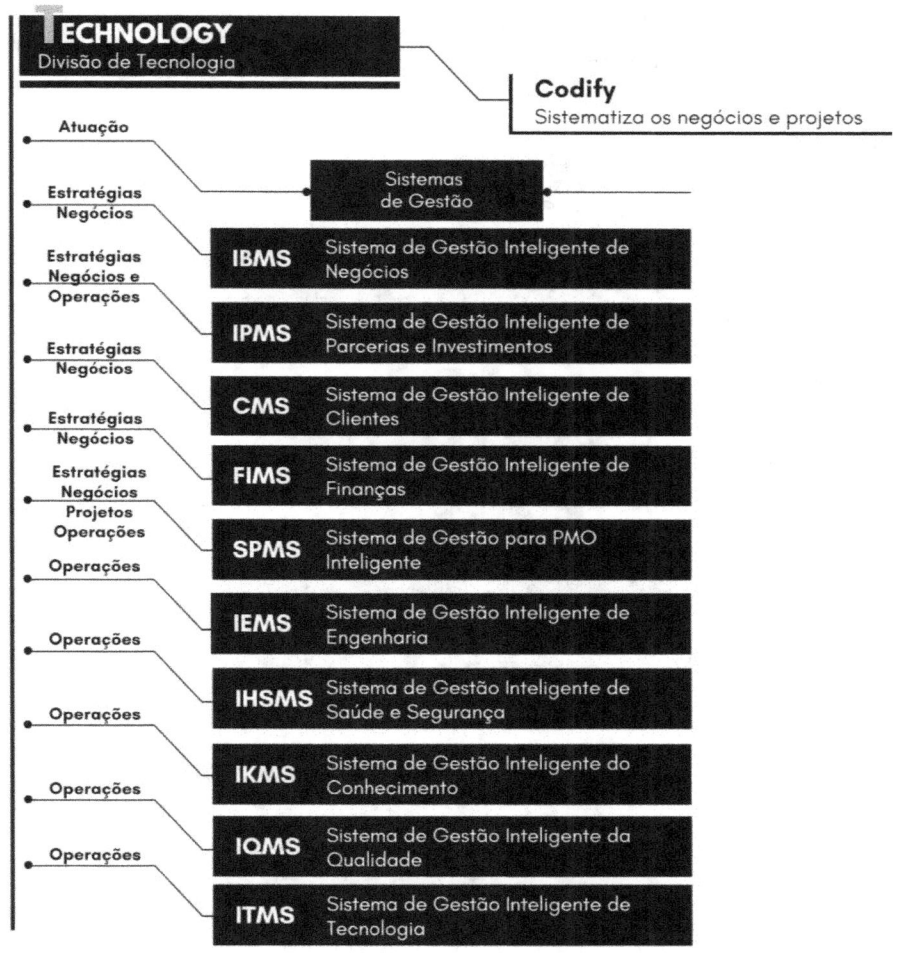

## ELEMENTOS DE GESTÃO DO CONHECIMENTO

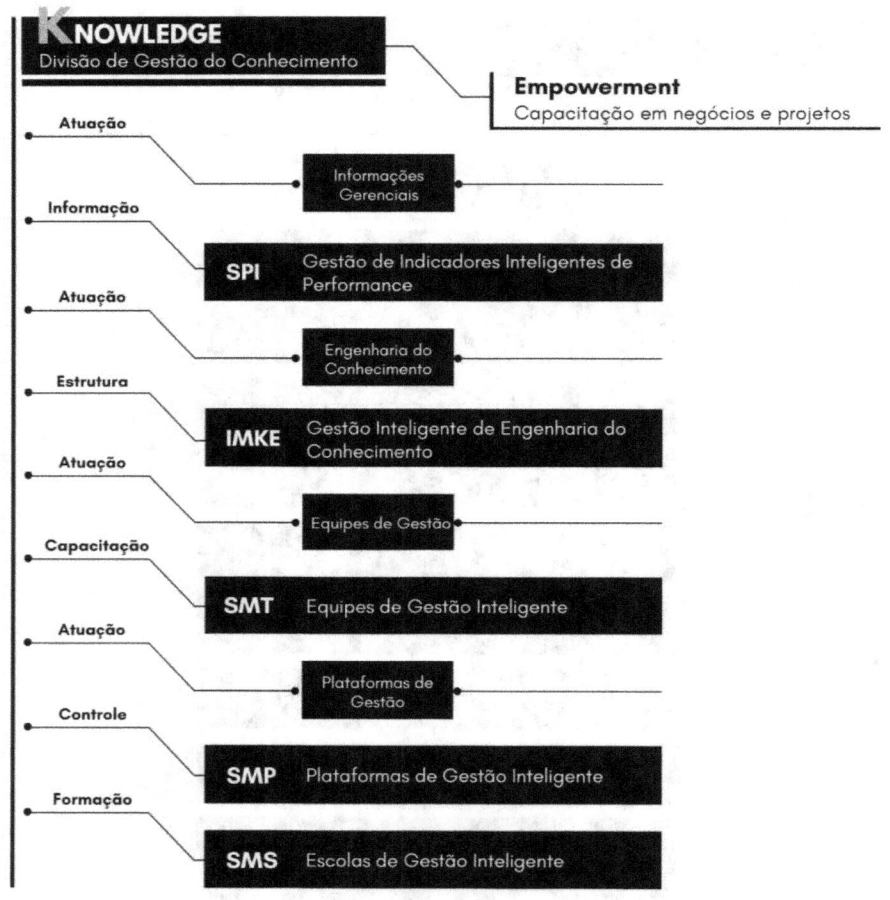

## ELEMENTOS DE GESTÃO PARA SBM – BUSINESS

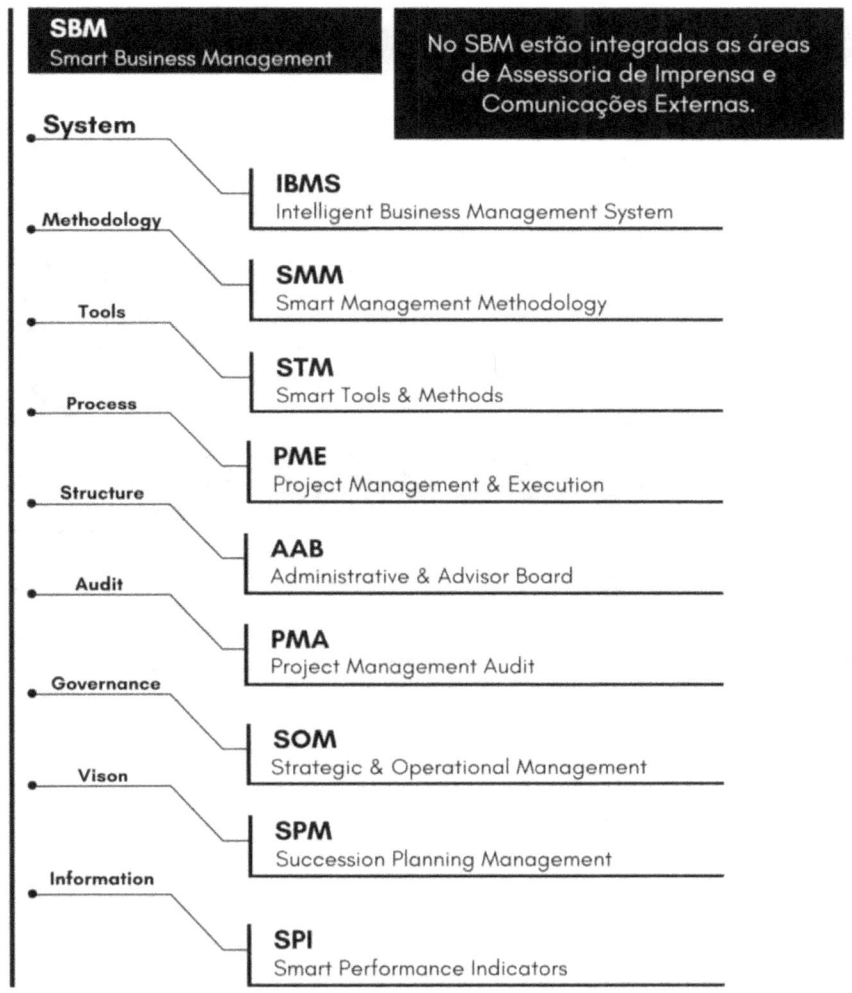

# ELEMENTOS DE GESTÃO PARA SEM - ENGINEERING

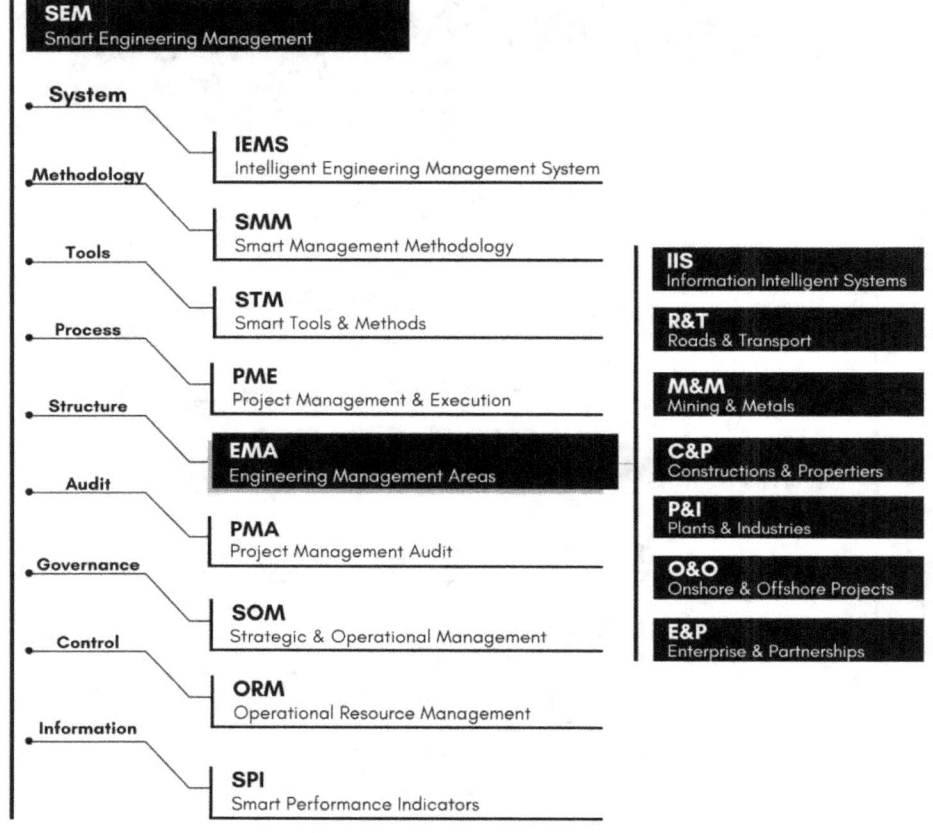

# ELEMENTOS DE GESTÃO PARA SFM - FINANCE

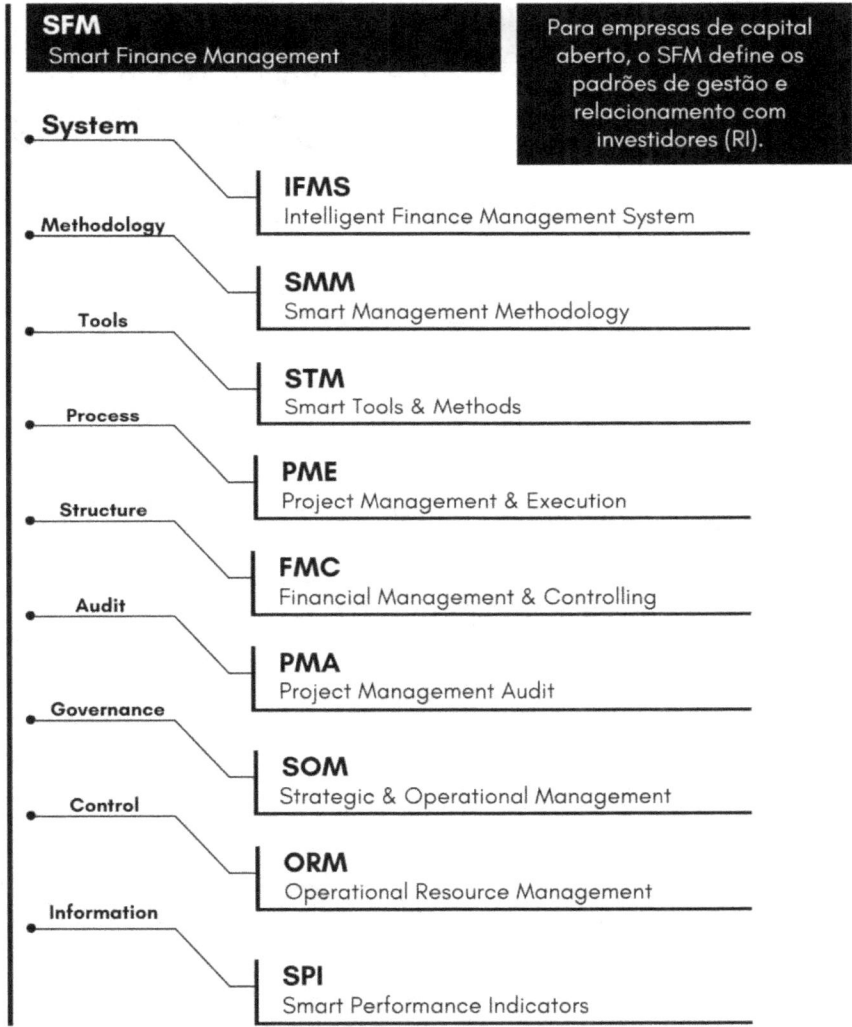

# ELEMENTOS DE GESTÃO PARA IHSM – HEALTH & SAFETY

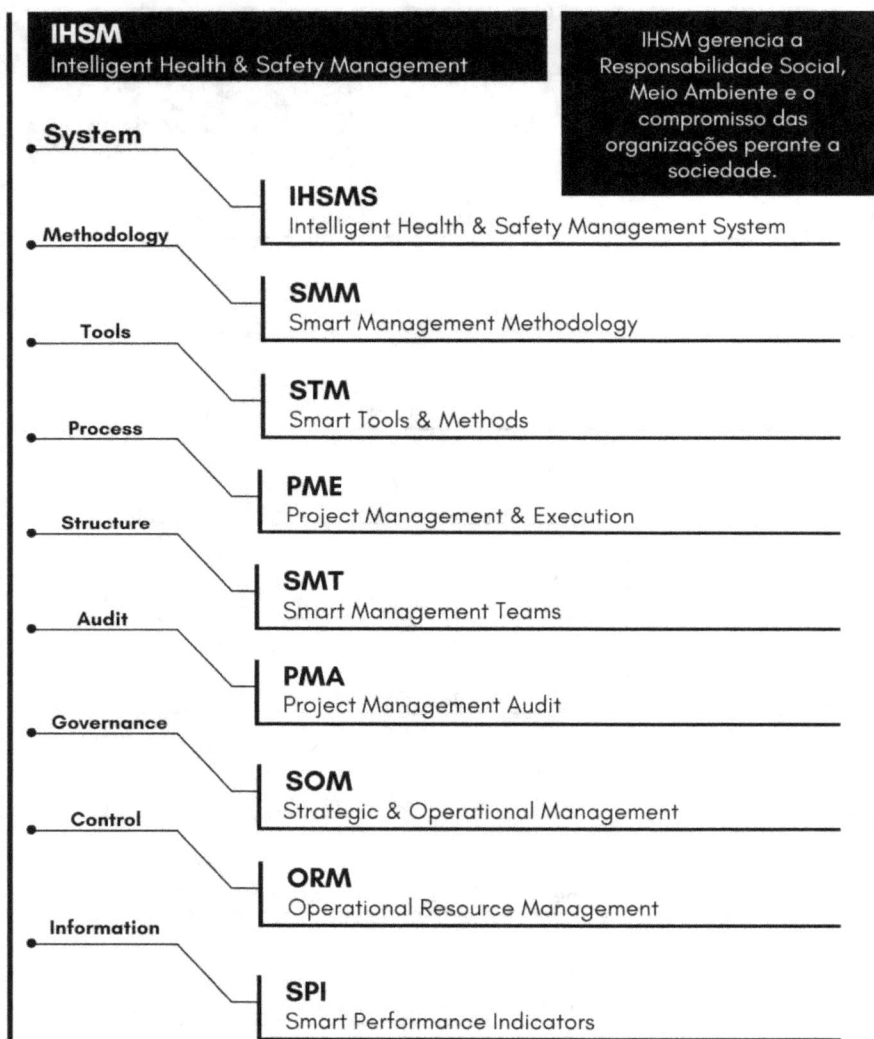

# ELEMENTOS DE GESTÃO PARA IKM - KOWNLEDGE

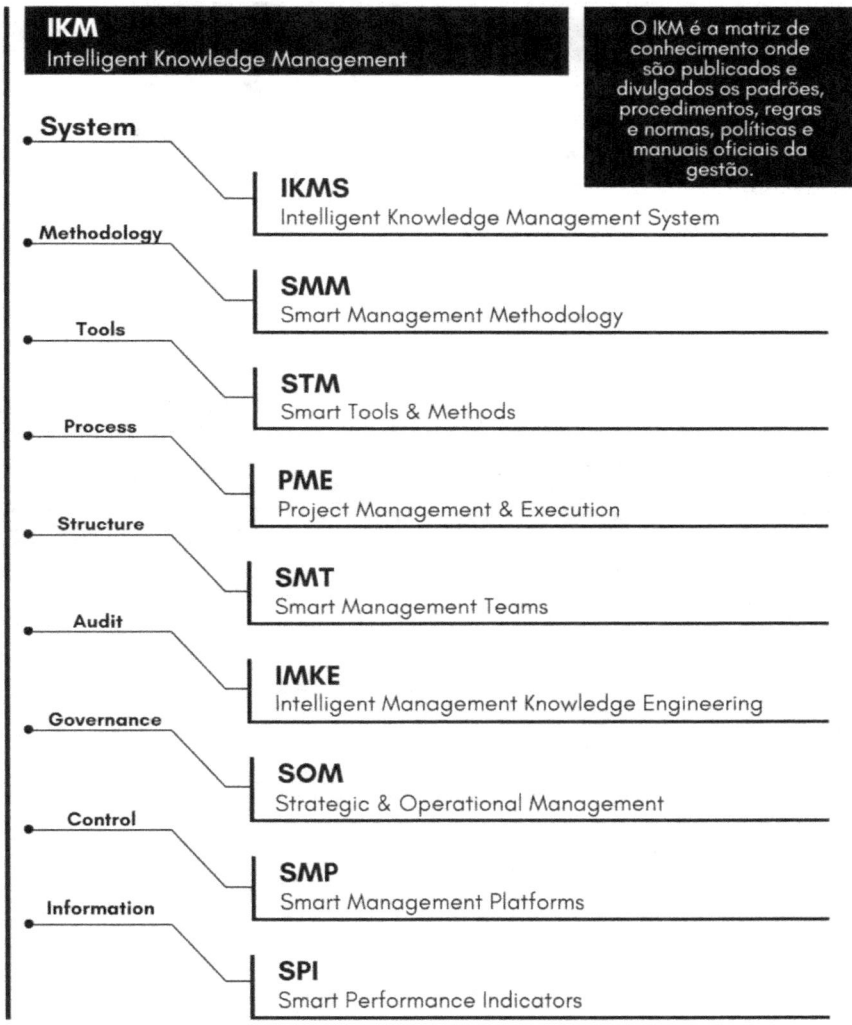

# ELEMENTOS DE GESTÃO PARA SPMO - PROJECT

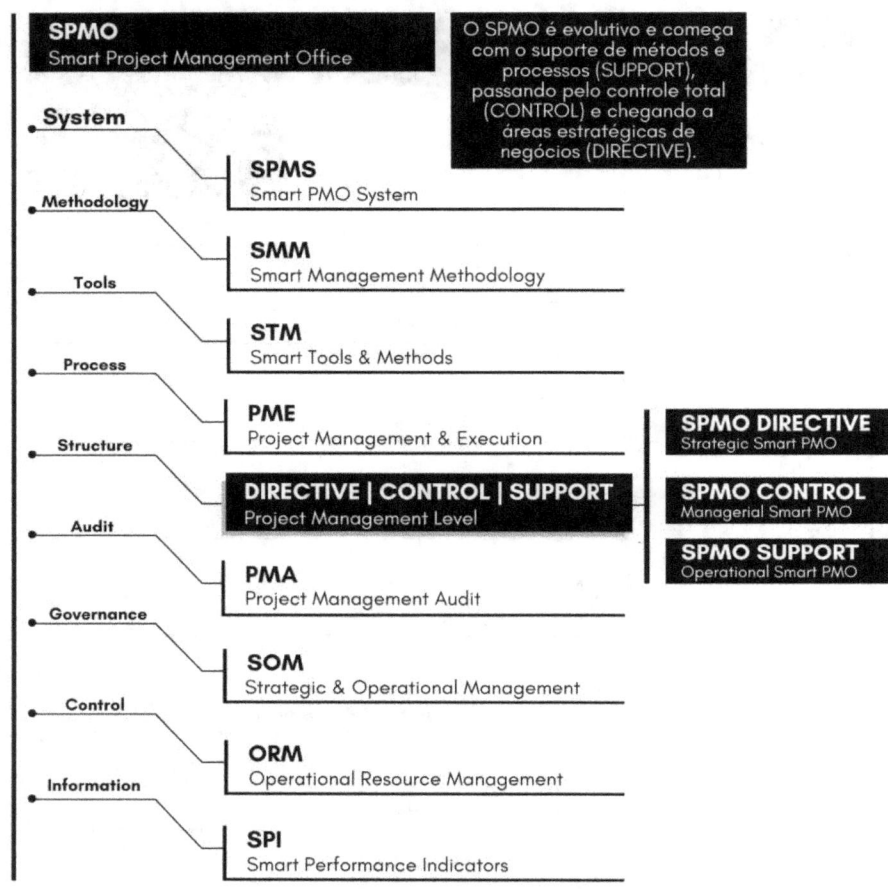

## ELEMENTOS DE GESTÃO PARA IQM - QUALITY

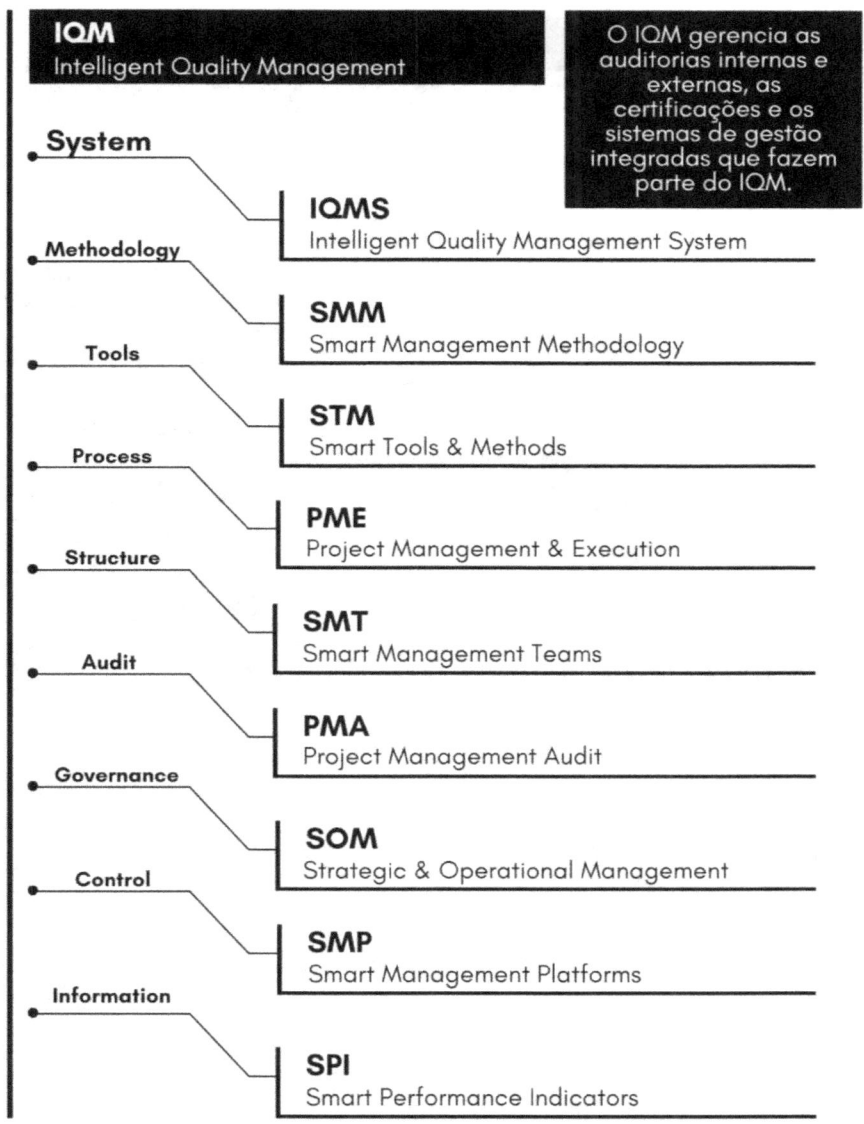

## ELEMENTOS DE GESTÃO PARA SPM - PARTNERSHIP

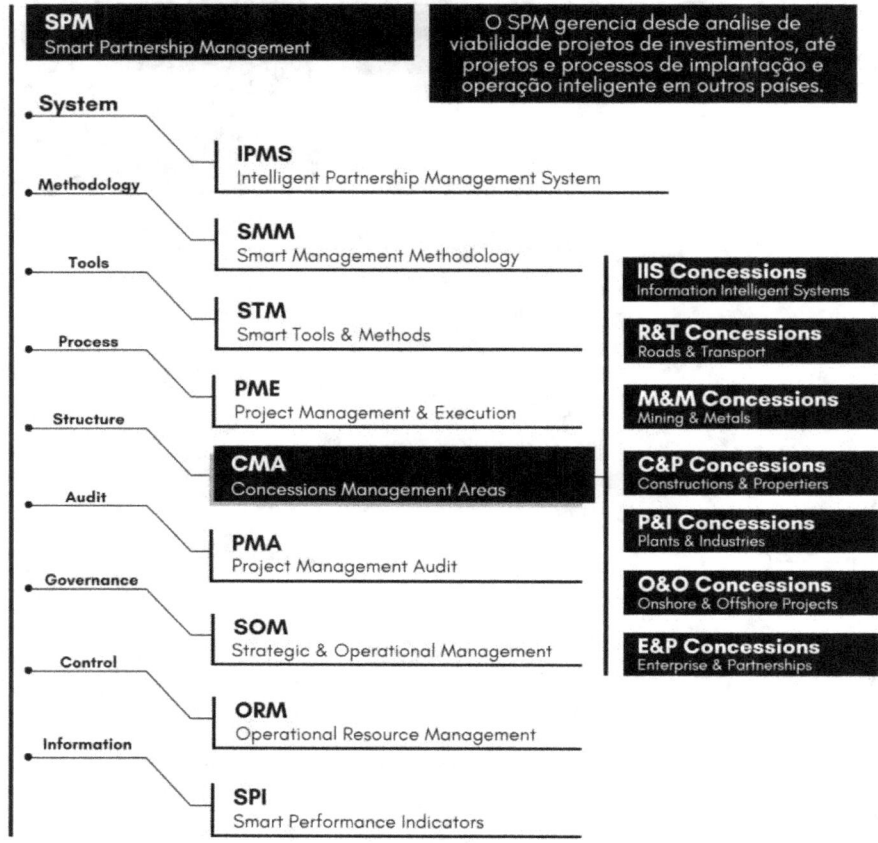

## ELEMENTOS DE GESTÃO PARA ICSM – CUSTOMER SUCCESS

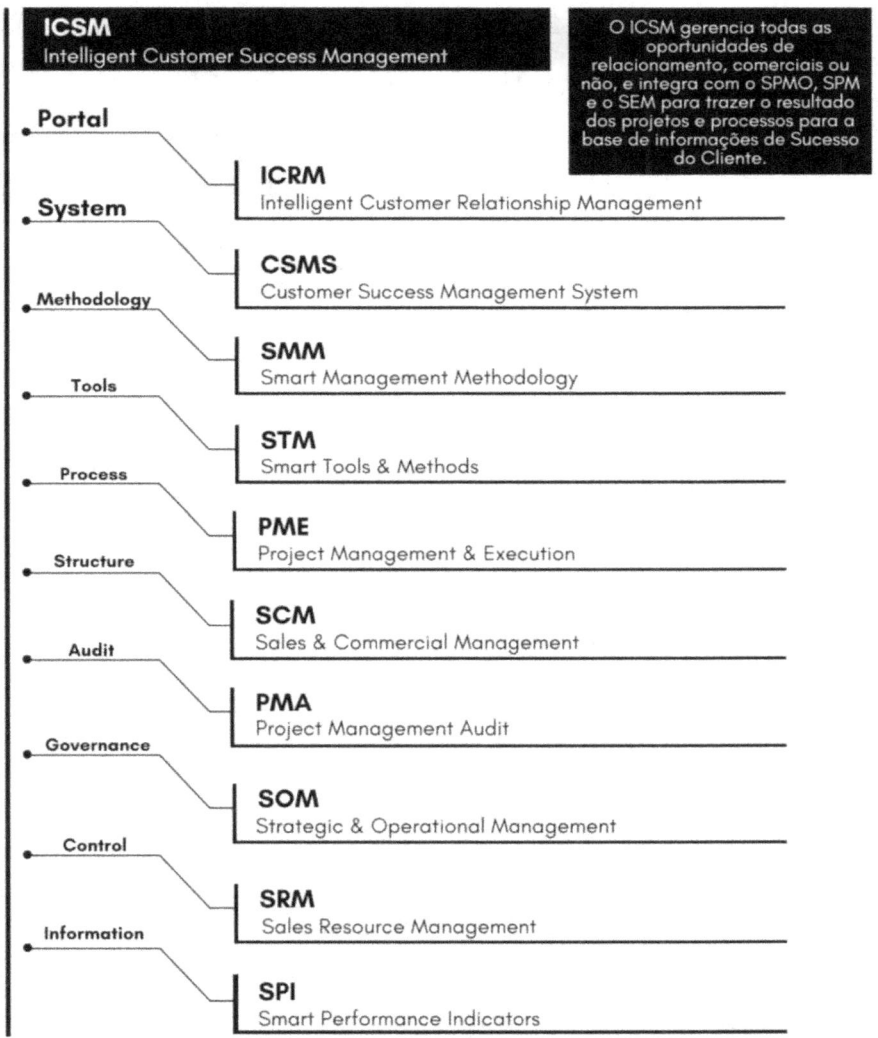

## ELEMENTOS DE GESTÃO PARA ITM – TECHNOLOGY

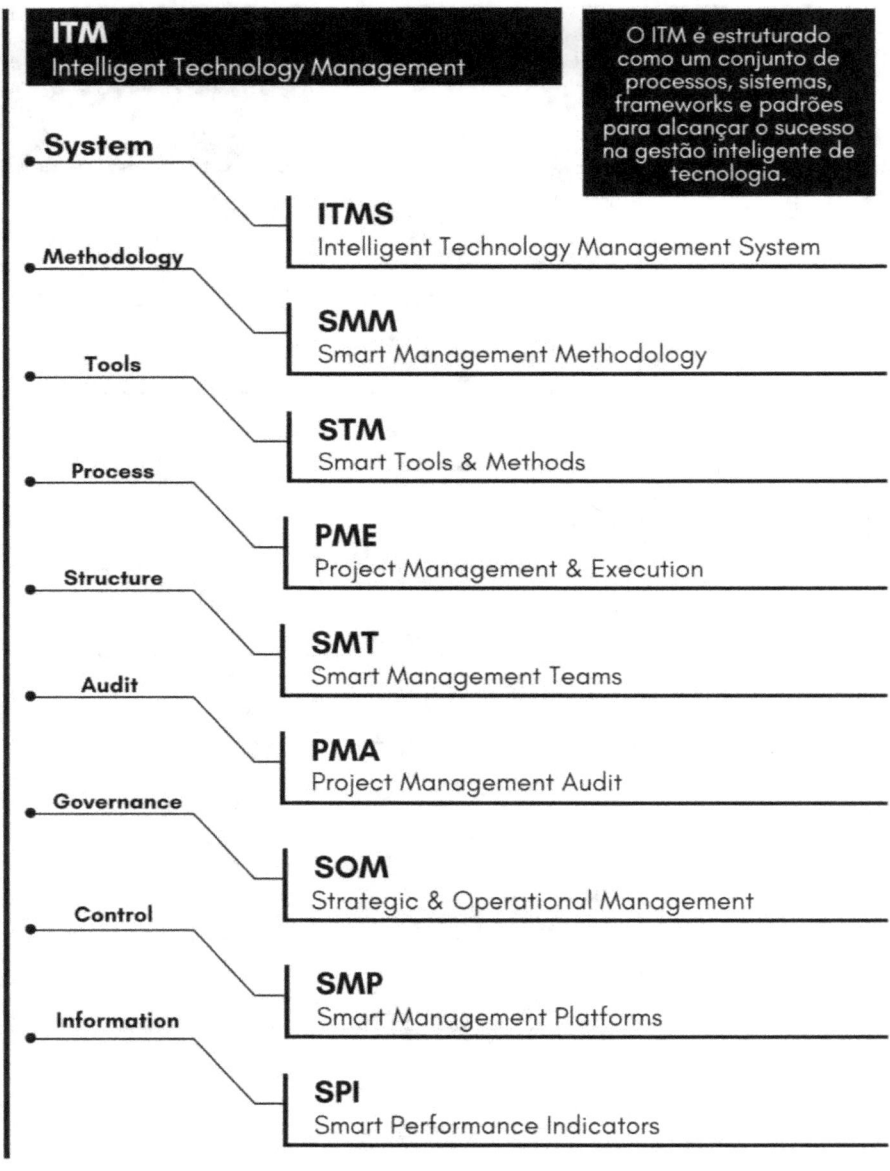

# CAPÍTULO 11: INDICADORES INTELIGENTES

## CRIANDO INDICADORES INTELIGENTES DE GESTÃO

Ao entrar em um veículo autônomo uma luz se acende e a pessoa está automaticamente conectada ao sistema de navegação independente. O veículo leva essa pessoa a um lugar pré-agendado no smartphone dela, pois ela tem uma reunião em um edifício autônomo que tem um elevador lhe esperando no momento em que o seu veículo lhe deixar na recepção. Através da íris um leitor reconhece a leitura facial e imprime o crachá holográfico que automaticamente autoriza a entrada dela no edifício. Ao entrar no elevador a prévia da reunião é lançada automaticamente nas paredes do elevador como uma forma de rever as metas para reunião e os tópicos importantes. Ao entrar na sala apenas algumas pessoas estão realmente presentes, pois a maioria estão em outros países sendo vistas pelas suas projeções holográficas com as pautas da conversa. A reunião começa e na tela são projetados os indicadores de desempenho objeto da reunião.

Depois de ler essa introdução pode-se concluir que os indicadores não devem ser criados como antigamente.

O futuro da gestão passa pela automação de processos e indicadores de gestão inteligente. Não há como utilizar plataformas ou processos de gestão que necessitam de uma alimentação manual ou processos desconectados. Até o seu refrigerador trará mais resultados precisos do que seus métodos de avaliar o desempenho organizacional.

Pensando nisso o Escritório de Gestão Inteligente traz uma revolução nos indicadores de gestão, o SPI – Smart Performance Indicators. Uma onda de novos processos e medições de sucesso de gestão estão aliados principalmente as novas modalidades de negócios e projetos.

Abordagens inteligentes e soluções de tecnologia criaram uma onda de ciclos de avaliação para desempenho.

O desejo de medir com agilidade os processos de gestão aplicados pelas Startups e Small Business e o sucesso organizacional das gigantes como Amazon, Google, Apple, Facebook convergem ambos para um conjunto de indicadores inteligentes (SI – Smart Indicators).

Mas como construir indicadores inteligentes de gestão para aplicar junto aos Escritórios de Gestão Inteligentes?

Antes de construir os indicadores é necessário criar uma classificação para as categorias de EGI. Não há uma maneira única de medir a gestão se tivermos vários tipos de organizações e de EGIs.

Os EGIs serão organizados conforme aplicação nas organizações conforme os tipos de EGIs apresentados nos capítulos anteriores. Os indicadores são divididos em Indicadores Inteligentes de Gestão Estratégica – SSMI e Indicadores Inteligentes de Gestão Operacional – SOMI. Veja a seguir os diagramas de indicadores de gestão por tipo de EGI.

## SMART STRATEGIC MANAGEMENT INDICATORS – SSMI

*Esses são alguns dos indicadores inteligentes de gestão para EGIs estratégicos. Outros indicadores podem ser criados para avaliar os processos de gestão estratégica.

Pensar a estratégia de forma inteligente requer indicadores de desempenho da inteligência através de relatórios consolidados de gestão. O SPR traz essas informações.

A participação de mercado inteligente é outro exemplo de indicador de inteligência estratégica.

Clientes seletos e parcerias sólidas podem trazer maiores resultados com o Intelligent Market Share.

O Smart ticket é um dos exemplos de indicadores comerciais inteligentes. Ao avaliar o ticket inteligente é possível extrair o melhor dos resultados de forma iterativa.

A taxa de conversão inteligente – SCR é um indicador inspirado no marketing digital. Ao invés de trazer a taxa de conversão de leads, o SCR traz a taxa real de conversão.

O SRR também é inspirado nas Startups e traz a Receita Recorrente Inteligente. Mede a taxa de recorrência de receita através de processos de gestão inteligente.

O SROI é um indicador financeiro inteligente e traz a taxa de retorno inteligente para os investimentos em negócios e projetos.

As formas de calcular os indicadores inteligentes de gestão estratégica e outros indicadores inteligentes estão disponíveis no livro Management Intelligent Business da série Management da BIO.

## SMART OPERATIONAL MANAGEMENT INDICATORS – SOMI

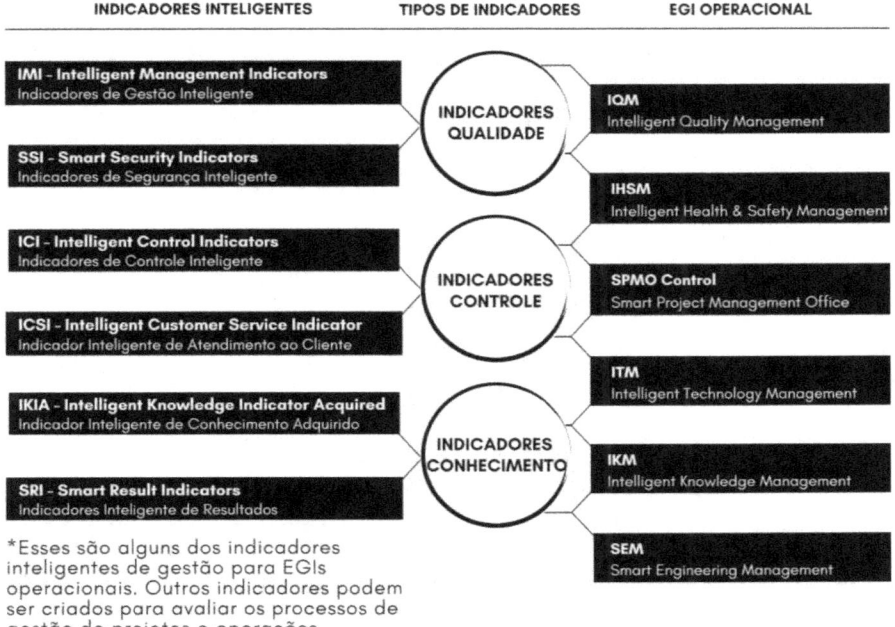

Ao olhar para os indicadores acima tudo parece familiar pois eles retratam os padrões atuais de gestão. Novos indicadores, no entanto, estão sendo criados nesse momento enquanto a leitura das páginas deste livro é feita.

Não há mais limite de criação de padrões e números que possam significar algo para a gestão. Pesquisas sérias e com bases consistentes podem levar anos para publicação. Na era da transformação digital, indicadores podem estar ultrapassados no momento da sua divulgação, por isso é muito importante utilizar a gestão inteligente para atualizar os indicadores para o momento atual ou criar outros indicadores inteligentes.

O IMI é um dos indicadores que medem a eficácia e a efetividade de um sistema de medição inteligente.

O SSI é um indicador de segurança inteligente que envolve todos os quesitos de segurança de uma organização independente da área aplicada.

O ICI é um indicador de controle inteligente de gestão. Vários controles organizacionais existem mas nem todos tem suas funcionalidades aferidas na gestão. O papel do ICI é identificar quais desses controles devem continuar e quais devem ser substituídos.

O ICSI é um indicador ligado ao Sucesso do Cliente. Ele monitora o sucesso do atendimento ao cliente de forma inteligente identificando além das características de um bom atendimento, formas de interagir com o cliente e extrair informações inteligentes sobre o projeto, produto ou serviço adquirido.

Um dos principais desafios da era da transformação digital é identificar no volume de informações o que gera conhecimento e o que é informação em volume sem necessidade.

O IKIA é um indicador que identifica o conhecimento adquirido em qualquer processo operacional.

O SRI é um indicador de resultados inteligentes aplicados a área de conhecimento e gestão. Nem todos os resultados apresentados em reuniões de desempenho tem a sua performance aferida devido a nuances próprias e particularidades desses indicadores. O SRI atua para identificar essas particularidades e aferir o desempenho dos resultados de gestão de forma inteligente.

O EGI veio trazer uma revolução dos processos de gestão de indicadores de desempenho. Índices evolutivos e integrados a gestão e padrões de medição altamente aprimorados fazem parte dos objetivos do EGI.

Saiba mais sobre indicadores inteligentes e como implementá-los nos livros Metodologias Inteligentes de Gestão, Management Intelligent Business e Inteligência Comercial e Sucesso do Cliente da série Management da BIO.

# CAPÍTULO 12: EGI, GOVERNANÇA E COMPLIANCE

## SOM – STRATEGIC & OPERATIONAL MANAGEMENT

Existem fatores que são comuns em ambos os extremos de gestão e podem ser compartilhados em cada EGI.

Os EGIs trazem juntamente com o processo de operação, boas práticas de gestão e governança que serão aplicados em seus contratos de funcionamento.

As políticas de transparência e disponibilização de informações gerenciais criadas pelo EGI são derivadas de experiências e práticas de gestão em diversos setores da economia.

## GOVERNANÇA CORPORATIVA

A Governança Corporativa e os processos de gestão estão integrados aos negócios e projetos através de processos, normas, regras, políticas, documentos e padrões de gestão que estabelecem como a organização deve proceder, do Conselho de Administração e Presidência até a Operação e Projetos.

## COMPLIANCE

Os processos de Compliance auxiliam a gestão a manter o comprometimento com a organização estabelecendo padrões de comportamento e operação.

Os padrões tendem a seguir um rígido processo de segurança organizacional para compartilhar informações, processos, negócios, estratégias e operações.

O objetivo é manter a integridade organizacional em um patamar de confiança para os sócios e acionistas, colaboradores, clientes e fornecedores como um todo.

O EGI tem o compromisso de atuar nas normas de compliance da organização e ajudar implementar esses processos. A seguir um diagrama resumo dos processos, princípios e aplicações da governança através do EGI.

## SOM – A GOVERNANÇA E OS TIPOS DE EGI

## SOM – O COMPLIANCE E OS TIPOS DE EGI

## GESTÃO ESTRATÉGICA RESPONSÁVEL COM EGI

A gestão e a responsabilidade são sinônimos para os processos de gestão do EGI. Todos os processos de gestão desenvolvidos pelo EGI são criados com base na transparência.

Os fatores que influenciam as organizações a criarem processos de gestão transparentes são as diversas variações que ocorrem na comunicação dos resultados da própria gestão.

Em diversos momentos da história, corporações inteiras desapareceram do mapa simplesmente por realizarem processos ligados a omissão de informações. Cada vez que isso acontece, novas leis, práticas contábeis e financeiras ligadas a compliance e governança são reforçadas e novas formas de controle são criadas.

Tudo isso acarreta um excesso de informação que não passa de redundância, pois gerir é conduzir algo com a responsabilidade e transparência que o negócio, projeto ou processo exigem.

A partir do momento em que essa ação sobre a gestão é necessária, isso gera algo contrário ao princípio da transparência. Por isso a gestão deixa de ser efetiva e passa a ser algo desnecessário, pois não servirá como fonte de apoio para tomada de decisões.

Ao falar de omissão de informações o que vem à mente são movimentações em altas esferas governamentais ou em grandes corporações que passaram por algum tipo de investigação. Mas a omissão de informações é algo do dia a dia em todas as esferas da organização.

Todo tipo de informação que é omitida de alguma maneira na organização, prejudica a gestão em alguma esfera. O papel do EGI é otimizar os processos para evitar todo tipo de omissão de informações e gerenciar os impactos causados por situações anteriores.

Os programas de Governança e Compliance servem para atuar nesse sentido eliminando possíveis causas e efeitos que impedem a gestão organizacional de se organizar de forma inteligente e efetiva, como realmente deve ser. Os processos e a organização da governança e compliance, as formas implementá-los e como implantar sua cultura na organização estão disponíveis no livro Inteligência Organizacional da série Management da BIO.

# CAPÍTULO 13: O INVESTIMENTO DO EGI

## ESTUDO DE VIABILIDADE PARA IMPLANTAR O EGI

O EGI precisa de uma base financeira para apoiar a sua implantação nas organizações. Geralmente os gestores que contratam os serviços do EGI tem uma visão de redução de custos e encaram o EGI como um investimento na gestão. Mas nem todos tem todas as informações necessárias para compor essa base comparativa.

Este capítulo foi criado para apresentar um comparativo dos encargos pagos pela maioria das organizações e o valor do investimento em um EGI. As bases comparativas estão divididas para colaboradores horistas (que tem seu pagamento calculado por hora) e para colaboradores mensalistas (com pagamentos calculados mensalmente). A seguir os diagramas comparativos de encargos organizacionais e investimentos do EGI.

## COMPARATIVO DE ENCARGOS PARA EMPRESAS BRASILEIRAS*

### Encargos trabalhistas nas Organizações

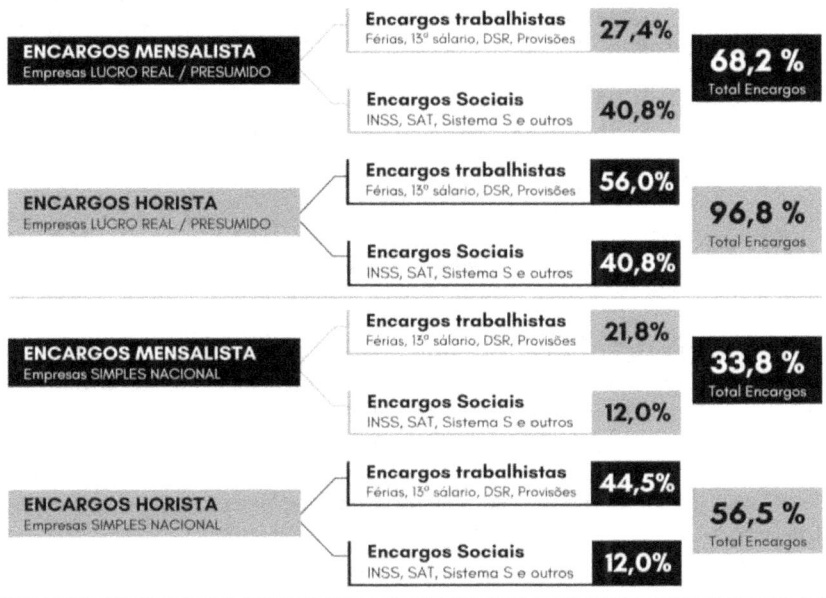

Os encargos apresentados nos itens anteriores aplicam-se a gestão em empresas brasileiras com atividades somente no território nacional. Para saber sobre empresas multinacionais ou com atuação em outros países, entre em contato com PMPROJECT.

Os encargos para as organizações são despesas que muitas vezes, dependendo do porte e da atuação, inviabilizam os negócios e projetos. Outra forma de avaliar o EGI é olhar para ele como um investimento em gestão.

Muitas vezes, em grandes empresas, a gestão chega a representar 12% do Lucro Líquido. Isso para uma empresa que fatura 10 milhões anuais, 1,2 milhões seriam gastos em gestão.

Pode parecer algo coerente, mas as boas práticas de mercado dizem que a gestão deve consumir em torno de 8% do Lucro Bruto. Ainda com as devidas deduções esse valor deve ficar na casa de 6%.

Algo no modelo de remuneração, que não é o caso somente do Brasil, pode impactar nos negócios e no retorno de empresas para seus países de origem ou mesmo para países com incentivos e desonerações para o seu modelo de negócios.

O que pode ser feito para ampliar as possibilidades de melhorias no processo de remuneração e ampliar a visão de serviços e processos que podem ser implementados através dos Escritórios de Gestão Inteligente.

Desta forma é possível manter os serviços internos com a remuneração adequada, trazendo serviços externos de forma menos onerosa para compor a gestão.

Os modelos de tributação para Escritórios de Gestão Inteligente seguem as normas fiscais brasileiras quanto a sua aplicação.

Levando em conta a inteligência financeira e fiscal aplicadas juntamente com a engenharia de desenvolvimento de produtos e serviços, os Escritórios de Gestão Inteligente trazem vantagens extremamente competitivas para diversos modelos de gestão.

A seguir o comparativo entre a gestão interna e o EGI e as vantagens de contrato um Escritório de Gestão Inteligente.

## COMPARATIVO DE INVESTIMENTOS PARA O EGI

### Investimentos do EGI de Projetos / Operacional

| CUSTO MENSAL FUNCIONÁRIOS | QTDE | SALÁRIO + ENCARGOS (R$) | | | | EGI |
| --- | --- | --- | --- | --- | --- | --- |
| | | LUCRO REAL / PRESUMIDO | | SIMPLES NACIONAL | | |
| | | MENSALISTA | HORISTA | MENSALISTA | HORISTA | % SOBRE CUSTO |
| | 2 | 35 mil | 41 mil | 28 mil | 33 mil | 57% a 79% |
| | 3 | 53 mil | 62 mil | 42 mil | 49 mil | 57% a 79% |
| | 4 | 71 mil | 83 mil | 56 mil | 66 mil | 56% a 78% |
| EGI DE PROJETOS NÍVEL OPERACIONAL | 5 | 88 mil | 103 mil | 70 mil | 82 mil | 54% a 77% |
| | 6 | 106 mil | 124 mil | 84 mil | 99 mil | 53% a 75% |
| FAIXA SALARIAL R$ 6 mil a R$ 15 mil | 10 | 177 mil | 207 mil | 140 mil | 164 mil | 52% a 74% |
| | 12 | 212 mil | 248 mil | 169 mil | 197 mil | |

A partir 12 funcionários de gestão, o custo do EGI pode ficar abaixo dos 50%. **49% a 73%**

### Investimentos do EGI Estratégico (Direção e Gerência)

| CUSTO MENSAL FUNCIONÁRIOS | QTDE | SALÁRIO + ENCARGOS (R$) | | | | EGI |
| --- | --- | --- | --- | --- | --- | --- |
| | | LUCRO REAL / PRESUMIDO | | SIMPLES NACIONAL | | |
| | | MENSALISTA | HORISTA | MENSALISTA | HORISTA | % SOBRE CUSTO |
| | 1 | 55 mil | 64 mil | 44 mil | 51 mil | 50% a 74% |
| EGI DIRETIVO NÍVEL ESTRATÉGICO | 2 | 109 mil | 128 mil | 87 mil | 102 mil | 48% a 71% |
| FAIXA SALARIAL R$ 15 mil a R$ 50 mil | 3 | 164 mil | 192 mil | 130 mil | 153 mil | |

**44% a 66%**

Nos valores apresentados nas análises anteriores estão inclusos salários, encargos e benefícios que os funcionários recebem nas organizações que atuam. Outros custos como instalações, equipamentos e locais de trabalho, não estão inclusos mas podem ser adicionados aumentando ainda mais a diferença entre os custos de um funcionário e um EGI que pode trabalhar remotamente.

Nas análises anteriores não estão computados diretores e gerentes Inteligentes para exercer os cargos nos Escritórios de Gestão Inteligentes, mas os processos de gestão Inteligentes que eles desenvolvem. Um dos processos de gestão inteligente é desenvolver métodos inovadores e inteligentes de gestão para reduzir os custos operacionais e estratégicos das organizações, assim todos tem um expressivo ganho na produtividade e na gestão.

Agora os investimentos para o EGI estão mais claros utilizando os diagramas anteriores.

A ideia da criação do EGI foi proporcionar serviços de alta qualidade em gestão por um preço inferior aos serviços existentes. Não há porque ter empresas com inchaço operacional ou estratégico. As empresas não sobreviverão por muito tempo se tiverem custos operacionais e estratégicos tão altos.

O papel do EGI nesse momento é ajudar a própria organização cliente a avaliar se a condição atual é a melhor opção como investimento em gestão.

O fato de um custo estar abaixo dos 50% na operação ou na gestão estratégica, não quer dizer que ela atenda todas as opções de gestão em todas as organizações. Isso deve ser avaliado junto com o EGI e a organização cliente.

Outra informação relevante é que o investimento do EGI pode ser progressivo e evolutivo. Não há porque implementar o EGI em várias áreas de uma única vez. Talvez um EGI possa assumir um ou mais papéis internos na gestão e criar um capital intelectual de alta capacidade em gestão inteligente com o próprio time interno.

Outra característica são os processos de melhoria na gestão que avaliam constantemente a situação da organização perante os seus investimentos, principalmente em gestão.

Os estudos sobre os impactos do investimento do EGI nos negócios e nas organizações foram realizados em vários setores e todos são unânimes ao comparar o investimento do EGI com o seu próprio efetivo. A qualidade do EGI é superior as práticas internas em todos os casos e com um investimento inferior comparado ao mesmo montante interno de gestão.

Enfim o objetivo deste estudo é apresentar um comparativo embasado sobre como o EGI pode ser vantajoso para a organização também quando se trata de investimentos em serviços.

A base de informações são profissionais com as faixas salariais informadas e os encargos calculados com base no ano fiscal de 2020 para empresas brasileiras, como informado.

A partir do estudo apresentado é necessário organizar o EGI internamente e utilizar a melhor maneira para atuar com a engenharia financeira, fiscal e tributária para a gestão inteligente. O objetivo é atender os índices de investimentos apresentados.

Outra característica é a demanda apresentada para cada EGI que varia de acordo com tipo, nível, aplicação e uma série de fatores que, juntos, podem viabilizar ou não a implantação do EGI em uma organização cliente.

Atuando com total transparência na gestão, o EGI é o primeiro a dizer que o orçamento do próprio EGI é factível ou não para a organização. Não há como trabalhar de outra maneira, pois não há como fazer a gestão interna do próprio EGI na organização sabendo que ele mesmo não cabe na estrutura financeira organizacional.

Para mais informações sobre investimentos na operação e implantação do EGI e para entender como gerenciar um EGI de sucesso, consulte o capítulo da Operação Interna do EGI.

Para comparativos de EGIs para empresas em outros países, entre em contato com www.pmproject.com.br/contact.

# CAPÍTULO 14: EGI E OS CENTRO DE SERVIÇOS

## A OPERAÇÃO DO CSC COM O APOIO DO EGI

O CSC – Centro de Serviços Compartilhados é uma das grandes oportunidades das organizações para transferir parte das atribuições, os chamados serviços-meio, para um centro de serviços e focar no seu core business. O CSC geralmente é implementado para grandes organizações onde se concentram uma enorme gama de serviços.

As organizações direcionam parte de seus serviços financeiros, marketing, tecnologia da informação, recursos humanos, etc. todos para um centro de serviços, geralmente onde a mão de obra é menos onerosa que o local de origem.

O EGI tem uma operação parecida com o CSC, porém o CSC não se torna viável para pequenas empresas, o EGI sim. O diagrama a seguir mostra a integração entre o EGI e o CSC.

## INTEGRAÇÃO EGI E CSC

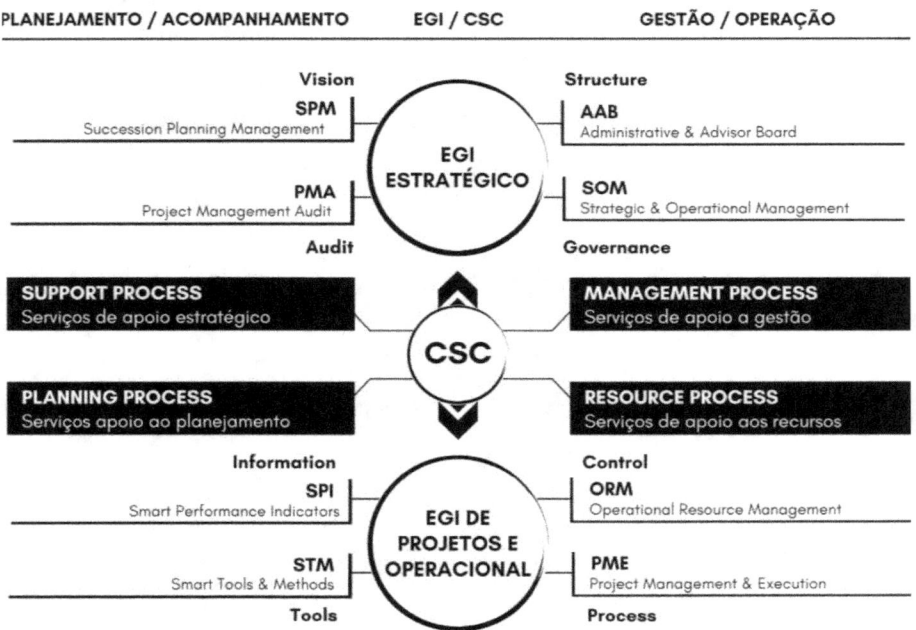

O EGI pode atuar em parceria com o CSC para grandes organizações. O EGI fará o papel de gestor e atuará integrando as informações do CSC e resolvendo questões de engajamento das áreas dentro e fora do CSC.

O EGI atuará em duas frentes, Planejamento e Acompanhamento, Gestão e Operação. O CSC fornecerá serviços de apoio aos tipos de EGI Estratégico e EGI de Projetos e Operações. Para compreender melhor a operação conjunta é necessário conhecer um pouco do papel dos CSCs nas organizações.

Apesar de atuação recente no Brasil os CSCs já têm mais de 50 anos atuando em países de primeiro mundo. No Brasil os CSCs começaram a 30 anos somente para multinacionais americanas em sua maioria, que tinham subsidiárias ou filiais brasileiras.

O foco dos CSCs são as atividades meio, que são passíveis de padronização e são geridas através de suporte, em sua maioria, remoto, principalmente devido ao CSC estarem em países diferentes das unidades que possuem seus serviços compartilhados.

Outra característica do CSC é a unificação de departamentos e serviços evitando transmissão de informações em excesso com a padronização de áreas inteiras.

Algo que sempre foi uma característica do CSC é ser uma apenas uma área geradora de despesas. Já os custos das operações dos EGIs são compartilhados com as diversas áreas que utilizam esses serviços reduzindo o impacto dos custos fixos de P&L e com a possibilidade de alocar seus valores em despesas administrativas e não operacionais.

No caso do EGI, a diferença básica está na capacidade de gerar receitas. O EGI está ligado a atividade fim apoiado na gestão ao invés da operação de processos rotineiros. A capacitação técnica e gerencial dos membros do EGI faz do seu escopo não só um custo operacional reduzido, mas a capacidade de se autogerir.

Muitos EGIs podem atuar como áreas de negócios e projetos independentes nas organizações. Imagine criar uma área inteira totalmente independente que paga por seus próprios custos e ainda traz receita e conhecimento para a organização?

Conheça também os EGIs Independentes no capítulo 20 e saiba como eles agregam valor as organizações.

# CAPÍTULO 15: CSI FRAMEWORK APLICADO AO EGI

## OS ELEMENTOS DO CSI FRAMEWORK E AS PRÁTICAS DE GESTÃO

As práticas de gestão estão atreladas aos processos e métricas organizacionais. Vários padrões têm contribuído para organizar as práticas de gestão. Porém o atual cenário mundial, na era da transformação digital e mudanças constantes, com evoluções e tecnologia chegando a ultra velocidade, barreiras gerenciais são criadas para estabilização dessas práticas.

> "O planejamento é um instrumento para raciocinar agora sobre os trabalhos e ações que serão necessários hoje para merecermos um futuro. O produto final do planejamento não é a informação: é sempre o trabalho"
>
> Peter Drucker

Segundo Peter Drucker, planejar não é criar informação, mas executar o trabalho para se chegar ao futuro.

A cultura do imediatismo tem feito grandes rombos na gestão pois tem deixado de lado alguns pontos fortes que devem ser considerados em um planejamento. Porém dedicar-se a um planejamento de meses para um futuro de anos é o mesmo que iniciar a construção de uma ponte em uma extremidade, sem conhecer a outra, não há como saber se haverá suporte para o próximo pilar.

Olhando para esse cenário e todas as ambiguidades que ele contempla, como estabelecer práticas de gestão na era da transformação digital?

Através do CSI Framework serão apresentados como os elementos podem ajudar a estabelecer as práticas de gestão. E mais, como criar uma conexão da estratégia até a operação e manter atualizado o complexo sistema organizacional.

Para conhecer detalhadamente cada elemento de gestão e sua aplicação, indicadores, processos, sistemas e operações, consulte o livro Management Intelligence Systems CSI da série Management da BIO.

A seguir será apresentado um resumo de cada elemento de gestão inteligente do CSI Framework aliado aos Escritórios de Gestão Inteligente como objetivo deste livro.

O primeiro dos elementos de gestão é o BRidge. O BRidge é o elemento ponte que interliga de maneira horizontal, a estratégia, a operação e o conhecimento.

O segundo elemento é o TOWER. O TOWER é o elemento torre que interliga os processos de execução de maneira vertical integrando conhecimento e resultados operacionais.

O terceiro elemento é o ROAD. O ROAD é o elemento estrada que apresenta abordagens rápidas e inteligentes em múltiplos caminhos. O ROAD disponibiliza as informações (Reports) enquanto realiza as entregas de forma ágil, iterativa e incremental.

E o quarto elemento é HALL. O HALL é o elemento átrio que reúne, em um só lugar, todas as informações e conhecimentos produzidos pelos negócios e projetos. O HALL é responsável também por gerenciar o conhecimento do capital humano.

A seguir um resumo das práticas de gestão inteligentes que serão aplicadas pelo EGI utilizando o CSi Framework e seus elementos.

## CSI BRIDGE – ELEMENTO PONTE DE GESTÃO

A engenharia define que ponte é um elemento que pode interligar ao mesmo nível 2 pontos não acessíveis, separados por obstáculos naturais (rios, lagos, vales, montanhas etc.) ou artificiais (estradas, edificações, transportes e outros elementos construídos).

As pontes são construídas permitindo a passagem de pessoas, veículos, tubulações entre outros. O curioso que na etimologia, a origem da palavra ponte tem o mesmo significado de estrada (ROAD).

Aqui começam as integrações. Uma ponte que serve de referência para o CSI é a TOWER BRIDGE ou Ponte de Londres como é conhecida. Ela possui 2 torres nas extremidades da ponte e interliga 2 pontos sobre um rio.

No final deste capítulo será apresentado um diagrama das integrações dos elementos.

A composição do BRIGE é um anagrama que traduz as bases do elemento de gestão. Veja a seguir os itens do elemento BRIGE.

## ANAGRAMA DO ELEMENTO DE GESTÃO - BRIDGE

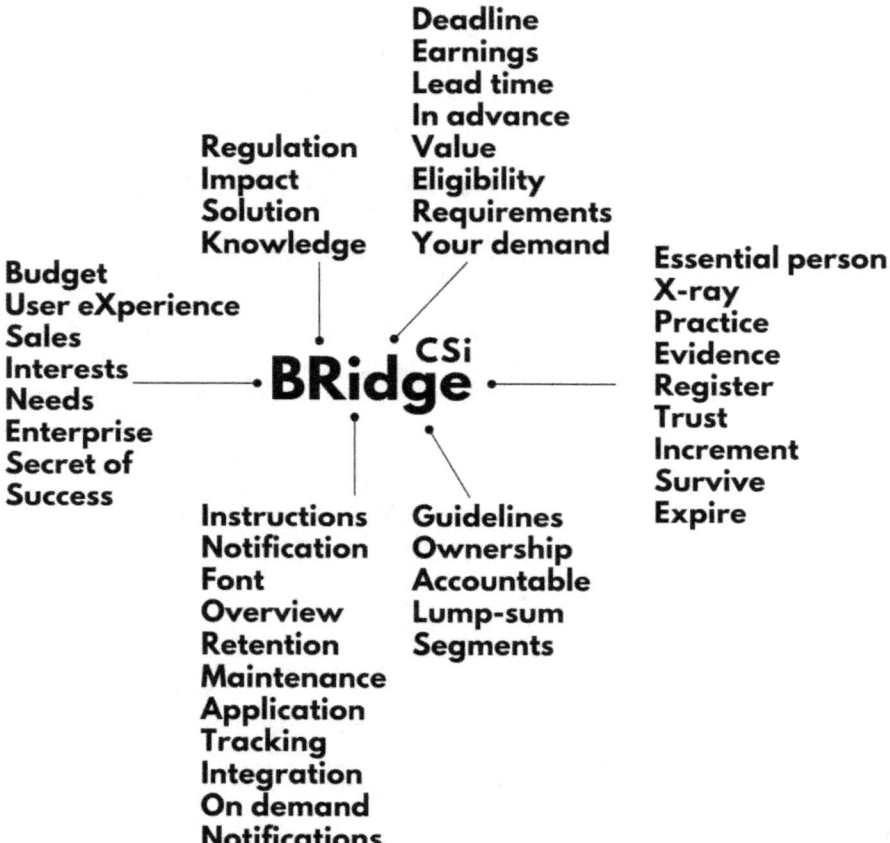

Em resumo BRidge é a abreviatura dos itens Business, Risk, Information, Delivery, Goals, Expertise. Para cada um dos itens foi criado um conjunto de ações que interligam os processos de gestão inteligente.

BRidge aparece com as duas primeiras letras em caixa alta para representar as partes que necessitam de maior atenção no negócio ou projeto e requer uma dose reforçada de inteligência de gestão.

Tanto Business que significa a própria essência do negócio como Risk, são os pontos cruciais na gestão estratégica de negócios e projetos.

A seguir um resumo de cada item do elemento BRidge.

## **B**RIDGE – BUSINESS

O item Business do elemento BRidge trata da gestão de negócios e projetos em uma visão globalizada e totalmente inovadora.

Os tempos mudaram e a validação de negócios de forma rápida para implementação e impulsionamento de novas descobertas é uma realidade da maioria das novas empresas nascentes.

As empresas ligadas a gestão da inovação nascem já com o intuito de se provar totalmente viáveis em um curto espaço de tempo.

A evolução do capital nessas organizações ágeis deve ser tão incremental que o investimento em suas opções se torna extremamente atraente. Mas como manter-se em um mercado tão competitivo e ainda se manter atraente para os diversos tipos de investimentos?

A maioria das empresas que tentam esse processo fracassam logo nos primeiros meses. Por isso um sistema de validação rápida é necessário para que se possa gastar o mínimo possível neste processo de validação. Por isso o MVP – Minimum Viable Product ou produto mínimo viável é muito utilizado nessa fase de estruturação do negócio.

O MVP é uma técnica para validar as ideias de negócios e testes primários em fases menos carregadas de tantas atividades, como será o negócio após implementado.

Esse processo auxilia não só a construção de um negócio de forma evolutiva e incremental, como traz respostas rápidas se o negócio está no caminho certo ou deve seguir outro caminho. E mais, os investimentos em um período de testes às vezes são irrelevantes comparados a operação total futura quando o negócio estiver em pleno funcionamento.

O CSI BRidge aliou processos de gestão de negócios inspirados nas Startups com processo de gestão de projetos ágil e criou o Smart Business & Project - SBP.

O SBP é um conjunto de práticas inteligentes para validação de negócios e projetos na fase de concepção e desenvolvimento. Através do SBP o desenvolvimento de novos negócios e projetos passam por um ciclo de validação experimental. Atingindo a performance esperada para a fase inicial, as demais fases são iniciadas consecutivamente de forma ágil, iterativa e incremental.

Saiba mais sobre SBP - Smart Business & Project nos livros Inteligência Organizacional, Planejamento e Inteligência Estratégica, Management Intelligence Systems CSI, Inteligência Econômica e Financeira, Management Intelligence Innovation e Management Intelligence Business da série Management da BIO.

## BRIDGE – RISK

O item Risk do elemento BRidge trata da gestão de riscos para negócios e projetos em uma visão inteligente e integrada de gestão. Equipes multidisciplinares atuam em projetos e negócios avaliando riscos nos mais diversos universos e análises. Mas quem são os principais responsáveis por avaliar os riscos no mundo como um todo?

Antes de responder à pergunta anterior, cabe outra pergunta. Quem tem mais expertise no desenvolvimento de uma atividade, quem atua com o maior montante ou com a maior frequência?

A Moody´s, Standard & Poors (S&P) e Fitch Rating fornecem as respostas para a primeira pergunta. Elas são as agências de classificação de risco país. Juntas elas fornecem os patamares de risco para atuação em todos os países do mundo. Nenhum investidor que se preze aporta capital em um país sem antes olhar a fundo o que essas agências dizem.

Diante de um cenário de pandemia e de uma crise mundial de saúde, funcionários das áreas de saúde atuam na linha de frente potencializando as atividades de risco. Antes de 2020 os trabalhadores da saúde ocupavam um tímido décimo lugar no quesito risco de saúde ocupacional. Os eletricitários eram os campeões no quesito risco. E ainda são, pois a lista não se inverteu totalmente, ela apenas se intensificou por um evento global.

Agora para responder a segunda pergunta, quem precisa dar respostas mais ágeis para tomada de decisões, uma agência de classificação de risco ou um trabalhador em uma situação de risco?

Os negócios e projetos precisam das duas informações, uma para cada momento. Especialistas em gestão precisam conhecer e trabalhar com informações confiáveis e balizadas, que vão impactar o futuro dos negócios e projetos e podem auxiliar na tomada de decisões para implementação de uma gestão de riscos.

Mesmo com todas as boas práticas preventivas de gestão, o contingenciamento é algo tão importante quanto a própria gestão. Prova disso é a pandemia mundial a partir de 2020. Ninguém no mundo inteiro em suas análises, exceto Bill Gates, conseguiu sequer imaginar que algo do tipo poderia impactar negócios nessa proporção. Nenhuma medida preventiva sobreviveria a esse tipo de análise pois esse foi um evento sem precedentes.

O que fazer para este caso? Talvez as perguntas sejam a resposta. Uma gestão de risco de negócios e projetos deve ser aplicada a questionamentos em áreas de gestão, assim como são feitas nas áreas de riscos na execução das atividades.

Questões preventivas e planos de riscos já fazem parte das nossas atribuições como gestores. O que nos falta são ações rápidas para riscos não previstos para ampliar a gestão. Pensando nisso o CSI BRidge no item Risk desenvolveu o Smart Risk Workflow – SRW.

O SRW é um fluxo de processos de gestão de risco de forma inteligente que atua com abordagem ágil, iterativa e incremental. Através do SRW, iterações sobre riscos de negócios e projetos são desenvolvidas em todas as fases de implementação de negócios e projetos. Avaliar todos os riscos de um negócio ou projeto, dependendo do porte e do montante de desenvolvimento, terá um custo superior ao próprio negócio ou projeto. Por isso o SRW tem um papel importante na inteligência de análises desses processos.

Utilizando uma linguagem própria desenvolvida de forma inteligente, o SRW alia técnicas de regulação com aprendizagem de máquina que geram conhecimento sobre fatos e ações sobre negócios e projetos.

A aprendizagem cria um banco de dados de informações evolutivo na organização reduzindo as análises de risco repetitivas ampliando o potencial de gestão.

Saiba mais sobre a Smart Risk Workflow nos livros Metodologias Inteligentes de Gestão, Planejamento e Inteligência Estratégica, Inteligência Econômica e Financeira, Management Intelligence Systems CSI, Management Intelligence Innovation e Management Intelligence Business da série Management da BIO.

## BRIDGE – INFORMATION

Imagine um homem e uma ponte. O homem está olhando a água. A majestosa ponte parece ocupar toda a paisagem. O homem está lá embaixo.

Utilizando o parágrafo anterior, responda as questões a seguir. O homem caiu da ponte? O homem saltou da ponte de propósito? O homem está apenas passando embaixo da ponte? O homem está avistando a ponte de uma distância próxima ou está próximo a ponte?

Talvez os parágrafos anteriores pareçam mais um trecho extraído de testes psicotécnicos, mas eles são realidade de negócios. Todos os dias, uma enxurrada de informações incompletas como essas, são alvo da gestão e necessitam de respostas e tomadas de decisões com base nessas informações.

Em um passado muito recente, a falta de informações era um grave problema. Não havia capacidade processamento e fontes de informações digitais, apenas físicas e em muitos casos de difícil acesso e compreensão. O resultado era notado nas empresas que colecionavam especialistas em todas as áreas. Eram verdadeiras fontes vivas de inteligência nas mais diversas áreas que atuavam. Fontes de conhecimento tácito que jorravam informações em todos os setores da economia.

Na era da transformação digital, tudo isso mudou. As fontes de informação estão nas redes e o conhecimento que antes estava nas pessoas, agora ocupam as máquinas e a inteligência deixou de ser pessoal e passou a ser artificial. Isso é parte da informação apenas. E o conhecimento tácito das mentes brilhantes, simplesmente deixou de existir? Claro que não.

O encanto com a tecnologia mudou o foco para um olhar digital e tirou a atenção dos gênios que estão por traz das suas criações. Ao olhar para a criação e não para o criador, esquece-se que a mente por traz da linguagem é a verdadeira evolução.

Essa visão foi levada em conta para criar o Smart Information Process – SIP. Através do SIP é criado um fluxo de informação inteligente com o melhor dos dois mundos, dos criadores de soluções e das soluções de alta tecnologia.

O SIP tem um processo de gestão da informação que vai da coleta de instruções e comandos, integrando diversas fontes de informação e a rastreabilidade até a aplicação lógica e divulgação dos resultados para os negócios e projetos.

Integrar soluções de informação em todas as esferas de negócios e projetos aumenta as chances de sucesso e otimiza a tomada de decisões rápidas para o mundo atual e ultra veloz quando o assunto é informação.

Saiba mais sobre a Smart Information Process nos livros Metodologias Inteligentes de Gestão, Planejamento e Inteligência Estratégica, Management Intelligence Technology, Management Intelligence Systems CSI, Management Intelligence Innovation e Management Intelligence Business da série Management da BIO.

## BRIDGE – DELIVERY

A pessoa está confortavelmente na sua casa quando a campainha toca. É o entregador das compras online. O curioso é que elas não foram feitas pela pessoa que atendeu a porta, mas a automação que está ligada à despensa e ao seu refrigerador enviou um pedido online quando detectaram uma baixa no estoque dos seus produtos de consumo.

As histórias sobre as indústrias da automação e IOT – Internet das Coisas estão aí, nos livros e soluções inovadoras. Mas a maioria das pessoas ainda não experimentou essa ação efetiva em suas vidas.

Mas é preciso acreditar que isso é um futuro que está tão próximo e certo quanto no próximo ano o verão iniciará na mesma época de sempre. O que não se sabe ao certo é se no primeiro dia de verão choverá ou fará sol. Mesmo com as mais precisas ferramentas de previsão meteorológica não se sabe ao certo como a natureza reagirá a esse momento.

Algo que não se leva em conta quando se projeta o futuro é olhar para o futuro, no futuro. O que é feito é olhar para o futuro com os olhos da atualidade.

Um exemplo dos seminários e workshops sobre inovação do PMPROJECT é o case da franquia Back to the Future – De Volta para o Futuro.

Quando o personagem viaja para o futuro em 2015, que hoje está no passado, ele encontra uma casa toda modernizada onde existem aparelhos de fax por toda a casa. Apesar de ser um dos aparelhos obsoletos dos tempos atuais, muitas das empresas relutam em abandoná-los.

Mas o curioso está na visão do escritório da saga. Ele olha para o futuro com o olhar do passado. Ao olhar para os produtos com o olhar do futuro, isso se repete, no desenvolvimento da tecnologia e para o IOT.

Parece insano dizer isso, mas ninguém pensou em outro objeto que não seja um aparelho de 1876 como um refrigerador para fazer o pedido das suas coisas? A sensação é que o desenvolvimento e a tecnologia avançam em uma única frente, a tecnologia de dados, quando deveria trabalhar em muitas outras frentes.

Pesquisas e desenvolvimento para substituir a geladeira ou o ar-condicionado, ou veículos, não por veículos autônomos, mas por outras formas de transporte, quem sabe até teletransporte. A maioria dos produtos que são automatizados são invenções de séculos passados. O desenvolvimento sugere que as tecnologias se apliquem em equipamentos para que eles se tornem autossuficientes e não sejam renovados.

Montadoras de veículos deveriam trabalhar em transportadores que não se pareçam com veículos, nem carros autônomos, mas meios de transportes diferenciados e inovadores. Veja que não se produz nada tão impactante na indústria quanto os equipamentos que estão sendo modernizados. Apenas tem se intensificado em massa a modificação de criações existentes.

Se pedissem ao criador da trilogia de Back to the Future para rever o filme e fazer uma nova versão moderna e atualizada, provavelmente em um futuro daqui a 20 anos ainda seria usado um smartphone que foi criado em 1992, mas popularizado somente nos últimos anos.

Mas essa é a forma que a tecnologia avança, modificando as coisas e muito raramente, criando coisas novas. Isso é um fato. Por isso essa era é chamada de transformação digital e não de criação.

E olhando para o futuro com esse olhar, de criação e invenção digital ao invés de transformação digital apenas, foi criado o Smart Delivery Status – SDS.

O SDS é um protocolo de gestão inteligente das entregas e soluções com um olhar inovador. Para novos negócios e projetos não há porque olhar para o passado, a não ser para recuperar lições aprendidas. Para poder atuar em negócios e projetos do futuro, é necessário olhar para o cliente do futuro, realmente no futuro.

O SDS contempla um sistema de projeção de dados que avalia o retorno contemplando o prazo de implantação, e como ele será selecionado como um negócio ou projeto viável.

O SDS avalia as variáveis de retorno inteligente de investimentos em negócios e projetos nas diversas fases, da concepção até a entrega e operação. Por fim o SDS contempla os requisitos de gestão necessários para realizar essas entregas e avalia como os clientes serão impactados pela solução.

Saiba mais sobre a Smart Delivery Status nos livros Metodologias Inteligentes de Gestão, Inteligência Comercial e Sucesso do Cliente, Planejamento e Inteligência Estratégica, Management Intelligence Systems CSI, Management Intelligence Technology, Management Intelligence Innovation e Management Intelligence Business da série Management da BIO.

## BRIDGE – GOALS

Uma pessoa está no saguão de um aeroporto internacional. São tantos destinos que aparecem no painel que ela imagina, tanta gente indo e vindo de tantos lugares. E se os lugares não fossem mais indicados. E se ao entrar em um aeroporto para uma viagem ela pudesse dizer a companhia aérea, eu quero ir. Provavelmente a primeira pergunta seria, para qual o destino?

E se fosse possível ir para qualquer destino decidindo apenas quando chegar lá? Isso traria uma liberdade nunca experimentada.

Ideias como essa não são factíveis correto? Por que não? Porque alguém disse que regras e padrões devem ser seguidos. Ter um objetivo. Estar conectado ao ponto A para chegar ao ponto B. Do ponto A ao ponto B a distância é X. Sendo assim é possível calcular qual o esforço para se chegar a tal ponto.

O nome disso é lei. E as leis mudam. Quantas leis imutáveis deixaram de existir desde os primórdios. Muitas leis foram criadas para poder orientar a humanidade para percorrer um caminho seguro. Outras delas foram criadas por cientistas e estudiosos para provar as suas teorias que, em um futuro muito próximo, foram contestadas talvez por eles mesmos.

Se as leis imutáveis mudam, por que olhar para uma meta ou objetivo como algo fixo e imutável? Porque quem não sabe aonde vai não irá chegar a lugar algum. Talvez esse ditado seja melhor escrito assim, quem não parte não chega, pois mesmo se não souber aonde vai, a pessoa saiu do lugar.

O princípio de sair da inércia, outra lei a observar, é que o esforço para se deslocar do lugar é maior do que o esforço daquilo que se encontra em movimento. Isso vale para os objetos não para os objetivos. Rótulos são aplicados a processos, negócios e projetos baseados em conceitos que não se consegue explicar, alterar ou simplesmente rever.

Oportunidades batem as portas todos os dias e são recusadas, pois, os conceitos e leis dizem que tais coisas são impossíveis perante as leis imutáveis.

Não é objetivo da BIO. revogar a lei da gravidade ou tantas outras leis. Mas a BIO está aqui para instigar e tentar abrir a mente para novas possibilidades. A lei da gravidade não se aplica a negócios, ao menos não como tem sido usada. A sua interpretação sim. Se algo for maior, possuir maior massa, terá maior atração segundo essa lei. Negócios maiores chamam mais atenção, porém negócios menores tem muito mais atração se forem inseridos em contextos diferenciados.

Muitas outras visões como essas foram inspirações para criar o Smart & Attractive Goals – SAG ou metas inteligentes e atrativas. Mudar a visão de negócios e projetos com o SAG criando metas inteligentes e atrativas com a evolução da visão estratégica. Uma visão além do mundo atual, fora dos padrões limitantes e com uma inteligência de gestão incomum.

Se o pensamento for direcionado é possível criar negócios atrativos e verdadeiras inovações tecnológicas, inspirações para os clientes, é necessário apenas pensar fora da caixa. O talk show Think Outside the Box – TOTBox da BIO. é um dos workshops de gestão inovadores quando se trata de pensar fora da caixa.

O objetivo desses workshops é desafiar as leis imutáveis na visão de negócios e projetos utilizando o SAG.

Saiba mais sobre a Smart and Attractive Goals nos livros Metodologias Inteligentes de Gestão, Inteligência Comercial e Sucesso do Cliente, Planejamento e Inteligência Estratégica, Management Intelligence Systems CSI, Management Intelligence Technology, Management Intelligence Innovation e Management Intelligence Business da série Management da BIO.

## BRIDGE – EXPERTISE

Algumas das pessoas que são referências mundiais em negócios e projetos são inseridas nos portais de notícias, nas revistas, jornais e publicações de grande circulação no mundo inteiro.

Os prêmios de gestão e tecnologia são entregues a essas pessoas que desenvolveram soluções para a humanidade. São merecidos e devem ter suas qualidades destacadas e coladas em outdoors pelo mundo inteiro, afinal elas fizeram a diferença. O que não se espera deles é que eles sejam pessoas, com medos, dores, aflições semelhantes a pessoas comuns.

O poder de criar ídolos externos é algo inerente do ser humano. Este processo deveria ser feito para criar ídolos internos na mesma proporção. Os grandes pensadores e criadores de todos os tempos tiveram seus grandes momentos porque conseguiram dominar seu maior inimigo, a si próprios.

Thomas Edson não criou a lâmpada elétrica. Seus precursores sim. Edson apenas conseguiu dar vida longa a ela e utilizá-la em escala. Qual o seu segredo? Invenções em massa. Não há porque inventar uma única coisa e trabalhar nela por toda a vida. Edson registrou 2332 patentes e morreu. Não logo após o registro das patentes, mas ele morreu assim como todos os gênios do passado e todas as pessoas do mundo um dia irão morrer.

O objetivo de colocar essa frase no final do parágrafo anterior é justamente levar a compreensão sobre Edson. Ele e muitos outros também eram humanos. Muitos outros criaram soluções maravilhosas e continuam vivos e podem contribuir com sua capacidade criativa, mas um dia eles também irão morrer como todos. Mas o que não pode acompanhar os grandes criadores ao leito de morte, são os conhecimentos e suas criações.

Empresas inovadoras como o Cirque de Soleil foram alvo dos holofotes durante a pandemia em 2020. Depois de anos de sucesso a empresa impactada pela pandemia, pediu recuperação judicial. Depois fez acordos de negociação com credores e, até a data da publicação deste livro, ainda estava na ativa depois de dispensar 95% dos seus colaboradores.

O fato aqui não é o que ocorreu com a empresa em si, mas o que aconteceu com o conhecimento produzido por ela durante todos esses anos.

Gigantes dos negócios desapareceram em questão de meses ou anos e o seu corpo técnico foi espalhado pelo mundo. E o seu conhecimento, onde foi parar?

Olhando para esses e outros fatos da gestão foi criado o Smart Expertise Backlog – SEB. O SEB é um poderoso backlog de conhecimento e expertise em gestão inteligente.

O SEB foi criado para gerir o conhecimento dos negócios e projetos e ampará-los em verdadeiras fontes de conhecimento compartilhado.

Se toda a expertise gerada nas empresas que se sustentaram por anos no topo fosse compilada e colocada nas bases de conhecimento compartilhado, essas empresas, mesmo depois da sua extinção, iriam contribuir e muito para o desenvolvimento tecnológico. Quem sabe até poderiam comercializar seus ativos de conhecimento, se reinventando e, talvez sobrevivessem a extinção.

Saiba mais sobre SEB - Smart Expertise Backlog nos livros Metodologias Inteligentes de Gestão, Inteligência Comercial e Sucesso do Cliente, Planejamento e Inteligência Estratégica, Management Intelligence Systems CSI, Management Intelligence Technology, Management Intelligence Innovation e Management Intelligence Business da série Management da BIO.

## CSI TOWER – ELEMENTO TORRE DE GESTÃO

A torre (TOWER) conecta-se a ponte (BRidge) e a estrada (ROAD). As torres acomodam pessoas, escritórios, carros e todo tipo de negócios. As torres podem ser únicas ou uma combinação como no caso dos condomínios.

As torres ainda têm outra característica, muitas delas acomodam grandes cargas nas partes mais altas, mas é a fundação que necessita de cuidado, reforço e atenção, pois é na fundação que estão os maiores pilares que sustentam a torre. As fundações das torres são relativamente sólidas e profundas. As torres precisam de estabilidade e segurança e algumas delas de dispositivos de proteção contra forças da natureza como abalos sísmicos, furacões e tantos outros.

As torres que servem de referência para o CSI são os chamados Skyscrapers (arranha-céus). São imensas torres, geralmente comerciais, que tem muitos andares e elevadores que levam as pessoas e objetivos do primeiro ao mais alto nível em segundos. Esse é um dos maiores desafios das grandes torres, a locomoção em alta velocidade com segurança.

TOWER representa a operação e a execução das atividades de negócios e projetos. É nesse elemento que a gestão é testada nos mais altos patamares quanto a sua efetividade.

No momento da operação, as forças que atuam sobre a gestão estão no seu ápice. A tomada de decisões precisa ser efetiva, rápida e ao mesmo tempo eficaz. Não há espaços para manobras de gestão pois, nesse momento, todo o planejamento de execução está sendo colocado em prática. O que precisa ser feito é atualizar e revisar os processos de uma forma inteligente e sem rodeios.

Mas é exatamente neste momento que o EGI atua com maior habilidade. É no TOWER que as ferramentas são criadas e implementadas e os resultados ficam expostos de uma forma real e completa.

O desenvolvimento é colocado em prática e as práticas de gestão inteligente são apresentadas de forma executiva no elemento TOWER. As letras do elemento TOWER são todas em caixa alta porque todas as atividades de execução devem ter atenção completa em todos os estágios.

Neste processo ocorre a integração da inteligência da gestão na execução dos trabalhos através do ROAD. A seguir a composição do TOWER através do anagrama que traduz as bases do elemento de gestão.

Veja a seguir os itens do elemento TOWER.

## ANAGRAMA DO ELEMENTO DE GESTÃO - TOWER

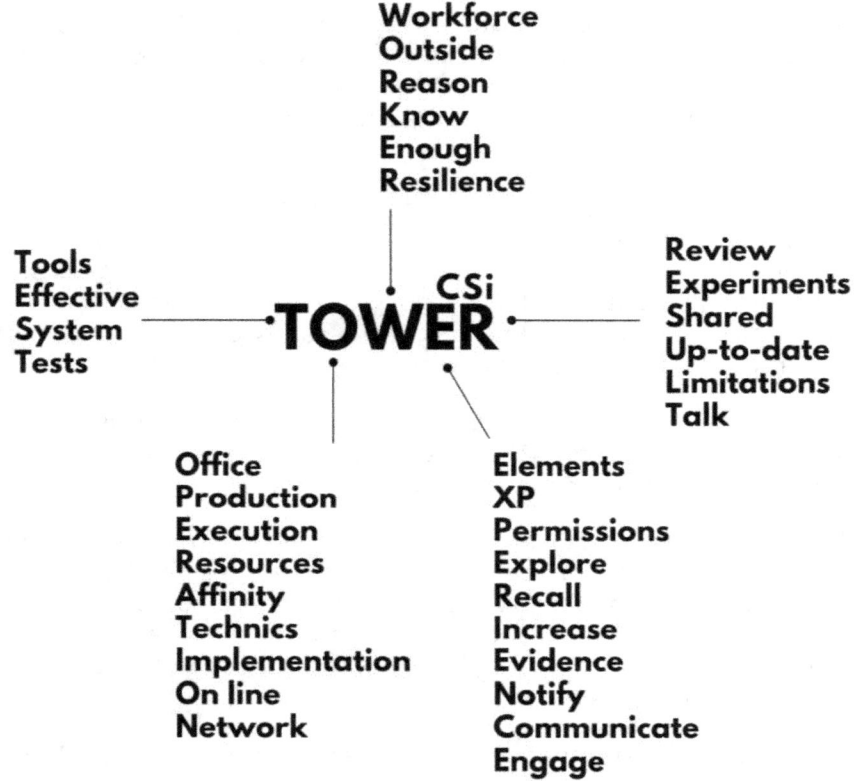

Em resumo TOWER é a abreviatura dos itens Test, Operation, Workers, Experience e Results. Para cada um dos itens foi criado um conjunto de ações que interligam os processos de gestão inteligente.

TOWER aparece com todas as letras em caixa alta pois não há distinção em seus itens.

### TOWER - TEST

Se uma pessoa pudesse embarcar em uma viagem para qualquer lugar do tempo, para onde seria?

O futuro seria uma opção. Conhecer e testar os negócios que hoje estão em fase embrionária. Fazer testes de gestão e validar processos de uma forma lúdica e convencional.

Por que não experimentar então? Porque viagens temporais "ainda" não fazem parte da realidade humana. Ainda está em destaque porque acreditar no impossível talvez seja algo que torna as pessoas criativas, irreverentes e muito dedicadas para inovar.

Quantas vezes a expressão mas isso não é possível de se fazer foi ouvida?

Anos depois de ouvir sobre a impossibilidade de realizar algumas soluções propostas, elas não só eram possíveis como eram rotinas de muitas organizações.

Carteiras digitais, pagamentos remotos e transações via celular não existiam a poucos anos atrás. Um episódio com o gerente de um grande banco, dizendo que poderia liberar os recursos, somente 48 horas depois do depósito do dinheiro em uma conta jurídica. Tudo isso foi substituído por um PIX que libera o dinheiro em menos de 40 segundos.

As carteiras digitais não precisam mais do que segundos para realizar transações financeiras. Isso é o futuro? Não. Isso é o presente. No futuro não haverá carteiras ou dinheiro. Mas como saber o que fazer? Testando.

A operação necessita de protótipos e testes para garantir que os projetos e negócios funcionem da maneira que foram concebidos. Imagine projetar toda a automação de uma indústria, implantá-la e ao colocá-la para operação descobrir que o projeto não funcionou? Milhões podem estar em jogo com esse tipo de situação.

Por isso o CSI TOWER criou o item Smart Test Experience – STE. O STE é um simulador de experiencias operacionais para projetos e negócios que testa as fases de um processo, seja ele conceitual, ou real.

O STE foi criado por experimentar na prática, em diversos processos de operação e gestão as falhas desses mesmos processos.

O desenvolvimento de muitos projetos deixa de ter o resultado esperado simplesmente por não implementar uma fase teste antes da operação.

Prototipagem de negócios e projetos também são inviáveis em alguns casos.

Então qual é o meio termo a se utilizar?

O STE desenvolve plataformas de simulação e testes utilizando o princípio do MVP para validar negócios e projetos em níveis de estudo e implantação. Já em nível de operação, as TTs – Tools & Tests, as Test Tables e o Effective System são sistemas, processos, protocolos e procedimentos de gestão inteligente para testes de produtos e negócios. Eles auxiliam no desenvolvimento de ferramentas e práticas de gestão para testes em níveis operacionais.

Muitos protótipos, de alto valor agregado, podem ser substituídos pelo STE em seus processos de implantação.

Saiba mais sobre STE - Smart Test Experience nos livros Metodologias Inteligentes de Gestão, Inteligência Comercial e Sucesso do Cliente, Planejamento e Inteligência Estratégica, Management Intelligence Systems CSI, Management Intelligence Technology, Management Intelligence Innovation e Management Intelligence Business da série Management da BIO.

## TOWER – OPERATION

Um acidente de carro envolvendo muitos veículos provocou muitas mortes. Mas um sobrevivente foi levado às pressas ao hospital de referência mais próximo. Ao entrar para o hospital ele foi direto para sala de cirurgia. Mais de 20 profissionais atuaram naquela sala por 16 horas ininterruptas. Ao final do processo, o homem não suportou os ferimentos e veio a óbito.

Parece um fim trágico para uma história, mas essa pode ser a realidade de qualquer um. Os protagonistas da história, tanto no lado dos profissionais que atuaram por horas a fio, como o próprio paciente, tudo isso pode acontecer a qualquer momento nos negócios. Outro papel importante é o do resgate que recuperou o sobrevivente e o causador do acidente.

Acidentes acontecem o tempo todo e ações rápidas acompanham esse processo. Mesmo sabendo que algo pode dar errado, profissionais no mundo inteiro tentam incansavelmente salvar uma vida. Esse é o lema da BIO. quando se trata de gestão inteligente.

Não há porque desistir antes que o barco afunde se ainda é possível recuperá-lo. Talvez vidas podem ser salva e os gestores podem atuar como heróis nas histórias de muitas pessoas e organizações.

Quantas vezes foi dita a expressão, "Meu dia foi salvo"?

Talvez essa seja uma das razões que muitas pessoas fazem o que fazem nas suas profissões. Mas o ponto aqui é outro. Porque fazer ou continuar fazendo se algo pode falhar?

No livro Hero[is] Os Super Poderes da Inteligência Infinita da BIO. uma história dos verdadeiros super-heróis dos tempos atuais ilustra como pessoas comuns fazem coisas inacreditáveis.

Uma analogia das histórias dos heróis com a própria vida e como tudo isso se aplica a gestão inteligente.

Um dos filmes que inspiraram o livro, é o primeiro filme da franquia Avengers. Existe uma cena em particular que o Diretor da Corporação fala com umas das suas agentes e ela diz que não haveria necessidade de fazer evacuação na área pois se o elemento explodisse não haveria o que fazer pelo mundo, quanto mais por aquele prédio. A resposta de um grande líder foi essa.

> "Até o mundo acabar vamos agir como se ele estivesse girando" Nick Furi
> The Avengers, Marvel Studios.

A arte ensina a vida. A operação não pode parar por achar que as coisas não vão acontecer como deviam. Inspirado em eventos de gestão que necessitam de apoio incondicional e necessitam de respostas rápidas, ações ágeis e tomadas de decisões o CSI TOWER criou o Smart Operational Support – SOS.

O SOS funciona como uma compilação de informações e suporte a operação que integra a afinidade dos recursos as suas aplicações. O SOS trabalha em prol da operação afim de prover todos os recursos necessários durante os processos de execução de negócios e projetos.

O SOS atua em qualquer plataforma, online ou presencial, em rede ou local, em equipe ou para um único usuário. O papel do SOS é não deixar "o mundo parar de rodar", seja o mundo de projetos, o mundo de negócios ou o mundo real.

A exemplo da história do acidente de carro, vidas estão em jogo quando trabalhos em projetos e negócios são realizados. A responsabilidade de criar processos de gestão inteligente que suportem a operação de forma ágil com efetiva colaboração é um propósito da BIO.

Outro papel importante do SOS é atuar ativamente para garantir o Sucesso do Cliente. Nesse processo o SOS suporta as áreas de gestão operacional ligadas ao cliente para garantir o sucesso das entregas do cliente.

Veja no capítulo 20 sobre Escritórios Independentes o EGI Comercial que atua como suporte ao cliente dentro e fora da organização. O SOS é um dos itens principais neste tipo de EGI.

Saiba mais sobre SOS - Smart Operational Support nos livros Metodologias Inteligentes de Gestão, Inteligência Comercial e Sucesso do Cliente, Planejamento e Inteligência Estratégica, Management Intelligence Systems CSI, Management Intelligence Technology, Management Intelligence Innovation e Management Intelligence Business da série Management da BIO.

## TOWER - WORKER

Um andaime instalado no trigésimo quarto andar de um edifício comercial para limpeza do painel de vidro que cobre a fachada. Do lado interno do edifício pessoas estão ocupadas em suas funções e não notam a presença dos limpadores. Na rua o olhar das pessoas está fixo na plataforma que está a mais de cem metros de altura. Do lado externo dois trabalhadores se revezam na atividade de limpeza dos mais de quarenta mil vidros.

Essa cena traz três pontos de vista sobre os trabalhadores. Aqueles que estão recebendo os serviços, os receptores. Aqueles que estão observando os serviços, os observadores. E aqueles que estão executando os serviços, os executores ou Workers. Os Workers são os agentes de serviço. Eles são responsáveis pela execução e estão ligados diretamente ao produto ou serviço.

O papel dos Workers é atuar na transformação do ambiente entregando produtos e serviços que podem mudar o panorama e a visão do cliente. O exemplo do painel de vidro serve para ilustrar a mudança de visão dos trabalhadores receptores. Por mais conhecimento que tenham, não consegue realizar os serviços externos sem uma equipe capacitada como os Workers.

Outro ponto importante sobre os Workers são as características de operação e execução. Os Workers possuem Workforce Outside ou a força de trabalho atuando do lado de fora da organização.

Ela é representada pelas atividades que são realizadas foram do ambiente administrativo e da gestão.

Para executar essa força de trabalho os Workers contam com quatro habilidades inteligentes de atuação. A razão (Reason), o motivo pelo qual as ações e os trabalhos são realizados. O saber ou conhecimento (Know) que representa a experiência sobre a atividade desenvolvida. Tanto a razão quanto saber precisam estar ligados a um limite.

Não é necessário saber e ter razões múltiplas para executar uma atividade, basta ter razões e conhecimento suficiente (Enough) para realizar as atividades dos Workers. E por fim a última habilidade é a capacidade de se adaptar ao meio de trabalho, a resiliência (Resilience).

A resiliência é a capacidade dos elementos a retornar a sua forma original após sofrer a deformação. Atualmente o termo resiliência é aplicada a capacidade das pessoas em se reinventarem após muita pressão nas atividades de trabalho.

O Workers são os especialistas que atuam com todas essas características e são capazes de entregar resultados com efetividade e inteligência.

Os Workers trabalham com o Smart Operational Work, um grupo de processos de execução inteligente que auxilia nas atividades de execução com foco em entregas e operações inteligentes.

Saiba mais sobre a Smart Operational Work nos livros Metodologias Inteligentes de Gestão, Inteligência Comercial e Sucesso do Cliente, Planejamento e Inteligência Estratégica, Management Intelligence Systems CSI, Management Intelligence User Experience, Management Intelligence Innovation e Management Intelligence Business da série Management da BIO.

## TOWER – EXPERIENCE

Um viajante toma o metrô todos os dias, no mesmo horário, na mesma estação, senta-se no mesmo lugar, do mesmo vagão, por anos a fio, sem nunca se ausentar. No meio da multidão de uma grande metrópole essa figura passaria despercebida.

Mas uma manhã, em plena segunda-feira o viajante não está sentado no seu lugar de origem. Quem irá perceber a falta do viajante?

Milhões de pessoas passam por essa rotina todos os dias e, por um acaso da convivência humana, pessoas que nunca se conheceram passam por experiências comuns como andar em um mesmo trem todos os dias por anos e nunca se conectarem.

Ao falhar em um evento como esse, somente as pessoas conectadas a essa experiência notarão a ausência de um membro viajante em meio a milhões de pessoas.

Essas pessoas que notaram a ausência desse viajante, são os elementos de estudo (Elements) da visão TOWER. Pessoas com capacidade de receptividade e percepção onde o todo não é senão um conjunto de partes importantes.

No meio da era de transformação digital, pessoas nunca foram tão importantes como são nos tempos atuais.

Relacionamentos são a primeira de todas as habilidades interpessoais desejadas nas organizações que querem atuar com inovação e transformação.

A inteligência é impactada pelos relacionamentos que são impactados pela convivência humana.

Outro vetor importante da TOWER é um ramo da ciência da computação chamado XP ou Complexidade Parametrizada. A XP se concentra na classificação de problemas computacionais de acordo com a relevância e dificuldade e classifica as tarefas como tratáveis ou intratáveis. O XP é a classe desses problemas que podem ser resolvidos a tempo e podem ser tratados.

O objetivo desde vetor não é utilizar a técnica computacional, mas utilizar parte dos conceitos que inspiraram a criação do XP do TOWER. Um vetor que seleciona o que pode ser tratado e o que não pode em determinado momento da execução.

Outro ponto importante do Experience são as permissões (Permissions) de execução.

As permissões afetam tanto a execução de algumas atividades que muitas delas elevam os custos operacionais simplesmente por se tratar de permissões imutáveis.

Restrições de segurança, permissões de acesso, protocolos de entrada, etc. são criadas para regular processos que muitas vezes não são mais necessários. Por isso as permissões são tratadas de forma inteligente nos processos do TOWER.

Os Elementos com a capacidade de observação, aliados a capacidade XP de selecionar, identificar e resolver problemas com as permissões inteligentes criam sinergia na execução.

Para completar a Experience, os três vetores do parágrafo anterior são integrados as habilidades de gestão inteligente de explorar (Explore), recordar (Recall), incrementar (Increment), evidenciar (Evidence), notificar (Notify), comunicar (Communicate), engajar (Engage).

As habilidades descritas anteriormente formam a capacidade de adquirir experiência em trabalhos de execução inteligente através dos vetores apresentados.

Essas habilidades e a integração com os vetores de observação, seleção e resolução de problemas e as permissões inteligentes integram o Smart Work Experience – SWE.

O SWE é umas das principais formas de gestão inteligente e de projetos e processos com foco em experiência do usuário, experiências de execução e experiencias operacionais. O SWE é um dos maiores vetores de mudança de todo o CSI Framework.

Saiba mais sobre SWE - Smart Work Experience nos livros Metodologias Inteligentes de Gestão, Inteligência Comercial e Sucesso do Cliente, Planejamento e Inteligência Estratégica, Management Intelligence Systems CSI, Management Intelligence User Experience, Management Intelligence Innovation e Management Intelligence Business da série Management da BIO.

## TOWER – RESULT

Um homem em idade adulta, após consultar um especialista em medicina preventiva, fez um checkup médico composto de uma bateria de exames que lhe tomou uma semana inteira. Após coletar os resultados de cada exame, eles foram todos direcionados a clínica do especialista e uma nova consulta foi marcada. Após receber todos os resultados o médico chegou a um diagnóstico preliminar.

Um dos exames apresentou deficiência no resultado e foi necessário repetir o exame. O processo foi realizado e em torno de uma semana a nova consulta com o novo exame foi realizada. Agora com todos os resultados em mãos, o diagnóstico foi definitivo, não havia doenças comprovadas baseadas nos resultados de todos os exames.

Quantas histórias de doenças graves e congênitas são objeto das consultas e apresentação de resultados em exames médicos. Os resultados nesse caso não são diagnósticos perfeitos e sem erro, apenas resultados temporários que apresentam um estado estático, apresentado na data do exame.

Alguns resultados podem apresentar diagnósticos de doenças que se manifestaram no passado, como eletrocardiogramas que podem apresentar um enfarto ocorrido em uma cifra de ondas. Mas nenhum resultado, por mais avançado que seja, consegue mostrar o futuro. No máximo um resultado pode apresentar o cenário atual que provocará algum reflexo no futuro, mas não pode prever o futuro.

O estado estático dos resultados e diagnósticos são uma inspiração para um dos vetores inteligentes mais complexos do CSI Framework, o Smart Work Results – SWR. O SWR é um vetor de inteligência intuitiva e iterativa que testa inúmeros cenários de gestão durante a execução de projetos e negócios.

O SWR atua com seis frentes de abordagem inteligente.

A revisão do status atual do trabalho em desenvolvimento (Review).

Os experimentos de gestão e simulações de operação (Experiments).

O compartilhamento de informações e conhecimento operacional multigestão de forma inteligente, entre todos os envolvidos na operação (Shared).

A atualização do conhecimento adquirido e das ações executadas na operação (Up-to-date).

As limitações impostas pela execução e pelos limites existentes da própria operação são interpretadas de forma inteligente nesta abordagem (Limitations).

E para consolidar as frentes e comunicar de forma efetiva a execução e atuar no desenvolvimento de gestão operacional inteligente, a conversa (Talk), uma comunicação efetiva de forma convencional no desenvolver das atividades inteligentes de execução.

As frentes de gestão inteligente do SWR têm o objetivo de identificar o resultado de forma inteligente para informar na gestão de indicadores inteligentes.

Os resultados do elemento TOWER são integrados a todos os outros elementos de gestão. Os resultados não são relatórios com apresentações de entregas, eles são as próprias entregas. Os resultados são as operações funcionando, os projetos entregues e os negócios concluídos. Relatórios sobre como eles foram entregues são apenas relatos das verdadeiras experiências de execução.

Saiba mais sobre a Smart Work Results nos livros Metodologias Inteligentes de Gestão, Inteligência Comercial e Sucesso do Cliente, Planejamento e Inteligência Estratégica, Management Intelligence Systems CSI, Management Intelligence User Experience, Management Intelligence Innovation e Management Intelligence Business da série Management da BIO.

## CSI ROAD – ELEMENTO ESTRADA DE GESTÃO

A estrada tem sua origem a partir da ponte (BRIDGE) e da torre (TOWER). As autoestradas são dispositivos de comunicação de alta velocidade que conectam bairros, cidades, estados e até países. A operação de uma autoestrada exige muitos cuidados, dispositivos de segurança, sinalização e uma diversidade de informações.

Viagens realizadas em uma autoestrada bem-sinalizada e equipada, transmitem a sensação de segurança e bem-estar, confiança no processo de direção e uma esperança de que o caminho seja trilhado com sucesso.

As estradas que são referência para o CSI Framework são as autoestradas com muitas pistas de alta velocidade. Elas comportam um tráfego imenso de transportes.

Elas possuem muitas conexões com várias entradas e saídas, todas identificadas, que levam a vários lugares.

O Elemento ROAD será um dos elementos mais complexos do sistema CSI, pois tem várias conexões e pode levar a qualquer lugar do processo.

O Elemento ROAD além de conectar todos os elementos de gestão, é o responsável por dar agilidade aos processos e transformar processos de rotina em processos ágeis e inteligentes.

O Elemento ROAD também cria canais de comunicação inteligente para todo o CSI Framework através do sistema de reports inteligentes.

A composição do ROAD é um anagrama que traduz as bases do elemento de gestão.

Veja a seguir os itens do elemento ROAD.

## ANAGRAMA DO ELEMENTO DE GESTÃO – ROAD

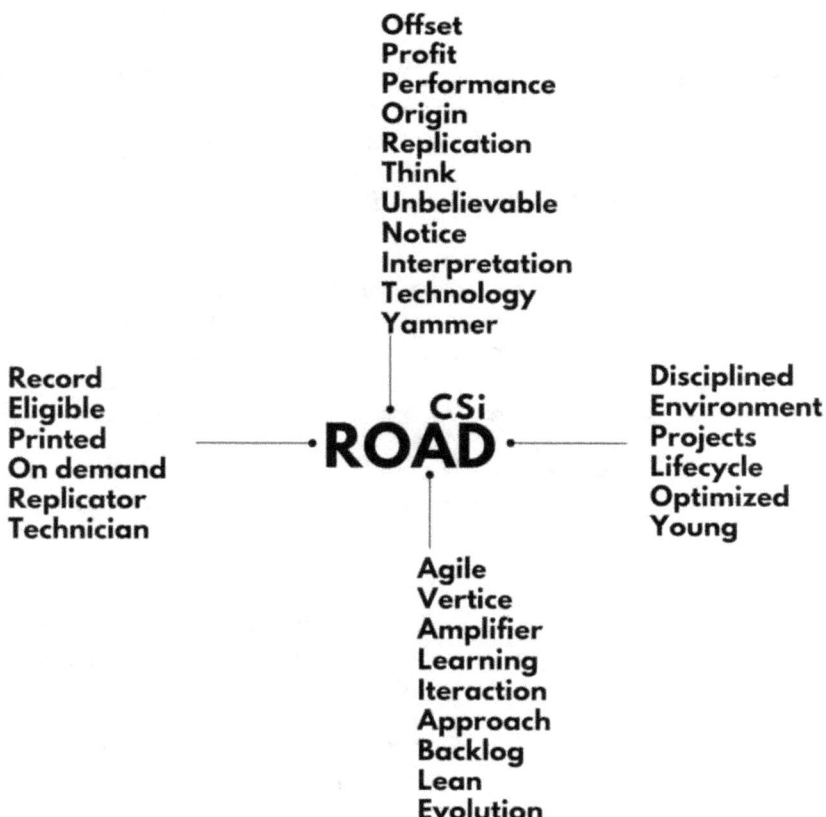

CAPÍTULO 15: CSI FRAMEWORK APLICADO AO EGI

Em resumo ROAD é a abreviatura dos itens Report, Opportunity, Avaliable e Deploy. Para cada um dos itens foi criado um conjunto de ações que interligam os processos de gestão inteligente.

ROAD aparece com todas as letras em caixa alta pois não há distinção em seus itens.

## <u>R</u>OAD – REPORT

Um canal de TV muito famoso resolveu criar um talk show contando as histórias das empresas mais famosas do mundo. A cada episódio eram convidados os representantes das empresas responsáveis pelos resultados e por fazer as empresas se tornarem superpotências mundiais.

Um dos entrevistados no entanto era alguém desconhecido, apesar da empresa ser uma grande empresa, ele não era um nome como os outros. Ao final da entrevista o apresentador do talk show perguntou como ele chegou a tão alto cargo nesta empresa. A resposta foi tão surpreendente que aquele foi o último talk show sobre empresas daquele canal.

Quem era o executivo e o que ele disse?

Um negócio ou um projeto não é algo que pode ser apresentado de qualquer forma. O case apresentado no parágrafo anterior é apenas uma história fictícia. Mas olhando o padrão de informação é impossível diagnosticar quem seria o executivo e qual informação ele apresentou.

Muitos relatórios gerenciais de empresas em vários níveis possuem características como essas.

É praticamente impossível detectar quem foi o responsável pela informação.

As empresas se veem reféns dos seus sistemas de gestão e trabalham para eles ao invés de trabalhar com eles e por eles.

Consultorias de implantação de sistemas de gestão aplicam seus conhecimentos para implementar uma ferramenta personalizada aos clientes com os pacotes de serviços que elas contemplam.

O que ocorre é que una grande demanda de organização é realmente necessária para adaptar a empresa ao sistema de gestão.

Não há problemas e se adaptar para atender um sistema ou programa de gestão, mas os sistemas insistem em trazer ferramentas fantásticas de inserção, migração ou incorporação de dados.

Algumas ferramentas copiam bancos de dados inteiros e até mesmo cenários internos. Mas as ferramentas têm deixado de lado o maior de todos os ativos de conhecimento, a extração das informações.

Gráficos, tabelas, dashboards e painéis fazem parte de sistemas de gestão por todo mundo. Grandes ferramentas de integração de dados como sistemas BI – Business Intelligence integram parte desses sistemas. Outros sistemas extraem informações diretas dos bancos de dados e incorporam nos painéis e scores organizacionais.

Todos esses sistemas e painéis trazem informações com base nas estruturas de gestão existentes. Alguns desses painéis são compostos de informações padronizadas que podem ser replicadas para várias organizações. Esses painéis ainda não trazem os processos de inteligência de gestão.

Processos de inteligência de gestão não se limitam a variável tempo e usam o score passado, presente e futuro como inputs para visualizações inteligentes.

Quem já se deparou com um painel de ações em tempo real durante um pregão da bolsa. É um show de ansiedade.

Quem atua nos sistemas de gestão com trading de ações sofre constantemente com uma enorme volatilidade e um sistema complexo de variáveis que contempla, não só as transações reais, como especulações que não são passíveis de monitoramento.

Agora se houver um isolamento das variáveis, ignorar as informações que não são úteis e informar somente aquela transação, não no momento em que ocorre, mas nos possíveis cenários futuros incluindo variáveis de mercado, macro e microeconomias, etc.

A grande quantidade de informação gerada no caso anterior é tão grande que não haveria "mentes humanas" capacitadas a analisá-las.

Mas elas estão aí e em breve farão parte dos negócios e projetos em todo o mundo.

A inteligência artificial e os sistemas de mineração de dados estão gerando uma quantidade de informações relevantes e precisas que podem ser aplicadas a qualquer negócio ou projeto.

Os avanços apresentados trazem técnicas de predição muito avançadas baseadas na ciência de dados. Pensando nisso o PMPROJECT desenvolveu o Intelligent Management Report – IMR.

O IMR faz parte do elemento ROAD e integra as frentes de informações. Através do IMR são criadas as faixas de informações de alta velocidade. São inúmeras informações que convergem para um único portal integrado de informações o IMIP – Intelligent Management Integrated Portal.

O IMIP é o portal de gestão inteligente onde todos os reports do IMR são disponibilizados. Uma lista de reports inteligentes trazem informações em três vetores de tempo, passado, presente e futuro.

O painel do IMR é integrado a uma malha "viária" de informações inteligentes que torna possível conhecer a um nível de detalhes dos níveis mais altos aos níveis mais analíticos de gestão.

O primeiro vetor do IMR é o Record. O registro disponibilizado no Record é um vetor inteligente e alto incremental. A cada nova informação o Record percorre toda a malha de do IMIP para trazer as conexões necessárias do registro. A exemplo de um carro saindo de uma estrada vicinal e entrando em uma autoestrada. Não é possível ir para as pistas de rolamento rápido, é necessário ir pelo acostamento, percorrer as vias perimetrais e em seguida migrando para as pistas de alta velocidade.

As informações de alta velocidade nas autoestradas de conhecimento do ROAD não são todas migradas para as autopistas de velocidade rápida. As informações são monitoradas e intensificadas pelo Eligible ou IISMS – Intelligent Information Selection Management System.

O IISMS é um sistema inteligente de triagem de informação de alta velocidade. Através do IISMS cada informação que percorre as autoestradas de conhecimento do ROAD é classificada, identificada e chaveada para ingressar no critério de elegibilidade do IISMS.

Após a seleção das informações, elas ficam disponíveis no vetor Printed, onde são plotadas em escalas múltiplas para atender vários usuários. O objetivo da Printed é gerar um fluxo estático de informação, semelhante a uma foto de radar de alta velocidade que imprime uma réplica do veículo que transitou na faixa fora da velocidade permitida.

O Printed atua de forma inversa dos radares que detectam altas velocidades. O Printed quer detectar quais informações são tratadas de forma morosa e lenta nos sistemas de alta velocidade.

O Printed automatiza as informações e as conexões através do SIF – Smart Information Flow, um fluxo de informações inteligente On demand.

O SIF é acionado somente quando as informações necessitam trocar de faixa de velocidade.

Outro vetor integrado do elemento ROAD é o replicador de informações IIR – Intelligent Information Replicator.

O Replicator realiza o papel de espelhamento para as informações. Ao invés de duplicar uma informação e enviá-la para vários destinos, o Replicator espelha as informações enviando as referências aos destinos. Dessa forma a fonte continua a mesma e as informações enviadas são únicas a todos os destinos.

O propósito do Replicator é muito simples, a atualização das informações.

Um exemplo do uso do Replicator é quando um departamento de um cliente em um determinado país precisar saber o nível de estoque de determinado produto.

Em um processo tradicional a relação cliente / fornecedor ou cliente / parceiro pode consultar a disponibilidade via lista, e-mail, report ou qualquer outra fonte.

O Replicator traz uma consulta inteligente em tempo real e mais, com o volume de vendas em andamento e as projeções de estoque em todo o mundo.

Se o cliente necessitar de quantidades para os próximos meses, o Replicator acionará os demais vetores do ROAD e apresenta um cenário do produto em vários futuros possíveis baseados na cadeia de parcerias inteligentes.

Saiba mais sobre IMR, IMIP, IISMS, SIF e IIR e como funcionam os vetores de informações inteligentes do ROAD nos livros Metodologias Inteligentes de Gestão, Inteligência Organizacional, Planejamento e Inteligência Estratégica, Management Intelligence Technology, Management Intelligence Systems CSI, Management Intelligence User Experience, Management Intelligence Innovation, Management Intelligence Business da série Management da BIO.

## ROAD – OPPORTUNITY

Um motorista viajava de um estado para outro em uma autoestrada. Depois de muitos quilômetros percorridos e uma série de praças de pedágio, o motorista chegou em uma das paradas em uma praça de pedágio.

O motorista olhou sua carteira e percebeu que não tinha dinheiro para o pedágio. Procurou no porta luvas e no console do veículo e nada. Procurou em todo o veículo e não encontrou o valor para o pedágio. Ainda faltavam duas praças de pedágio antes do destino.

Quais opções o motorista teria nesse caso?

Ele pode retornar ao invés de continuar. Ele pode ainda solicitar outros meios de pagamento da concessionária. Porém algo é certo, ele precisa fazer algo até a próxima praça de pedágio, ou o motorista terá o mesmo problema e isso o impedirá de chegar ao seu destino.

Os negócios e projetos ocorrem nas organizações de forma semelhante. Apesar de não parecer, os projetos e negócios tem propósitos muito além dos especificados nas relações comerciais.

O que ocorre é que muitas vezes esses propósitos são negligenciados e desconhecidos na maioria das organizações.

O ROAD apresenta uma visão sobre parcerias, programas e benefícios duradouros, a Smart Opportunities – SOP.

A Smart Opportunities – SOP é um conjunto de práticas apoiadas sob a Gestão de Sucesso do Cliente que visa acompanhar qualquer projeto ou negócio como uma visão de continuidade e oportunidade de parcerias duradouras.

O SOP apoia-se nos vetores Offset Profit & Performance – OPP ou lucro compensado e desempenho. O OPP representa o desempenho do montante obtido com o resultado do projeto ou negócio.

Negócios e projetos possuem altas margens de lucro porém essas margens têm limites de operação. Um projeto pode ter uma excelente margem e ocorrer apenas uma única vez. O OPP avalia o lucro compensado através da continuidade de negócios e projetos e os lucros futuros baseados no negócio ou projeto atual.

Outros vetores que acompanham o OPP são Origin e Replication – O&R. Os vetores O&R trazem informações valiosas de gestão inteligente para replicação de resultados. Através do Origin é possível saber a origem da fonte de parceria e continuidade. Através do Replication é possível determinar formas de replicar as atividades de projetos e negócios no cliente ou em outro cliente gerando resultados de sucesso contínuo e consistente.

Os dois outros vetores são um lema para o elemento ROAD, Think of the Unbelievable – TotU. O TotU é o mais emblemático dos vetores, pois traduz o centro da inteligência do CSI. O TotU significa abrir a mente para contemplar o inacreditável. Não há limites para o pensamento TotU.

As abordagens do pensamento TotU estão ligadas as práticas de inovação sem limites de criatividade e liberdade de pensamento. Pensar no inacreditável é estar um passo à frente de todos.

O TotU trabalha conectado a todos os vetores de todos os elementos do CSI. Através do TotU uma enxurrada de ideias e soluções é liberada através do compartilhamento de informações da disponibilização dos canais de solução do TotU.

Canais internos e externos de soluções são criados e disponibilizado a todos os envolvidos no projeto ou organização. Através de Inteligência Artificial e Machine Learning aliado a colaboração nos canais de soluções, tudo é possível e soluções inovadoras são compartilhadas de forma inteligente.

O vetor Notice é mais um protocolo de reconhecimento de informações que notifica os usuários sobre qualquer tipo de informação. As informações identificadas no Notice são enviadas aos interessados que recebem um panorama completo relativo ao item solicitado.

Informações técnicas e gerenciais, operacionais ou de alto nível, todas informações são passíveis de compartilhamento com o Notice.

O vetor multilinguagem do ROAD é o Interpretation. O Interpretation cria um banco de informações multilinguagem tanto para projeto ou negócios internacionais como para tradução interna de informações. A tecnicidade de algumas informações é facilmente compreendida com o Interpretation. Ele cria um banco de conhecimento sobre projetos e negócios e disponibiliza a toda a rede do CSI para tradução de informações.

O vetor Technology estabelece a conexão entre todas as variáveis do CSI.

Através do Technology é possível identificar qualquer tipo de tecnologia utilizada em qualquer sistema, processo, projeto ou negócio. Seja uma tecnologia ligada à sistema de informação, seja tecnologia de processos e execução, todas são amparadas pelo vetor Technology do ROAD. Aliado ao Interpretation o Technology realiza o processo de transferência de tecnologia através da Gestão Inteligente.

O Yammer é o vetor de comunicação do ROAD. O Yammer é o responsável por toda comunicação do CSI. Através do Yammer todas as informações de gestão são publicadas, disponibilizadas, categorizadas e integradas a todos os sistemas de Gestão Inteligente.

Saiba mais sobre os vetores do Opportunity e como funcionam os processos de informações inteligentes do ROAD nos livros Smart PMO, Metodologias Inteligentes de Gestão, Inteligência Organizacional, Planejamento e Inteligência Estratégica, Management Intelligence Technology, Management Intelligence Systems CSI, Management Intelligence User Experience, Management Intelligence Innovation, Management Intelligence Business da série Management da BIO.

## ROAD – AVALIABLE

Os trens de alta velocidade percorrem distâncias sobre trilhos de forma tão rápida podendo chegar a incrível marca de 400 km/h.

Porém para a segurança desses veículos de alta velocidade, eles são limitados a transitar em velocidades inferiores a 285 km/h.

Imagine projetar um veículo superveloz e limitá-lo a metade da sua capacidade?

Quais efeitos trazem para o desenvolvimento da tecnologia e para os testes reais de execução?

Será que os gastos para construção de veículos com essa característica, que irão operar com quase metade da sua capacidade, não possuem um fator que pode encarecer a sua construção?

Inspirado nessas análises de limites de segurança, foi criado para o elemento ROAD o Avaliable Management Intelligence – AMI. O AMI trata da disponibilidade de informações, métodos, processos e todos os demais elementos necessários para a Gestão Inteligente. Através do AMI são disponibilizadas as análises para agilizar os projetos e negócios.

O Agile Vertice Amplified – AVA é um conjunto de vetores amplificadores para abordagens inteligentes. Sistemas e processos que não se enquadram em processos inteligentes, ágeis ou híbridos são iterados através do AVA para amplificar e agilizar os processos através da Gestão Inteligente.

O Learning Interaction Approach – LIA é outro conjunto de vetores do ROAD voltado para abordagens inteligentes. O LIA é a base para o Machine Learning e para o IA da Gestão Inteligente. Através do LIA são criados processos de aprendizado inteligente e abordagens de aprendizagem dinâmica.

O LIA cria um protocolo de inteligência para transformar o aprendizado e agilizá-lo ao mesmo tempo.

Imagine uma máquina fazendo uma receita de bolo.

Através de processos de automação, ela coleta os ingredientes e coloca em uma máquina que processará todo o conteúdo.

Após atingido o tempo de preparo, a massa será transportada para uma esteira e levada ao forno em temperatura ideal para atingir o cozimento necessário.

O LIA coleta informações desse processo e apresenta protocolos de agilidade disponíveis através da Gestão Inteligente.

Se o tempo de preparo puder ser reduzido colocando equipamentos em paralelo, se a temperatura do forno vs o deslocamento da esteira puder ser amplificado reduzindo o tempo de preparo e energia do processo, o LIA apresentará os indicadores.

Enfim são muitos processos que podem ser convertidos em processos inteligentes com a ajuda do LIA.

O Backlog Lean Evolution – BLE é uma junção de técnicas de produção enxuta e a gestão de backlog de projetos ágeis. Através do BLE é possível reduzir ao mínimo a execução de atividades necessárias para entrega de soluções ágeis e inteligentes.

A Gestão Inteligente atua no desenvolvimento de processos com o uso do BLE para aplicações que necessitam de gestão enxuta de processos evolutivos de gestão.

O BLE é utilizado para avaliar os EGIs Evolutivos e aplicá-los a novas áreas de gestão.

Saiba mais sobre AMI, AVA, LIA e BLE e como funcionam os vetores de informações inteligentes do ROAD nos livros Metodologias Inteligentes de Gestão, Inteligência Organizacional, Planejamento e Inteligência Estratégica, Management Intelligence Technology, Management Intelligence Systems CSI, Management Intelligence User Experience, Management Intelligence Innovation, Management Intelligence Business da série Management da BIO.

## ROAD – DEPLOY

A Fórmula 1 sempre foi um dos maiores desenvolvedores de tecnologia automotiva. Mas um dos pontos altos da Fórmula 1 está longe da tecnologia automotiva da melhoria e implementação interna dos veículos. Esse ponto inclusive pode definir o resultado de uma corrida.

O PIT STOP ou parada para troca de pneus é o ponto alto da corrida. Um trabalho com uma equipe composta de aproximadamente 25 pessoas é responsável por manter a equipe na corrida ou fora dela. São questões de milésimos de segundos que podem definir esse resultado entre a troca de pneus e o abastecimento. Essa troca abaixo dos dois segundos entregam o prêmio de montadores do ano a equipe com o melhor resultado.

Claramente esta não é uma questão apenas de processos.

O Pit Stop é o trabalho de equipe realizado de forma inteligente que pode ser completado pelos equipamentos necessários. A posição de cada membro da equipe e o treinamento das etapas pode render um resultado fantástico.

Inspirado nas atividades de equipe com alta velocidade na execução foi criado o conjunto de vetores Deploy do elemento ROAD.

O objetivo do Deploy é atuar 100% focado na implantação e execução final do produto, projeto ou negócio. O Deploy utiliza uma Metodologia Inteligente de Gestão desenvolvida pelo PMPROJECT chamada SnapTask.

A SnapTask – Snap Notes for Agile Project Task é uma metodologia ágil de entrega de tarefas com focal point. A SnapTask tem como lema realizar atividades (tasks) em um estalar de dedos (snap). O foco da SnapTask não é ganhar a batalha ou a guerra, é tão somente acertar o alvo de forma rápida, precisa e certeira. O executor da SnapTask é o Snaper ou Gerente Executor.

O Deploy utiliza-se da SnapTask para realizar tarefas de alta precisão de forma rápida.

O Deploy se apoia nos três vetores iniciais Disciplined Environment Project para organizar a execução da implantação final. O DEP é um projeto de ambiente disciplinado para execução de ações precisas e livre de erros.

Os cientistas quando desenvolvem um estudo de variáveis necessita de um ambiente propício para execução de testes. Os cientistas chamam esse processo de experimento controlado.

O DEP é um processo de experimento controlado e disciplinado para execução de testes e implantação. No DEP as variáveis são testadas uma por vez para avaliar quais delas podem criar impactos no processo, projeto ou negócio.

Os projetos e negócios não são ambientes controlados e não possuem uma estabilidade para execução de experimento controlado.

Por isso entra em ação outros dois vetores do elemento ROAD, o Lifecycle Optimized Young – LOY.

O LOY cria um ciclo de vida inteligente para negócios e projetos em fases embrionárias ou com pouca experiência na execução.

De negócios e projetos recém-lançados a plantas greenfileds, processos que experimentam a execução em primeira instância, são atendidos pelo LOY.

O LOY estabelece um ponto de execução do experimento controlado desenvolvido no DEP. O LOY realiza a antecipação de processos e cria cenários inteligentes com processos de inteligência de ambientes.

Saiba mais sobre SnapTask, DEP e LOY e como funcionam os vetores de informações inteligentes do ROAD nos livros Metodologias Inteligentes de Gestão, Inteligência Organizacional, Planejamento e Inteligência Estratégica, Management Intelligence Technology, Management Intelligence Systems CSI, Management Intelligence User Experience, Management Intelligence Innovation, Management Intelligence Business da série Management da BIO.

## CSI HALL – ELEMENTO ÁTRIO DE GESTÃO

O átrio acomoda as torres (TOWER), está estabelecido ao final da ponte (BRIDGE) e pode ser acessado pelas estradas (ROAD). Ao pensar em HALL o primeiro pensamento quem vem à mente é são o hall de elevadores dos edifícios, ou as recepções de alguns condomínios. Mas o átrio é um hall de um grande edifício ou conjunto de edifícios interconectados. O HALL ou Átrio tem um formato semicircular como se "abraçasse" o que está ao seu entorno.

O átrio que é referência para o CSI são grandes conjuntos de espaços onde são encontradas várias salas, acessos e interconexões. O HALL é semelhante aos átrios de aeroportos internacionais que conectam a vários portões e tem vários corredores de informações. O HALL será um dos elementos finais do CSI e vai conter todas as informações utilizadas pelo framework do CSI.

A composição do HALL é um anagrama que traduz as bases do elemento de gestão. O HALL é um dos únicos elementos mistos de gestão pois contempla processos e pessoas em um único elemento. Através do HALL são gerenciados processos de informações inteligentes de gestão através das Lesson Learneds – Lições aprendidas.

Juntamente com as lições aprendidas, o Human Assets ou ativos organizacionais de conhecimento.

Veja a seguir os itens do elemento HALL.

**ANAGRAMA DO ELEMENTO DE GESTÃO - HALL**

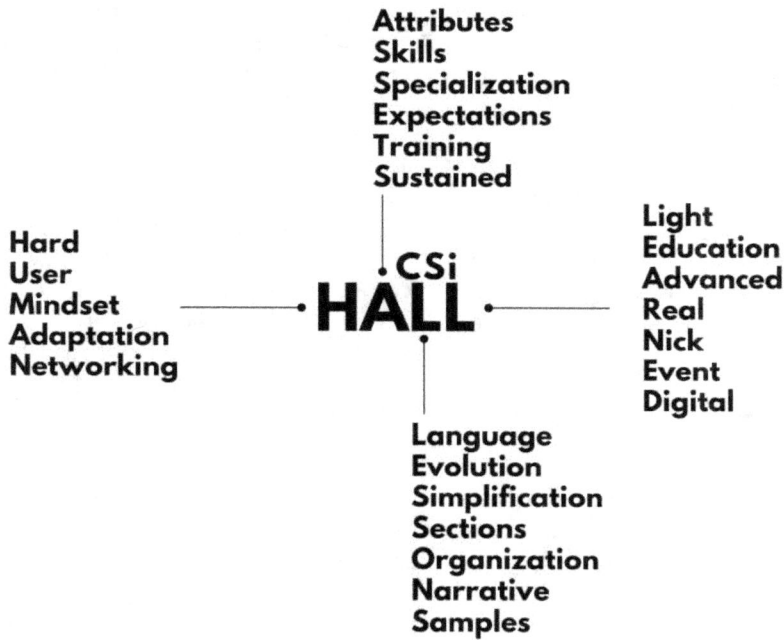

Em resumo HALL é a abreviatura dos itens Human, Assets, Lessons e Learned. Para cada um dos itens foi criado um conjunto de ações que interligam os processos de gestão inteligente.

HALL aparece com todas as letras em caixa alta pois não há distinção em seus itens.

## HALL - HUMAN

O ser humano tem a capacidade de aprender sempre. Porém quando se trata de conhecimento específico, talvez sejam necessárias muitas ferramentas e variáveis. Um ser humano necessita ouvir em média, de 17 a 20 vezes uma palavra para poder assimilar o seu contexto.

Porém esse número cai drasticamente quando associações a palavra são realizadas. A apresentação de figuras ou a associação da palavra a ocasiões ou eventos pode acelerar o processo.

Baseado nos processos de aprendizagem humana, o HALL desenvolveu o HUMAN – Hard User Mindset Adaptation Network. O HUMAN não é um vetor mas uma rede de aprendizado inteligente com uso de repetições de processos inteligentes.

O Human trabalha com a adaptação do ambiente para o desenvolvimento do aprendizado integrado. O HUMAN utiliza uma mudança de mentalidade (Hard User Mindset).

O Hard User Mindset é aplicado aos usuários com maior dificuldade de assimilação de conteúdo inteligente. Através do Escritório de Gestão Inteligente o IKM – Intelligent Knowledge Management são criados processos de capacitação das equipes inteligentes com o uso do Hard User Mindset.

As pessoas que contribuem para formação do capital intelectual humano fazem parte do Adaptation Network, uma rede de pessoas para capacitar e compartilhar conhecimento. Na Adaptation Network são organizados também todo conhecimento, baseados em pessoas, produzido na organização.

Enfim o HUMAN é o vetor que se preocupa com a vertente do ser humano na organização.

Saiba mais sobre o HUMAN e como funcionam os vetores de informações inteligentes do HALL nos livros Metodologias Inteligentes de Gestão, Inteligência Organizacional, Planejamento e Inteligência Estratégica, Management Intelligence Technology, Management Intelligence Systems CSI, Management Intelligence User Experience, Management Intelligence Innovation, Management Intelligence Business da série Management da BIO.

## HALL – ASSETS

Um consultor de uma grande empresa de auditoria foi selecionado para auditar o um grande grupo de empresas de sistemas de informação. O consultor se deslocou para a sede da empresa e quando chegou a recepção já recebeu seu primeiro choque de gestão.

Ao chegar na recepção para fazer o seu cadastro, um robô com inteligência artificial e um processo de realizar protocolos de entrada disse ao consultor todos os seus dados cadastrais e pediu para confirmá-los.

Após as confirmações o robô recepcionista, confirmou por mensagem o contato para o consultor e imprimiu o crachá de entrada e apontou para qual elevador o consultor deveria se deslocar.

Ao entrar no elevador, outra surpresa. O funcionário responsável por receber o consultor fez uma chamada de vídeo no monitor de elevador e deu as boas-vindas ao consultor.

Apenas dois minutos depois de entrar no prédio o consultor já estava na sala de reuniões com 10 monitores a sua frente e apenas uma pessoa.

O responsável por receber o consultor era um membro da equipe de limpeza que conduziu o consultor até a sala.

Antes de deixar a sala o membro da equipe de limpeza apresentou os comandos da sala que correspondiam a café, água, lanche e o mapa do local onde ficavam os sanitários, os depósitos de documentos e outras informações relevantes.

Após deixar a sala, o monitor principal liga-se sozinho e os demais monitores o acompanham. Rapidamente todas as telas estavam ligadas e todos os membros responsáveis pela auditoria, que agora estavam espalhados pelo mundo, estavam com os seus documentos prontos para serem auditados.

A auditoria que normalmente levava uma semana nas empresas tradicionais, não passou de algumas horas daquele dia. O consultor aprovou a empresa sem comentários e ainda parabenizou a equipe pelo trabalho e organização.

Ao deixar a empresa o robô recepcionista ainda se despediu do consultor e desejou um excelente dia.

A história anterior é um relato do futuro organizacional. Se você ainda não consegue pensar dessa maneira, talvez seja a hora de evoluir.

Mas qual o principal fator do sucesso da consultoria e auditoria?

O arquivo de informações da organização estava atualizado e disponível para auditoria. E mais protocolos de informação facilitaram o acesso ao edifício sede da empresa.

Não há porque grandes empresas de gestão não atuarem desta maneira. O que elas precisam é de um sistema de organização de processos em escala e a integração com os demais processos internos (organização) e externos (cliente). Realizar os processos de automação são a parte mais simples. A organização da comunicação é o grande desafio.

O ASSETS é um conjunto de atribuições de Gestão Inteligente com quatro vetores de avaliação dos ativos de capital humano.

Os vetores Attributes, Skills, Specialization, Expectations atuam no desenvolvimento do capital humano capitando os vértices de aprendizagem e conhecimento.

O Attributes traça o perfil dos profissionais com a gestão inteligente e como eles podem se organizar nos processos de projetos e negócios. Através dos Attributes, informações técnicas podem ser incluídas inclusive para equipamentos, máquinas e qualquer processo que realize atividades de Gestão Inteligente.

Diferente do aprendizado humano, com o Attributes é possível avaliar se um determinado processo pode ser automatizado ou realizado por máquinas ou equipamentos. O foco do Attributes é capitar as necessidades de ativo de informação e direcioná-las para a correta vertente de execução.

Os Skills são um conjunto de atribuições e práticas testadas com validação digital. As habilidades acompanhadas pelos Skills tratam, assim como Attributes, das necessidades de execução de processos inteligentes. Habilidades do capital humano também são aplicadas em aprendizado de máquina e inteligência artificial.

Os Skills estão ligados aos métodos inteligentes de execução e gestão onde são criados processos em projetos e negócios. Diferente dos processos de avaliação de perfis comportamentais, os Skills avaliam a capacidade de execução e cria padrões de habilidades para as atividades. Uma atribuição será realizada pelo Attributes a cada mapeamento realizado pelo Skills.

Outro vetor que atua juntamente com Attributes e com o Skills é o Specialization.

O Specialization apresenta as especializações finais dos executores dos processos do Skills e Attributes. Após realizar as atividades com as habilidades (Skills) e atribuições (Attributes) necessárias, o executor, seja ele máquina ou homem, recebe um grau de especialização (Specialization) para a atividade. A partir desse grau novos limites são estabelecidos e o incentivo de aprendizado de homem / máquina é realizado.

O quarto vetor é a evolução dos três primeiros vetores, o Expectations. O Expectations não é um vetor de atuação no capital humano, nos processos homem / máquina ou outra atribuição.

Nesse processo o Expectations apresenta os resultados da Gestão Inteligente na visão do capital humano do ASSETS. A visão apresentada pelo Expectations gera os registros dos ativos de capital humano de forma inteligente.

O Expectation é uma base de conhecimento de inteligência de gestão que libera as informações geradas pelos vetores do ASSETS. O Expectation atua como um banco de informações e disponibiliza conteúdo para registro do capital humano, homem, máquina ou qualquer outro registro de atividades intelectuais de Gestão Inteligente.

Para finalizar o ASSETS possui dois vetores de capacitação e setup. A capacitação é aplicada ao capital humano e o setup para o homem / máquina. Os vetores Training Sustained – TS é o conjunto de ações de treinamento sustentável para os ativos organizacionais do ASSETS. Através do TS são criados processos de revisão das atividades com problemas e disponibilizados treinamentos inteligentes em projetos e negócios.

Os treinamentos inteligentes do TS estão disponíveis para todos os EGIs e todos os Sistemas de Gestão Inteligente. O TS é uma forma de auto capacitação onde os usuários do ASSETS escolhem quais formações irão realizar baseados no aprendizado de máquina e inteligência artificial aplicados aos processos de atuação.

Um exemplo da atuação do TS, quando um usuário dos Sistemas de Gestão Inteligente está desenvolvendo atividades rotineiras ou de projetos e não consegue avançar em uma determinada etapa. Ao invés de consultar o suporte para avançar com um determinado processo, o próprio sistema gestor do EGI oferece em tempo real, o Training Sustained de referência.

Um tutorial guiado sobre o processo é disponibilizado para o usuário para o referido problema. A parte interessante do processo é que o próprio uso da ferramenta gera um tutorial guiado.

No treinamento introdutório, na operação assistida ou em processos de implantação, o sistema em questão é monitorado e gravado. As gravações são disponibilizadas em portais de conhecimento e aparecem como sugestões em casos em que os problemas podem ocorrer.

Saiba mais sobre o ASSETS como funcionam os vetores de informações inteligentes do HALL nos livros Metodologias Inteligentes de Gestão, Inteligência Organizacional, Planejamento e Inteligência Estratégica, Management Intelligence Technology, Management Intelligence Systems CSI, Management Intelligence User Experience, Management Intelligence Innovation, Management Intelligence Business da série Management da BIO.

## HALL – LESSONS

Um professor da faculdade entra na sala do último ano de engenharia e escreve um problema na lousa. Ele ressalta que quem conseguir resolver o problema naquele dia não necessitará realizar a prova final e poderá se considerar aprovado.

Um alvoroço toma conta de todos os formandos às vésperas da prova final e do último ano de engenharia. Mas algo deixa todos muito curiosos, são pré-requisitos para resolver o problema. Entre os requisitos estão:

O problema tem apenas uma resposta.

Todas as respostas estão corretas ser forem entregues no prazo.

O prazo total da atividade é a duração da atividade multiplicada pelo número de membros que atuarão na sua execução.

O número total do resultado esperado é igual a quantidade de lições que cada um fez durante todo o curso dividido pelo tempo necessário para executar cada atividade e multiplicado pelos membros da equipe.

Cada equipe deve conter cinco pessoas que nunca fizeram atividades juntas em todos os anos de curso.

Após a entrega do resultado todos os membros da equipe devem deixar a sala e só retornar quando todos terminarem.

Mas nenhum membro pode se separar da equipe e todos devem conversar até retornarem à sala.

Todas as equipes devem ficar completas com cinco pessoas sem faltar nenhum membro.

A equipe deve apresentar o resultado na frente de todos.

Quarenta minutos depois do início da atividade o primeiro grupo entrega o resultado e deixam a sala. Vinte minutos depois a segunda equipe faz o mesmo. E a cada vinte minutos uma a uma das equipes deixam a sala até completar as nove equipes. As perguntas que todos devem estar se fazendo, quantas pessoas tinham na sala? Qual foi o resultado? Todos passaram ou todos reprovaram?

Todos conseguiram cumprir com a atividade?

A pergunta mais importante foi respondida pelo professor quando todos retornaram à sala e fizeram as suas apresentações. Só quem conseguiu responder a essa pergunta foi aprovado na matéria. Qual foi a pergunta?

Uma dica, não tem a ver com números, mas com lições. O professor explicou a origem do teste. Trata-se de um teste realizado no primário quando os alunos novos entram em uma turma ou quando iniciam um ano. O objetivo é encontrar o maior número de relacionamentos possíveis. Ao final do teste, todos os alunos estão conhecendo melhor aqueles novos membros.

Algo curioso que o teste revela é a interação entre novos membros. Equipes com novos membros tendem a se concentrar mais nas atividades do que equipes com membros que já se conhecem. Os mais espertos auxiliam os que tem mais dificuldades, pois desde cedo sabem que o resultado não é individual, mas da equipe.

E o fator mais curioso é o que ocorre durante a apresentação. Nenhum dos membros da equipe fala realmente o resultado do teste. Eles ficam tão empolgados em realçar as características dos membros da equipe, que todos acabam esquecendo os números.

Quanto aos alunos da faculdade, muitos nem se quer se dedicaram a falar sobre o seu relacionamento. Foi unânime a enxurrada de cálculos apresentados. Apenas um membro de um dos grupos ousou quebrar o protocolo e disse ter gostado muito da atividade, pois foi a primeira vez que se socializaram como membros de uma equipe durante todo o curso.

O professor chamou esse aluno a frente e o aprovou. Após explicar todo o teste, que não tinha a ver com números, mas com o relacionamento e o trabalho em equipe, o professor contou-lhes que se tratava de um teste do primário. Muitos coraram de vergonha e outros nem se quer se manifestaram.

Essa história relata o dia a dia dos projetos e negócios na maioria das organizações. As equipes percorrem longos períodos em processos ao lado de pessoas que se quer sabem como são em suas vidas fora do trabalho.

A relação interpessoal ligada a análise das lições aprendidas cria o maior de todos os ativos organizacionais, o conhecimento interpessoal.

O elemento HALL possuí o LESSON, um conjunto de vetores de comunicação, linguagem e lições para todo o ativo organizacional.

O LESSON possuí um tripé inicia baseado na comunicação simplificada. O Protocolo ICP – Intelligence Communication Protocol. Através desse protocolo são avaliados os vetores de comunicação Language, Evolution e Simplification.

O Language é um vetor de linguagem humana e homem / máquina. Através do Language todos os tipos de linguagem são capturados, decriptadas e traduzida para programação, sistemas, projetos e negócios.

Alguns tipos de linguagem, como a linguagem de sinais de luzes por exemplo, não refletem um padrão de comunicação falada. O mesmo acontece com os acordes musicais, que comunicam uma série de expressões, mas não sem fala.

O Language traduz em expressões de código cada uma das cifras, informações ou padrões de sinais atribuindo uma palavra para cada sinal.

Um exemplo bem simples ocorre com o semáforo. Para o Language ao invés de utilizar verde, laranja e vermelho, ele substitui as cores pelas palavras Siga, Atenção e Pare. Todas as vezes que o sinal verde aparece em um circuito ligado a semáforos, o sistema libera informações para seguirem fluxo.

Imagine um robô semáforo falando para o seu carro, o sinal abriu pode seguir. Em seguida o seu carro responde, obrigado.

Algo semelhante é feito pelo Language, porém em uma escala muito maior.

Uma obra de rodovias com trechos de quilômetros e interdições frequentes. Em cada ponto de interdição um letreiro automático ligado a programação de serviços da pista de rolamento diz ao motorista, pare pois a estrada está em reforma. Em seguida ele diz, pode seguir, a pista está liberada.

Essas e muitas outras atribuições são desenvolvidas pelo Language.

Outro vetor integrado ao Language é o Evolution. Através do Evolution a linguagem é aprimorada e o Sistema de Gestão é evoluído.

O Evolution atua apresentando o processo de evolução do EGI. Quando o EGI atinge seu nível de maturidade, o Evolution apresenta os processos necessários para a sua transição inteligente.

Outro vetor que compõe o tripé do LESSONS é o Simplification. O Simplification utiliza processos de transformação de comunicação para simplificar os tipos de linguagem utilizada em um sistema de comunicação de inteligência.

O LESSONS possuí um sistema direcional de comunicação através do tripé Language, Evolution e Simplification. Toda comunicação produzida pelo triplo filtro atinge um nível de inteligência.

Um sistema que necessita se comunicar com outro sistema, processo, projeto ou negócio, recebe uma tratativa do tripé de simplificação do LESSONS.

Ao final do processo todos os sistemas se comunicarão de forma efetiva, simples, compreensível e evoluída. Quando é avaliado um sistema, ele é composto de processos, operações, máquinas e pessoas. Todas fazem parte do sistema de gestão inteligente.

Outros quatro vetores do LESSONS atuam com a organização dos processos de registro para a gestão inteligente. O registro ocorre através do SONS – Sections Organization Narrative Samples.

O SONS é um sistema de seções organizacionais com amostragem conceitual. O SONS é capaz de conectar registros de processos de todos os elementos de gestão inteligente.

Através do SONS as amostras de gestão organizacional são enviadas aos Sistemas de Gestão Inteligente e são criadas as seções organizacionais.

Um exemplo de aplicação do SONS em Small Business é o case sobre o departamento de gestão fiscal.

Uma pequena empresa possui um contrato com um escritório de contabilidade para realizar as atividades de gestão contábil e fiscal. Devido a esse tipo de demanda a empresa não faz a gestão fiscal interna, tudo fica por conta do prestador de serviços.

Ao final de um dos meses e apuração, uma notificação da Receita Federal chegou ao escritório da empresa.

O motivo, falta de recolhimento de um processo que necessitava de revisão fiscal. A contabilidade não recebeu o comunicado pois o processo vai direto para a empresa.

A equipe interna da empresa encaminhou a notificação a contabilidade, porém a autuação já tinha sido efetuada.

O SONS detecta uma anomalia nesse sistema de gestão e cria um protocolo de validação fiscal.

A partir desse processo uma nova seção será implementada na empresa, a gestão fiscal inteligente.

A empresa pode optar por continuar com o fornecedor do escritório de contabilidade, porém agora a empresa tem um processo de validação fiscal que consulta, através de canais inteligentes de gestão, toda a situação cadastral da empresa em todos os níveis de gestão.

Este é apenas um exemplo do papel do SONS de forma prática. São muitos outros fatores que o SONS avalia inclusive quando se trata de aprendizado de máquina ou homem/máquina.

Saiba mais sobre o LESSONS como funcionam os vetores de informações inteligentes do HALL nos livros Metodologias Inteligentes de Gestão, Inteligência Organizacional, Planejamento e Inteligência Estratégica, Management Intelligence Technology, Management Intelligence Systems CSI, Management Intelligence User Experience, Management Intelligence Innovation, Management Intelligence Business da série Management da BIO.

## HALL – LEARNED

Um elevador instalado em um centro comercial do meio oeste tem uma característica muito especial, ele faz o tempo parar. Além disso, o elevador possui um ascensorista muito especial e nada convencional, o Angel. O edifício é a sede da SEEDS uma investidora de capital semente especializada em Startups.

A SEEDS é uma das grandes aceleradoras de capital do país com mais de 1 bilhão em investimentos. Todos os dias, empresários e empreendedores fazem fila na porta da SEEDS para conseguir o tão sonhado capital para o seu investimento. Porém muitos saem de lá do mesmo jeito que entraram, sem o seu capital. Alguns empreendedores porém são os sorteados no processo de investimento pois contam com uma ajuda especial, o Angel.

Inspirado nas séries de ficção cientifica e criados em forma de temporadas e episódios, o SEEDS Elevator Angel é uma das séries animadas do CSI Flix, um canal de web séries sobre negócios da BIO.

O SEEDS e muitos outros elementos de aprendizagem fazem parte do ILM – Intelligent Learning Management.

O ILM é o Sistema de Gestão Inteligente de Aprendizado. Através do ILM é possível compartilhar conteúdo de forma inteligente e interativa.

O ILM atua com os vetores do LEARNED para criar um ambiente totalmente inovador na gestão de aprendizado digital. Os vetores Light Education Advanced são vetores de educação avançada de forma leve e descontraída.

O excesso de informação e tecnicidade tem provocado a perda de grande parte do conhecimento técnico aplicado.

O ILM atua com o Light Education Advanced para extrair o máximo de informação com a maior leveza possível.

Os outros vetores do LEARNED são o Real Nick Event Digital. O ILM cria um usuário real para eventos digitais de alta performance. O uso dos vetores de criação de usuários reais está ligado a assimilação do aprendizado geral. Um usuário real, com características de um indivíduo da vida real é inserido no contexto do evento digital de aprendizado de máquina ou homem / máquina.

O objetivo do ILM é criar processos de aplicação de formas de gestão inteligente em formatos de aprendizagem leve e o mais próximo da realidade.

Outro sistema que utiliza o LEARNED não está ligado com aprendizado diretamente, mas com o armazenamento de conhecimento adquirido através de lições aprendidas.

O SSI – Storage Systems Intelligence é um sistema de gestão inteligente de armazenamento de dados. O SSI é um dos maiores sistemas de gestão inteligentes existentes.

O SSI é um banco de dados de todas as informações de projetos, negócios e processos. O objetivo do SSI é organizar de forma inteligente todo tipo de informação gerada por processos de Gestão Inteligente.

Através do SSI são criados pools gigantescos de informações e rastreabilidade de dados. Os vetores do LEARNED auxiliam SSI na recuperação de informações de Gestão Inteligente.

Uma extensa combinação de vetores de outros elementos estão ligados ao SSI e são fonte de informação e gestão inteligente.

Saiba mais sobre o LESSONS como funcionam os vetores de informações inteligentes do HALL nos livros Metodologias Inteligentes de Gestão, Inteligência Organizacional, Planejamento e Inteligência Estratégica, Management Intelligence Technology, Management Intelligence Systems CSI, Management Intelligence User Experience, Management Intelligence Innovation, Management Intelligence Business da série Management da BIO.

## OS ELEMENTOS DO CSI E SUAS CONEXÕES

Após uma breve apresentação dos elementos do CSI é possível compreender a grande quantidade de elementos de investigação inteligente de dados através do Framework de Gestão.

O EGI utiliza parte dos vetores e elementos do CSI em vários setores e aplicações. Devido a grande quantidade de elementos de gestão do CSI, a sua implantação necessitará de muitos processos em várias instâncias porém com resultados surpreendentes de simplificação e implantação da Gestão Inteligente.

O livro Management Intelligence Systems CSI da série Management da BIO traz na íntegra os processos de implantação do CSI para Gestão Inteligente do EGI.

# CAPÍTULO 16: A EVOLUÇÃO DO EGI

## O NÍVEL DE MATURIDADE DE GESTÃO INTELIGENTE

O nível de maturidade de Gestão Inteligente está relacionado ao nível de atuação do EGI na organização. O EGI pode ser implantado nas organizações a partir de qualquer nível, Operacional, Gerencial ou Estratégico.

A recomendação é implementar um modelo de EGI de acordo com o nível de maturidade correspondente a Gestão Inteligente em que se encontra a organização. Se a organização nunca utilizou processos de Gestão Inteligente, ela pode começar pelos níveis operacionais, com um EGI de Projetos ou Operacional.

Se a organização tem políticas e processos estruturados que podem ser seguidos pelo EGI, ela pode partir para um EGI gerencial ou de controle. Agora se a organização já possui um EGI e trabalha com processos de Gestão Inteligente em nível evolutivo é recomendável avaliar seu Work Plan para verificar se existe um projeto de evolução para o EGI.

Normalmente EGIs Estratégicos com implementação imediata são mais comuns para empresas de pequeno e médio porte, empresas familiares com ou sem Family Office. O motivo é simples, empresas menores necessitam de apoio da Gestão Inteligente para estruturar seus negócios.

Empresas familiares sem Family Office seguem o mesmo princípio, pois o objetivo é auxiliar a empresa a constituir o seu Family Office com o apoio da Gestão Inteligente.

Empresas familiares com um Family Office necessitam de serviços em todos os níveis de gestão porém o nível estratégico atua com o portfólio de investimentos do Family Office através da Gestão Inteligente.

A evolução do EGI trata de expandir as áreas gerenciadas nas organizações, reduzindo os custos com a gestão convencional aplicando processos de gestão inteligente.

Se a organização fizer um projeto de um EGI Evolutivo ela pode operar com uma redução de custos de até 55% do custo atual de gestão. Não há segredos para a redução de custos.

O EGI opera com tributação diferenciada e oferece serviços de alta qualificação que isoladamente estão parametrizados para um investimento muito inferior aos atuais custos de gestão, como apresentado no capítulo de Investimentos do EGI.

Outra característica do EGI Evolutivo é o uso da cultura de Gestão Inteligente estabelecida nos outros níveis e expandi-las a um nível superior. O EGI não precisa alterar o nível de gestão para ser considerado um EGI Evolutivo.

Se a organização deseja expandir o EGI de forma horizontal (mesmo nível de gestão), já é considerado um EGI evolutivo.

Veja o diagrama a seguir para entender melhor os níveis de evolução do EGI.

## NÍVEIS DE EVOLUÇÃO DO EGI – EXEMPLO SMART PMO

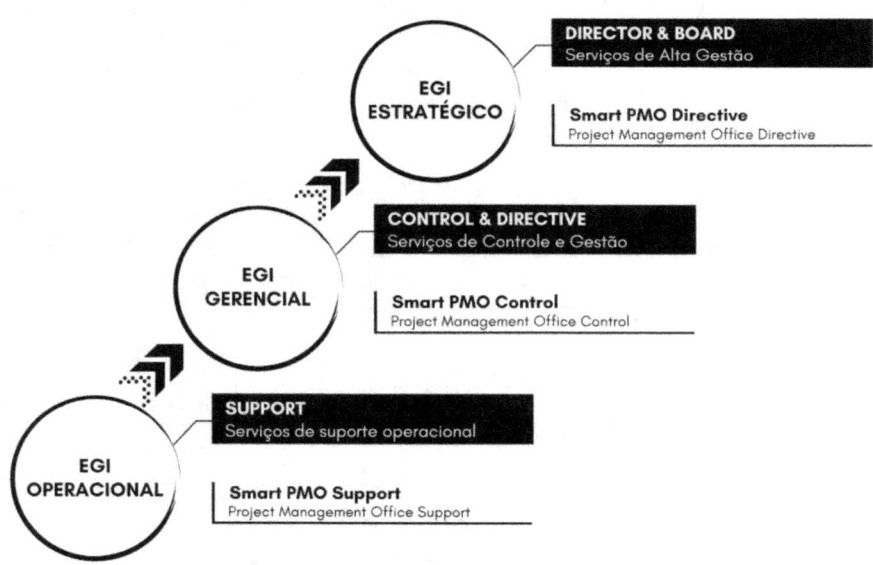

Quando existe um EGI na organização, como exemplo um Smart PMO Support a nível operacional, é possível expandir e evoluir o EGI para adicionar outro escopo de Gestão Inteligente, como exemplo um Escritório de Gestão Inteligente de Engenharia, o SEM.

Assim a organização contemplará um EGI evolutivo. A evolução de um EGI segue um padrão nas organizações para poder garantir um grau de maturidade em Gestão Inteligente.

É possível em uma mesma empresa possuir um ou mais EGIs em níveis diferentes. Porém é recomendada a criação de uma conexão interna de Gestão Inteligente.

O objetivo é integrar os padrões de gestão e integrar os EGIs. A seguir um exemplo de EGIs evolutivos por nível de atuação. Os EGIs apresentados a seguir são exemplos e muitos outros EGIs podem ser adicionados a organização.

Os níveis de atuação do EGI são um referencial para a organizações. Algumas empresas horizontalizadas não estabelecem esses níveis e podem utilizar o EGI como uma extensão de seus negócios nos padrões existentes.

## EVOLUÇÃO DO EGI POR NÍVEL – LEVEL 1 SUPPORT

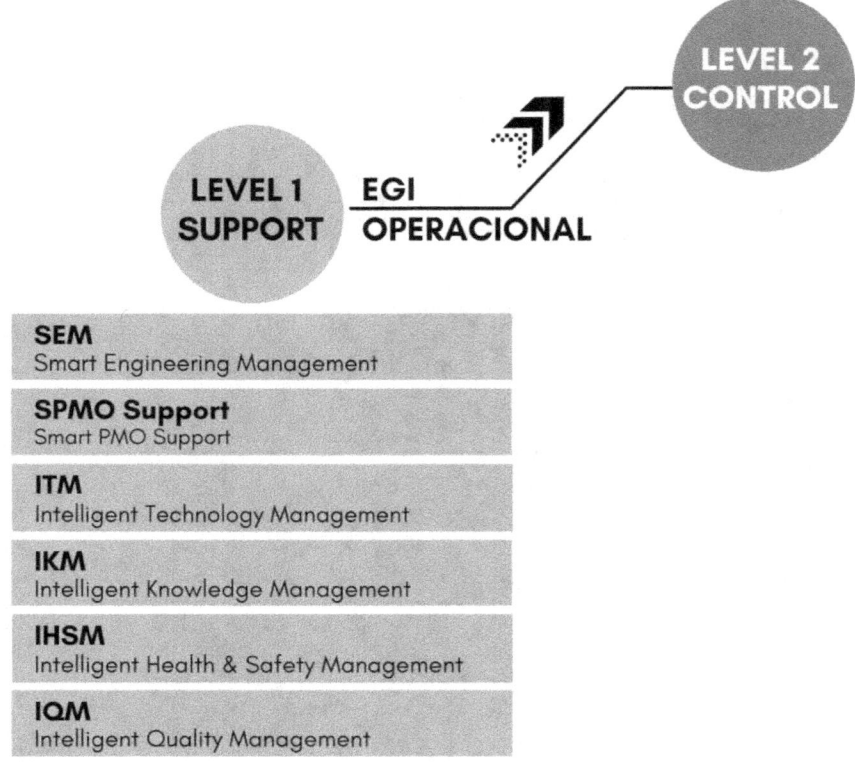

O primeiro nível de EGIs é Suporte. O nível de suporte é aplicado a operações e projetos.

Os EGIs de primeiro nível são chamados de EGIs Operacionais. EGIs de nível 1 são escritórios que atuam nas áreas de produção, ligados a gestão da execução.

Os EGIs de nível 1 podem evoluir para o próximo nível para EGIs de Controle.

## EVOLUÇÃO DO EGI POR NÍVEL – LEVEL 2 CONTROL

O segundo nível de EGIs é Controle. O nível de controle é aplicado a gestão de controle de processos e projetos.

Os EGIs de segundo nível são chamados de EGIs Gerenciais.

EGIs de nível 2 são escritórios que atuam nas áreas gerenciais, ligados a gestão e a administração. EGIs de Controle estão ligados a gestão administrativa, comercial e operacional.

EGIs evoluídos do nível 1 são convertidos em EGIs de controle operacional ou EGIs administrativos. Os EGIs de nível 2 podem evoluir para o próximo nível para EGIs Estratégicos.

## EVOLUÇÃO DO EGI POR NÍVEL – LEVEL 3 DIRECTIVE AND LEVEL 4 BOARD

| LEVEL 3 DIRECTIVE | LEVEL 4 BOARD |
|---|---|
| **SBM** Smart Business Management | **SBM** Smart Business Management |
| **CSM** Customer Success Management | **CSM** Customer Success Management |
| **SFM** Smart Finance Management | **SFM** Smart Finance Management |
| **SPM** Smart Partnership Management | **SPM** Smart Partnership Management |
| **SPMO Control / Directive** Smart PMO Control / Directive | **SPMO Directive** Smart PMO Directive |
| **ITM** Intelligent Technology Management | **ITM** Intelligent Technology Management |

O terceiro nível de EGIs é Diretivo ou Estratégico. O nível diretivo é aplicado a média e alta gestão. Os EGIs de terceiro nível são chamados de EGIs Estratégicos.

EGIs de nível 3 são escritórios que atuam nas diretorias ou áreas de gestão do negócio, portfólios ou gestão estratégica. EGIs Estratégicos são responsáveis pela estruturação e gestão de negócios e projetos organizacionais.

EGIs Diretivos estão ligados a alta gestão administrativa, comercial e operacional. EGIs evoluídos do nível 1 e 2 são convertidos em EGIs Diretivos das suas respectivas áreas.

Os EGIs de nível 3 podem evoluir para o próximo nível para EGIs Estratégicos junto aos conselhos consultivos e administrativos ou junto ao Headquarter em casos de multinacionais.

Saiba mais sobre a evolução dos tipos de EGI como funcionam nos livros Metodologias Inteligentes de Gestão, Inteligência Organizacional, Planejamento e Inteligência Estratégica, Inteligência Comercial e Sucesso do Cliente, Management Intelligence Technology, Management Intelligence Innovation, Management Intelligence Business da série Management da BIO.

# CAPÍTULO 18: A OPERAÇÃO INTERNA DO EGI

## BENEFÍCIOS DA IMPLANTAÇÃO DO EGI

A operação interna do EGI depende diretamente da aplicação externa, do tipo de cliente e do tipo de EGI. Uma dúvida muito comum é sobre a implantação de um EGI somente com equipe interna.

O EGI é um conceito muito bem estruturado e tem anos de pesquisa por trás da sua implantação. O grande desafio do EGI é reduzir drasticamente o custo da gestão e ao mesmo tempo oferecer serviços de altíssimo valor agregado.

Ao implantar um EGI somente com equipe interna é possível não ter todos os benefícios e talvez levar mais tempo que o necessário para o EGI entregar os resultados esperados. Mas não é uma hipótese a se descartar.

Veja um exemplo de alguns EGIs e seus benefícios no diagrama a seguir.

## BENEFÍCIOS DO EGI SBM E SEM – EXEMPLOS

Esses são alguns dos benefícios dos EGIs operacionais, projetos e estratégicos. No nível estratégico os benefícios são ligados ao negócio e a estratégia de gestão da organização. No nível operacional e de projetos os benefícios são ligados a operação do negócio e as entregas dos projetos.

Os benefícios são duradouros e transferíveis. Isso quer dizer que ao final do contrato do EGI, todos os benefícios criados, continuam no cliente por tempo indeterminado, independentemente do contrato do EGI.

Tudo isso é garantia de sucesso para o cliente.

Ao desenvolver um projeto de EGI, são criados os pacotes de benefícios de acordo com a necessidade da organização. Estes exemplos são apenas para ilustrar como o EGI trabalha com foco no cliente, em resultados e parcerias duradouras.

## COMO FAZER A GESTÃO DO SEU PRÓPRIO EGI

Existem dois lados do EGI, os tomadores de serviços ou contratantes e os prestadores de serviços ou contratados.

Este capítulo é importante para os contratados compreenderem como podem operacionalizar um EGI como prestadores de serviços. Este capítulo é importante também para os contratantes compreenderem a gestão transparente do EGI.

Um proprietário ou prestador de serviços de um EGI é alguém com alta capacidade de Gestão Inteligente que adquire uma licença de operação de um EGI. No capítulo 20 sobre EGIs independentes serão disponibilizados processos para adquirir e administrar um escritório EGI.

No capítulo Escritórios Regionais do EGI são apresentados como criar um escritório central para gerenciar EGIs e seus escritórios independentes. Para saber mais sobre como ser proprietário de um EGI acesse www.pmproject.com.br/egi.

A gestão do EGI não tem muitos segredos pois o grande objetivo é ser lucrativo para quem contrata e para quem é contratado. Um EGI dificilmente terá um escritório físico fixo ou um elevado número de pessoas. O EGI atuará 100% de forma inteligente até na sua própria operação.

Fazer a gestão do seu próprio EGI pode parecer simples, mas exige um esforço de gestão e conhecimento na área. Mas os principais atributos para gerenciar seu EGI são os valores da Gestão Inteligente aplicados aos processos de gestão.

Veja a seguir o diagrama do SMOC – Smart Management Office Concepts.

## SMART MANAGEMENT OFFICE CONCEPTS – SMOC

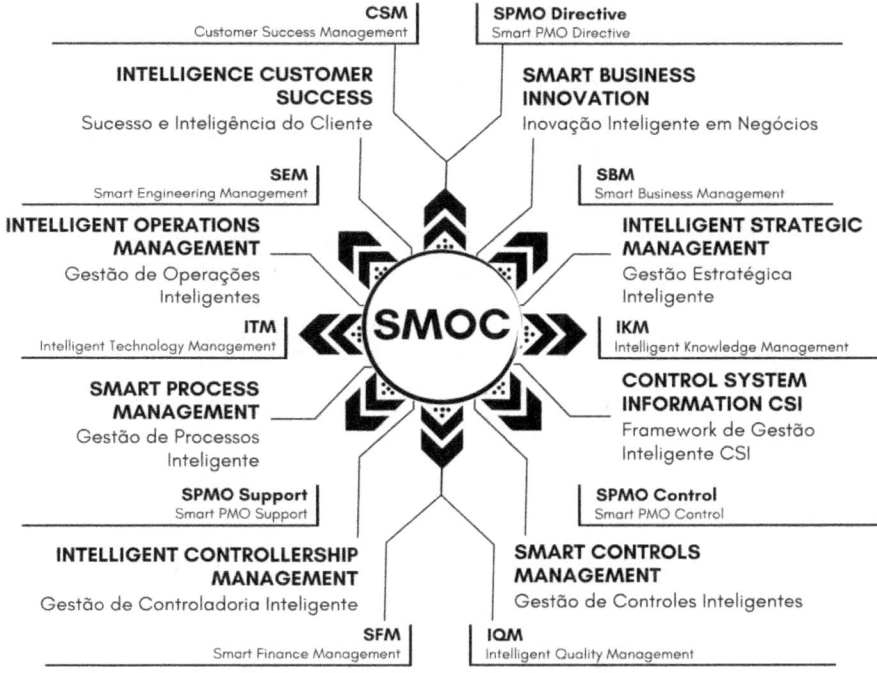

## SMOC – SMART MANAGEMENT OFFICE CONCEPT

O EGI segue os parâmetros do SMOC – Smart Management Office Concepts. O SMOC é um framework de integração da Gestão Inteligente.

Todas as vertentes do SMOC têm como base a Inteligência de Gestão e o foco no Sucesso do Cliente.

A seguir um resumo de cada conceito do SMOC.

## SMOC – SMART BUSINESS INNOVATION

O primeiro dos conceitos do SMOC é o SBI – Smart Business Innovation.

O SBI é um conjunto de práticas dos valores de gestão inteligente com foco no desenvolvimento e na inovação dos negócios.

O SBI estabelece uma nova visão sobre a inteligência de negócios. O SBI é um dos valores mais importantes da SMOC. Através do SBI são considerados os processos de avaliação do negócio com um pensamento inovador dos métodos inteligentes de produção (visão interna) e dos processos inteligentes de comercialização (visão externa).

O SBI é um dos valores mais importantes de toda o processo de conversão da organização para um Sistema de Gestão Inteligente.

É a visão de transformar o negócio muito além da visão financeira, mas com a visão transacional.

Na era da transformação digital, o que interessa é o escalonamento e o crescimento rápido. Uma taxa de retorno atraente e com um payback inferior a dois anos já transforma qualquer negócio em uma mina de ouro.

Segundo Warren Buffett os administradores trabalham com planejamentos inferiores a um ano. Os administradores estão focados em resultados trimestrais e semestrais pois isso traz um retorno para as metas e resultados. Também é levado em conta o alto custo do planejamento de longo prazo. Outro fator impactante na decisão de análise e planejamento de longo prazo é a velocidade das mudanças nos tempos atuais.

O SBI veio para atender essa demanda de integração do planejamento de curto e longo prazos. Existe uma deficiência no sistema de previsões devido as incertezas dos ambientes macro e microeconômicos.

Enfim o SBI estabelece uma conexão inteligente com o futuro pensando sempre nas parcerias duradouras de gestão conectadas ao Sucesso do Cliente.

Saiba mais sobre SBI e os processos de gestão inteligente de negócios a longo prazo no livro Planejamento e Inteligência Estratégica da série Management da BIO.

## SMOC – INTELLIGENCE CUSTOMER SUCCESS

O segundo conceito do SMOC é o ICS – Intelligence Customer Success.

O ICS é um conjunto de práticas de valores de gestão inteligente com foco em inteligência no Sucesso do Cliente e nas experiências positivas para desenvolvimento de parcerias duradouras.

O ICS desenvolve a organização como um todo para praticar as transações que focam no sucesso da experiência do cliente nos projetos e negócios. Não há outro ponto mais importante nas relações comerciais que compreender o cliente.

As falhas na prestação de serviços ou na entrega de produtos e projetos que apresentam algum tipo de problema, traz transtornos para o cliente em muitos processos.

Os especialistas geralmente avaliam somente o processo financeiro. Falta de pagamento ou recebimento. Impactos nos atrasos das entregas. Falhas no recebimento dos produtos.

O ICS vai muito além da relação comercial. O ICS investiga através do SMOC, todos os processos que afetaram a relação com o cliente em algum momento.

Muitos projetos são entregues no prazo, no orçamento, na qualidade e no escopo solicitados, porém não obtiveram sucesso na visão do ICS. O motivo é simples, nem sempre entregar o que foi contratado é a garantia de sucesso.

Entregar como foi comprado talvez possa ser algo a começar a se avaliar para o processo de entendimento do sucesso do cliente.

O ICS interpreta as relações comerciais em vários pontos avaliando a necessidade do cliente e o ambiente em que ela está contextualizada.

Projetos, produtos e negócios são conduzidos por pessoas, com pessoas e através de pessoas.

As relações comerciais são recheadas de sentimentos e momentos de estresse e euforia.

O que isso significa? Que sentimentos fazem parte dos negócios. Se os sentimentos forem ignorados, parte dos requisitos para avaliar o sucesso das transações, já foram descartados.

O ICS é um valor multidimensional, avaliando as variáveis que impedem o bom relacionamento comercial e impulsionando novas variáveis que devem representar novas formas de relacionamento empresarial de sucesso.

O ICS trabalha com o seguinte pensamento, as parcerias são feitas com as pessoas que trabalham nos clientes e fornecedores. Negócios podem acontecer através dessas parcerias, mas o relacionamento ainda é a melhor ferramenta.

Saiba mais sobre ICS e os processos de gestão inteligente de negócios e parcerias de sucesso no livro Inteligência Comercial e Sucesso do Cliente da série Management da BIO.

## SMOC – INTELLIGENCE STRATEGIC MANAGEMENT

O terceiro conceito do SMOC é o ISM – Intelligence Strategic Management. O ISM é um conjunto de práticas de valores de Gestão Estratégica Inteligente voltado para as organizações.

Através do ISM são avaliadas estratégias de gestão de negócios e projetos utilizando o Intelligence Management. São processos internos e externos que traduzem para a organização, os eventos de transformação e inovação do negócio.

O ISM está a ligado a todos os níveis organizacionais, da estratégia a operação. O objetivo do ISM é reduzir as distâncias entre a definição da estratégia e a sua implantação pela operação.

Outro grande fator trazido pelo ISM é a capacidade de reinventar o próprio negócio ou projeto em que atua. Transformação organizacional e digital aliada a mudança de visão com implementação inteligente.

Enfim o ISM é um valor estratégico imperativo. Ele transforma o negócio antes da sua curva estratégica atingir o topo e necessitar de transformação.

Saiba mais sobre ISM e os processos de gestão inteligente de negócios e parcerias de sucesso nos livros Planejamento e Inteligência Estratégica, Inteligência Organizacional da série Management da BIO.

## SMOC – INTELLIGENT OPERATIONS MANAGEMENT

O quarto conceito do SMOC é o IOM – Intelligent Operations Management. O IOM é o valor de inteligência de gestão ligada a operação e a produção de negócios e projetos com foco total na execução.

O IOM estabelece conexões inteligentes na execução baseadas nos demais valores inteligentes do SMOC. A execução inteligente avalia processos ligados ao cliente e ao negócio. Assim os valores avaliados no IOM transferem todos os critérios de excelência inteligente a todos que executam os projetos, negócios e implantam as estratégias.

Através do IOM, qualquer membro da organização, toma ciência da importância da sua operação para o resultado do projeto, produto ou negócio. O IOM cria a empatia operacional inteligente como uma das principais ferramentas de transformação da consciência inteligente.

Saiba mais sobre IOM e os processos de gestão inteligente de negócios e parcerias de sucesso no livro Inteligência Organizacional da série Management da BIO.

## SMOC – CONTROL SYSTEM INFORMATION – CSI

O quinto conceito do SMOC é o CSI – Control System Information.

O CSI foi amplamente explicado no capítulo 15 – CSI Framework aplicado ao EGI. Porém o CSI como valor do SMOC é um dos maiores provedores de inteligência dos sistemas de gestão.

O CSI traz para todos os sistemas de gestão a inovação da investigação de dados. Enquanto a ciência de dados trabalha na manipulação, organização, recuperação e apresentação dos dados, o CSI trabalha na investigação completa dos dados, desde a sua necessidade até a apresentação de resultados.

O CSI é muito mais do que um framework, é uma semente de novas ideias e um sistema completo de investigação de inteligência.

O objetivo do CSI é entregar respostas, mantendo todas as pistas da investigação como base de conhecimento.

Enquanto muitos outros sistemas, frameworks e metodologias apresentam soluções pontuais e focadas, o CSI apresenta um método iterativo e incremental, inteligente e prático diferente de tudo que se pode encontrar nos ambientes mundiais de gestão.

O CSI não é um grupo de processos investigativos de gestão, ele é uma transformação da visão de dados, sistemas e controles.

Enfim o CSI é um valor de transformação da consciência para a implementação da Gestão Inteligente.

Saiba mais sobre CSI e os processos de controles de gestão inteligente de negócios e projetos de sucesso no livro Management Intelligence Systems CSI da série Management da BIO.

## SMOC – SMART PROCESS MANAGEMENT

O sexto conceito do SMOC é o SPM – Smart Process Management.

O SPM é um valor gerencial aplicado a processos desenvolvido em todas as etapas de gestão Inteligente.

O SPM transforma os métodos de gestão através de processos inteligentes. Cada processo inteligente conta com novas formas de organização e novas funções inteligentes para sua implantação.

Um processo inteligente aplicado pelo SPM deve ser iterativo, inteligente, evolutivo, simplificado, replicável e intuitivo.

Processos demandam grandes quantidades de recursos e tempo para execução, implantação ou resultados. Eles passam pelo SPM para transformação em processos inteligentes.

Saiba mais sobre SPM e os processos de controles de gestão inteligente de negócios e projetos de sucesso no livro Metodologias Inteligentes de Gestão da série Management da BIO.

## SMOC – SMART CONTROLS MANAGEMENT

O sétimo conceito do SMOC é o SCM – Smart Control Management.

O SCM é um valor prático ligado aos controles de gestão Inteligente. O SCM transforma a criação e utilização de controles de gestão com conceitos de Smart Controls.

O SCM prega que todo controle de gestão deve ser interativo, inteligente, evolutivo, inovador e de fácil acesso e operação.

O SCM revoluciona a forma de ver e criar os sistemas de gestão trazendo novas maneiras de transformar os processos de controle e operações aliados a gestão inteligente.

Enfim o SCM é o valor do SMOC voltado para os sistemas de gestão com foco inteiramente no controle e na forma de criar experiências inteligentes na gestão organizacional.

Saiba mais sobre SCM e os processos de controles de gestão inteligente de negócios e projetos no livro Inteligência Organizacional da série Management da BIO.

## SMOC – INTELLIGENT CONTROLLERSHIP MANAGEMENT

O oitavo conceito do SMOC é ICM – Intelligent Controllership Management.

O ICM é o valor que trata das informações de investimentos, orçamentárias, financeiras, fiscais, contábeis e outros assuntos relacionados ao capital e aos recursos necessários para projetos e negócios.

Através do ICM todos os projetos, negócios, processos, produtos ou serviços são integrados as bases financeiras organizacionais.

Algumas organizações não integram as bases financeiras aos processos operacionais criando uma barreira de conhecimento e impactos nos processos de gestão operacional.

O ICM atua de forma inteligente criando uma integração dos processos financeiros para toda a organização.

Desta forma qualquer processo integrado de forma inteligente, possui um sistema de rastreabilidade com o ICM.

O objetivo do ICM é traduzir qualquer processo existente na organização para bases financeiras competentes.

Enfim o ICM é o valor monetário e transacional do SMOC. E o ICM será sempre o responsável por traduzir as alimentações de resultados financeiros da organização detalhando a qualquer nível necessário.

Saiba mais sobre ICM e os processos de integração financeira de gestão inteligente de negócios e projetos no livro Inteligência Econômica e Financeira da série Management da BIO.

## SMOC – EXPANDINDO VALORES E CONCEITOS

O SMOC não é um grupo de valores e conceitos fixos. O SMOC é evolutivo e cresce com a organização. Muitos outros valores podem ser adicionados ao SMOC Framework e incrementar os sistemas de Gestão Inteligente.

Esses valores foram apresentados neste capítulo para ilustrar a integração de valores aos Escritórios de Gestão Inteligente. Um mapa completo de todos os valores do SMOC está disponível no site da BIO. www.pmproject.com.br/bio.

As publicações da série Management da BIO. trazem os processos do SMOC em detalhes e como implementá-los com sucesso na organização.

# CAPÍTULO 19: EGI, O ESCRITÓRIO CONCEITO

## A SEDE DE SERVIÇOS DO EGI

O EGI é um escritório conceito e uma categoria de escritórios de gestão como visto anteriormente. Por essa razão ao falar de um EGI específico, deve ser identificado qual o tipo de Escritório de Gestão Inteligente está em foco. Para expressar melhor esse conceito será apresentado, neste capítulo, o EGI como um escopo para os Escritórios de Gestão Inteligente.

O escritório que gerencia as licenças de todos os EGIs é o PMPROJECT BOUTIQUE MANAGEMENT OFFICE - BMO. O PMPROJECT BMO gerencia todos os EGIs e possibilita uma gestão otimizada. Utilizando o modelo de escritório butique, o PMPROJECT BMO estabelece um projeto inovador de escritórios independentes para Escritório de Gestão Inteligente (EGI).

Ao adquirir uma licença de operação do EGI, o licenciado conta com toda a biblioteca da BIO BOUTIQUE INTELLIGENCE OFFICE, uma rede intranet de compartilhamento e gestão entre muitos outros benefícios do Programa de Expansão e Implantação de EGIs – SMO Program.

## ESTRUTURA DO SMO PROGRAM

Existem dois modelos para expansão de EGIs, o escritório independente do EGI, tratado no capítulo 20 e o escritório regional tratado no capítulo 21. A diferença básica dos dois está na constituição societária e na forma de operação.

Os escritórios independentes do EGI são uma réplica do escritório original com todas as características definidas pelo PMPROJECT BMO e operacionalizada de acordo com o manual de operações do EGI.

A licença de operação do EGI pode ser adquirida pelos modelos de contratos e constituição informados em mais detalhes no capítulo 22.

Os escritórios do tipo regional seguem os mesmos padrões dos escritórios independentes, porém opera com as mesmas características do escritório do PMPROJECT BMO.

O escritório regional gerencia outros EGIs independentes e possui participações em resultados dos EGIs gerenciados.

Os escritórios independentes também possuem constituição societária diferenciada com mais detalhes nos capítulos 20 e 21. Outra característica importante para conhecer sobre a sede do EGI é a forma descentralizada de gerenciar os escritórios independentes.

Os EGIs têm sua autonomia para sugerir, criar e gerir processos de gestão. A novidade está em compartilhar esses processos na intranet do programa. Todo processo criado é compartilhado para todos os EGIs.

As equipes de gestão de processos do programa (SMO Teams) gerenciam a qualidade de todos os processos (novos e atuais) de todos os EGIs. Os processos novos são apresentados para aprovação da SMO Teams e seguem liberados para utilização para qualquer tipo de EGI.

Para incentivar o desenvolvimento de processos pelos EGIs, as unidades que criam processos, recebem benefícios pelos processos criados, aprovados e implementados. É uma cota de incentivo que ajuda a promover a criação de novos processos.

Outra modalidade de trabalho no EGI, não tem a ver com a constituição ou modelo do EGI, mas com a sua operação. O EGI trabalha internamente de forma inteligente atuando por projetos.

Um freelancer por exemplo, pode executar um serviço específico para um EGI. Para poder atuar no EGI, o freelancer deve se cadastrar no site do PMPROJECT BMO e passar pelos padrões de aprovação do SMO Program.

O escritório regional gerencia de forma uniforme todos os EGIs independentes e diretos, não ligados ao escritório do PMPROJECT BMO.

O Programa EGI desenvolvido no PMPROJECT BMO, capacita todos os gestores de EGI e seus colaboradores de acordo com o manual de operações do EGI. Os EGIs com melhores resultados são premiados com selo de excelência em gestão para EGIs.

A política de governança do EGI regional prevê uma reunião trimestral para apresentar os resultados de todos os EGIs ao PMPROJECT BMO, aos gestores, sócios, conselheiros e mentores.

O escritório PMPROJECT BMO opera semelhante às holdings que utilizam uma configuração para gerenciar as empresas do grupo, porém sem constituir um grupo econômico.

## GESTÃO EM ESCALA COM O EGI

Os processos de gestão nas organizações são estruturados no modelo industrial de negócios. Os processos são clássicos e estabelecidos em 3 segmentos:

- Administrativo
- Comercial
- Operacional

O EGI desenvolveu um novo processo a partir do processo industrial, o SCSP – Smart Commercial Stepped Process. O SCSP é um processo comercial Inteligente escalonado com foco na gestão e sucesso do cliente.

O fluxo do SCSP tem a gestão dos processos comerciais como centro e compartilhamento entre o cliente e as operações.

A seguir como esses processos se integram e como podem ser escalonados. Os processos estão em escala e trabalham integrados a partir de 2 fluxos conforme o diagrama a seguir.

## FLUXOS DE PROCESSOS EXTERNOS E INTERNOS

Nesta escala de processos, seguindo os fluxos externo e interno, existem os processos comerciais que integram ambas as áreas.

Nota-se que os processos comerciais não são exclusividade da área comercial ou vendas, mas de toda a organização. De posse dessa informação e análise, é possível integrar os negócios e projetos utilizando esses processos através dos EGIs.

Um EGI pode trabalhar em escala utilizando qualquer uma das áreas de processos apresentadas.

Os EGIs podem ser classificados em Administrativos, Comerciais ou Operacionais quanto aos processos. Quanto ao fluxo os EGIs podem ser Internos ou Externo.

A seguir as escalas de processos dos EGIs e os processos para integração dos fluxos internos e externos.

## ESCALAS DE EGI POR FLUXOS DE PROCESSOS

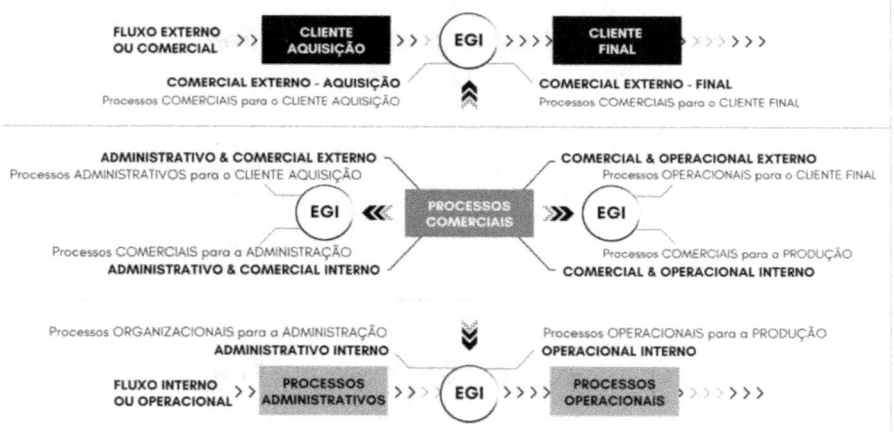

A proposta do EGI é utilizar a gestão compartilhada como forma de expandir o conhecimento e a prática de gestão inteligente.

Ao invés de criar concorrência acirrada e um sistema ganha-perde, o EGI quer estabelecer um sistema inteligente de gestão.

Através das estruturas inteligentes de gestão, o EGI pode ser comparado as estruturas de gestão atuais para um melhor entendimento. Em uma constituição convencional existem a matriz, subsidiárias, filiais, etc.

Cada uma tem um papel na gestão organizacional. O EGI transforma o modo como as estruturas de gestão tradicionais são criadas através de escritórios independentes.

A única ligação que os escritórios independentes têm com o PMPROJECT BMO é no compartilhamento de conhecimento e suporte técnico para licenças adquiridas.

As licenças do EGI são definidas como licenças de software ou serviços on demand. Os EGIs independentes são clientes do PMPROJECT BMO.

Conheça a seguir a estrutura dos EGIs independentes.

## ESTRUTURA DO EGI INDEPENDENTE – INDIRETO

| MODELO CONVENCIONAL | TIPOS DE GESTÃO DE EGIS | MODELO INDEPENDENTE |
|---|---|---|
| **FILIAL OU SUBSIDIÁRIA**<br>Organização / Empresa / Controlada<br><br>Empresa controlada por uma matriz. É controlada e administrada pela Matriz mesmo tendo as atividades com gestão local. As unidades são tratadas como uma extensão da matriz em suas práticas de gestão, mesmo com atividades diferentes da sua controladora. Pode fazer parte de uma holding ou grupo. |  | **ESCRITÓRIO INDIVIDUAL INDEPENDENTE**<br>Adquire o Conhecimento / Capacitada<br><br>Empresa que adquire a licença de conhecimento do EGI através do PMPROJECT BMO - Escritório Boutique de Gestão. Recebe a capacitação do BMO e aplica na gestão do EGI Independente. É uma empresa que atua diretamente na operação dos EGI. Suas dúvidas são direcionadas diretamente ao PMPROJECT BMO através do suporte técnico. |
| **MATRIZ**<br>Organização / Holding / Controladora<br><br>Empresa controladora do grupo ou matriz local ou mundial. Controla todas as unidades através da sede, sejam elas filiais ou subsidiárias. Pode também ser considerada uma holding com uma constituição própria. |  | **ESCRITÓRIO BOUTIQUE DE GESTÃO**<br>Detentora do Conhecimento / Formadora<br><br>Empresa detentora do conhecimento global e das licenças de operações do EGI. Comercializa as licenças do EGI e capacita todas as unidades através das metodologias de gestão. Pode ser considerada uma base para os EGIs indiretos e para as EGIs regionais. |

Os EGIs independentes indiretos têm uma estrutura e um relacionamento com o PMPROJECT BMO, semelhante ao relacionamento de uma filial ou subsidiária quando o assunto é suporte técnico.

O relacionamento do EGI indireto com o PMPROJECT BMO é por conta do conhecimento. Quanto a constituição societária e outras formas legais de constituição, o EGI indireto é um escritório totalmente independente.

O PMPROJECT BMO confere uma licença de operação ao EGI Indireto contendo toda base de conhecimento oferecida pelo SMO Program. Junto com essa base, um serviço de suporte pode ser contratado em diversos níveis de atendimento.

As licenças dos EGIs indiretos são licenças on demand podendo ser gerenciadas pelo portal do SMO Program. O suporte para a licença do EGI Indireto pode ser adquirido juntamente com a licença ou on demand. O suporte também pode ser acessado através do SMO Program no portal de serviços do EGI.

## ESTRUTURA DO EGI INDEPENDENTE - REGIONAL

| MODELO CONVENCIONAL | TIPOS DE GESTÃO DE EGIS | MODELO INDEPENDENTE |
|---|---|---|
| **MATRIZ**<br>Organização / Holding / Controladora<br>Empresa controladora do grupo ou matriz local ou mundial. Controla todas as unidades através da sede, sejam elas filiais ou subsidiárias. Pode também ser considerada uma holding com uma constituição própria. | **PMPROJECT**<br>BOUTIQUE MANAGEMENT OFFICE | **ESCRITÓRIO BOUTIQUE DE GESTÃO**<br>Detentora do Conhecimento / Formadora<br>Empresa detentora do conhecimento global e das licenças de operações do EGI. Comercializa as licenças do EGI e capacita todas as unidades através das metodologias de gestão. Pode ser considerada uma base para os EGIs indiretos e para as EGIs regionais. |
| **SUBSIDIÁRIA**<br>Organização / Empresa / Participação<br>Empresa sediada em um estado ou país diferente da matriz. É controlada e administrada pela Matriz mesmo tendo as atividades com gestão local. As unidades são tratadas como uma extensão da matriz em suas práticas de gestão, mesmo com atividades diferentes da sua controladora. Pode fazer parte de um holding ou grupo. | **EGI INDEPENDENTE REGIONAL** | **ESCRITÓRIO REGIONAL INDEPENDENTE**<br>Adquire o Conhecimento / Multiplicadora<br>Empresa adquire a licenças de conhecimento do EGI Regional através do PMPROJECT BMO - Escritório Boutique de Gestão. Recebe a capacitação do BMO e compartilha com todas as unidades através das metodologias de gestão. Pode ser considerada uma base regional para os EGI diretos. Revende licenças de EGIs para os EGIs diretos em programas de parcerias. |

O EGI Regional tem uma estrutura e relacionamento com o PMPROJECT BMO, semelhante ao relacionamento de uma subsidiária quando o assunto é suporte técnico e revenda.

O relacionamento do EGI regional com o PMPROJECT BMO é por conta do conhecimento, capacitação e revenda de licenças de EGI. Quanto a constituição societária e outras formas legais de constituição, o EGI regional é um escritório totalmente independente.

O PMPROJECT BMO confere uma licença de operação do EGI Regional e um pacote de informações adicionais para revenda de licenças. O EGI Regional não comercializa licenças diretamente, ele apenas realiza as atividades comerciais de relacionamento com o cliente. As licenças todas são adquiridas no portal do SMO Program.

O EGI Regional ainda recebe uma base de conhecimento diferenciada que contém todo material orientativo sobre os EGIs em uma visão comercial.

Ainda assim, um serviço de suporte pode ser contratado em diversos níveis de atendimento para o escritório regional.

As licenças do EGI regional são licenças on demand e podem ser gerenciadas pelo portal do SMO Program. O suporte para a licença do EGI Regional pode ser adquirido juntamente com a licença ou on demand. O suporte também pode ser acessado através do SMO Program no portal de serviços do EGI.

A oferta de licenças pelo escritório regional do EGI é feita pelo Intelligent Partnership Certification Program - IPCP. O IPCP irá certificar os parceiros que conseguem evoluir de uma licença de EGI indireto para um EGI Regional.

É possível adquirir diretamente um EGI Regional, desde que o cliente apresente no mínimo dois outros EGIs diretos que farão parte da sua regional. Caso contrário, o prazo mínimo para aquisição de um EGI Regional é de um ano de operação como EGI Direto ou indireto. Saiba mais sobre escritórios regionais no capítulo 21.

## ESTRUTURA DO EGI INDEPENDENTE - DIRETO

| MODELO CONVENCIONAL | TIPOS DE GESTÃO DE EGIS | MODELO INDEPENDENTE |
|---|---|---|
| **MATRIZ**<br>Organização / Holding / Controladora | **PMPROJECT**<br>BOUTIQUE MANAGEMENT OFFICE | **ESCRITÓRIO BOUTIQUE DE GESTÃO**<br>Detentora do Conhecimento / Formadora |
| **SUBSIDIÁRIA**<br>Organização / Empresa / Participação | EGI INDEPENDENTE REGIONAL | **ESCRITÓRIO REGIONAL INDEPENDENTE**<br>Adquire o Conhecimento / Multiplicadora |
| **FILIAL**<br>Organização / Empresa / Controlada | EGI INDEPENDENTE DIRETO | **ESCRITÓRIO INDIVIDUAL INDEPENDENTE**<br>Adquire o Conhecimento / Capacitada |
| Empresa controlada por uma matriz. É controlada e administrada pela Matriz mesmo tendo as atividades com gestão local. As unidades são tratadas como uma extensão da matriz em suas práticas de gestão, mesmo com atividades diferentes da sua controladora. Pode fazer parte de uma holding ou grupo. | | Empresa que adquire a licença de conhecimento do EGI através do PMPROJECT BMO - Escritório Boutique de Gestão. Recebe a capacitação do BMO e aplica na gestão do EGI Independente. É uma empresa que atua diretamente na operação dos EGI. Suas dúvidas são direcionadas diretamente aos EGIs Regionais através do suporte técnico. |

Os EGIs independentes diretos têm uma estrutura e um relacionamento com o PMPROJECT BMO, semelhante ao relacionamento de uma filial que responde a uma subsidiária antes de falar com a matriz. Isso é quando o assunto é suporte técnico.

O relacionamento do EGI direto com o PMPROJECT BMO é por conta do conhecimento que o escritório regional não foi capaz de suprir.

Quanto a constituição societária e outras formas legais de constituição, o EGI direto é um escritório totalmente independente.

O PMPROJECT BMO confere uma licença de operação do EGI direto contendo toda base de conhecimento oferecida pelo SMO Program.

Junto com essa base, um serviço de suporte pode ser contratado em diversos níveis de atendimento.

As licenças de EGIs diretos podem vir de escritórios regionais ou não.

Caso um EGI direto esteja no campo de atuação de um escritório regional e adquirir uma licença diretamente do PMPROJECT BMO, este EGI direto será alocado na sua regional correspondente.

As licenças de EGIs diretos que tem origem nos escritórios regionais tem apenas uma diferença, os pacotes de descontos.

As licenças dos EGIs diretos são licenças on demand podendo ser gerenciadas pelo portal do SMO Program com suporte do EGI regional.

O suporte para a licença do EGI direto pode ser adquirido juntamente com a licença ou on demand. O suporte também pode ser acessado através do SMO Program no portal de serviços do EGI.

Outra opção é aquisição dos serviços de suporte diretamente do EGI regional. Neste caso o EGI regional fica totalmente responsável pelo suporte adquirido. Nenhum suporte regional pode ser dado em nome do PMPROJECT BMO.

Em casos em que o suporte regional não conseguir realizar as atividades, será aberto um novo suporte no PMPROJECT BMO para realizar o suporte necessário.

Saiba mais como funcionam os escritórios diretos e indiretos no capítulo 20 e como funcionam os escritórios regionais no capítulo 21.

## O EGI COMO REVOLUÇÃO NO MODELO DE GESTÃO

A estrutura de gestão do EGI quando se trata de escritórios regionais e independentes pretende realizar uma transformação no processo de gestão.

Empresas controladas e controladoras, tem um escopo de gestão que, devido ao seu tamanho, muitas vezes não comportam a quantidade de processos e os métodos definidos pela matriz.

Nesses casos, é necessária uma atuação local para dar continuidade e a tradução dos processos afins de manter os controles estabelecidos pela matriz.

Os escritórios independentes e os escritórios regionais, são totalmente independentes na sua gestão.

O que há em comum entre as unidades são os métodos aplicados e a capacitação das unidades.

Para manter o alinhamento das práticas de gestão, as unidades têm uma ligação de geração de conhecimento entre elas.

## CAMPO DE ATUAÇÃO E FLUXO DE TRABALHO DO EGI

Agora é possível entrar no processo de aquisição de um EGI como um escritório independente. Para escolher qual o melhor EGI para atuação é necessário avaliar o campo de atuação junto aos fluxos apresentados anteriormente.

A seguir serão apresentadas algumas características de cada EGI de acordo com o campo de atuação e fluxo de trabalho.

## EGI COMERCIAL EXTERNO

O EGI Comercial Externo é um dos escritórios que mais atua em atividades externas na organização. Ele está voltado para o cliente externo e acompanha todos os processos do cliente. Alguns EGIs de projetos ou negócios, podem estar inclusive, situados na sede do cliente externo. É uma prática muito comum para as áreas de engenharia e serviços, ter seus profissionais na sede do cliente.

Agora o EGI traz algo novo, incluir uma área de gestão comercial dentro da organização do cliente. O propósito é trazer os melhores negócios e uma sólida parceria de soluções para o cliente de aquisição e o cliente final. Veja o diagrama de integração.

## INTEGRAÇÃO DO EGI COMERCIAL EXTERNO

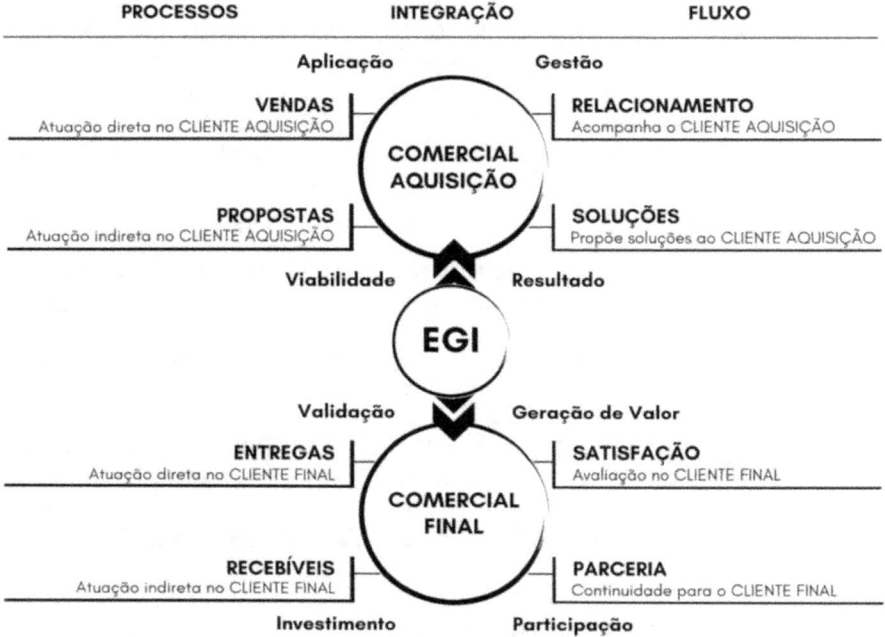

Tanto para projetos como para negócios, o cliente final pode ser diferente do cliente de aquisição.

Quando a aquisição é um produto ou serviço que pode ser considerado um ativo organizacional, o cliente de aquisição e o cliente final são os mesmos. Porém quando o produto ou serviço adquirido é para uma revenda ou implantação, o cliente final é diferente do cliente de aquisição.

Aqui está o papel de gestão e relacionamento do EGI Comercial. A seguir um exemplo prático.

Uma incorporadora é o Cliente de Aquisição. Ela possui um projeto de apartamentos na planta. Um dos fornecedores é uma construtora.

Ela resolveu implantar o modelo de EGI Comercial Externo no cliente incorporadora.

Por estratégia, a construtora decidiu implantar 2 EGIs, um para cada necessidade conforme descrição a seguir:

## EGI COMERCIAL | CLIENTE AQUISIÇÃO

Este EGI será responsável por gerenciar as aquisições de serviços de construção dos apartamentos e as fases da construção, da planta até a entrega da obra. Este EGI ficará instalado na sede da incorporadora e tratará direto dos interesses da construção na visão do cliente aquisição (Incorporadora).

## EGI COMERCIAL | CLIENTE FINAL

Este EGI será responsável por gerenciar as entregas de serviços de construção dos apartamentos e as fases de pós-venda, da entrega da obra até a instalação dos clientes finais, manutenção do período de garantia de obra, até o encerramento do contrato final com o cliente aquisição.

Este EGI ficará instalado na sede da incorporadora durante a obra e tratará direto dos interesses da construção na visão do cliente final (compradores dos apartamentos). Após a construção do apartamento modelo ou sede administrativa no condomínio de apartamentos, o EGI ficará instalado lá, para tratar direto com os clientes finais das necessidades da construção.

O EGI do cliente aquisição poderá trabalhar de outras maneiras assim como o EGI do cliente final. Este exemplo mostra na prática como implantar um EGI Comercial. Uma das práticas adotadas pelo EGI Comercial é a Gestão de Sucesso do Cliente presente no livro Inteligência Comercial e Sucesso do Cliente da série Management da BIO.

## EGI ADMINISTRATIVO & COMERCIAL

O EGI Administrativo & Comercial é um escritório que atua em atividades mistas na organização. Ele está voltado para o cliente externo e interno e faz a integração dos processos de ambos os clientes.

Esse EGI fica na sede do cliente externo ou interno de acordo com a demanda. O EGI Administrativo & Comercial pode ser externo desenvolvendo e gerenciando processos administrativos e comerciais com foco no cliente externo. Ele é responsável por preparar internamente os processos orçamentários e a documentação de viabilidade dos projetos e negócios do cliente.

Este EGI conhece as necessidades do cliente externo e utiliza essas informações para gerenciar o Sucesso do Cliente (Customer Success) e a sua gestão através dos processos de Inteligência Comercial.

O EGI Administrativo & Comercial pode ser interno desenvolvendo e gerenciando processos administrativos e comerciais com foco no cliente interno. Ele é responsável por gerenciar o backlog e as atividades de apoio comercial internas.

Este EGI também atua na gestão financeira dos projetos e negócios e suporta a área comercial na gestão e financiamento dos recursos. Ele integra as informações com toda a base organizacional e prepara os resultados. Veja o diagrama de integração.

## INTEGRAÇÃO DO EGI ADMINISTRATIVO & COMERCIAL

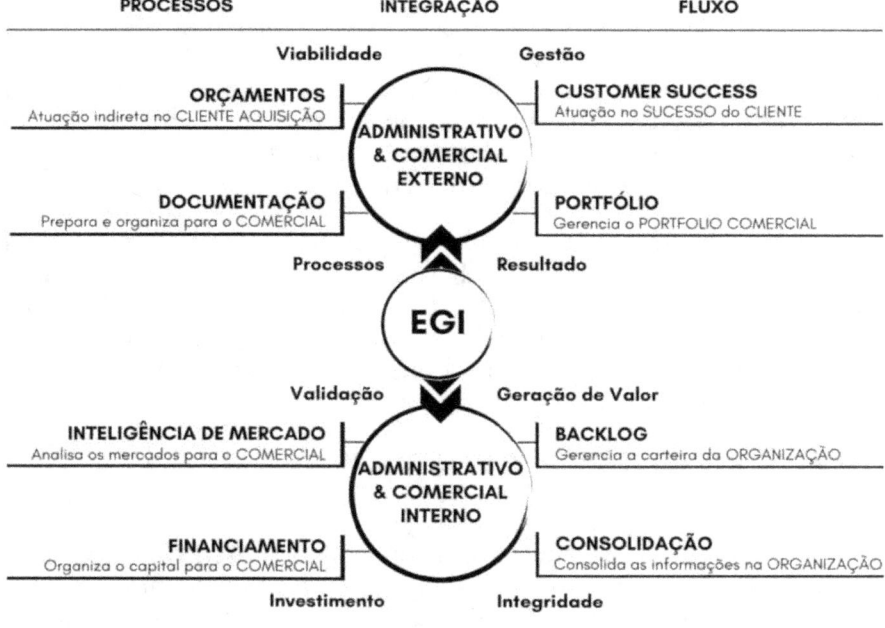

## EGI COMERCIAL & OPERACIONAL

O EGI Comercial & Operacional é um escritório que atua em atividades mistas na organização. Ele está voltado para o cliente externo e interno e faz a integração dos processos de ambos os clientes. Esse EGI fica na sede do cliente externo ou interno de acordo com a demanda. Para organizações industriais, este EGI tem por prioridade a atuação na sede da organização (cliente interno).

O EGI Comercial & Operacional pode ser Externo desenvolvendo e gerenciando processos comerciais e operacionais com foco no cliente externo.

Ele é responsável por preparar internamente os processos de análise técnica e o plano de trabalho (Work Plan) de projetos e negócios do cliente. Este EGI conhece o processo de desenvolvimento do cliente final. Este EGI atua através das histórias de usuários para produzir as entregas compatíveis com o escopo do cliente final.

Para gerenciar e alinhar as expectativas do cliente final, este EGI atua utilizando abordagem UX (User Experience) aplicada a projetos e negócios.

Conheça mais sobre UX aplicado a projetos e negócios no livro Management Intelligence User Experience da série Management da BIO.

O EGI Comercial & Operacional pode ser Interno desenvolvendo e gerenciando processos comerciais e operacionais com foco no cliente interno.

Ele é responsável por gerenciar a produção e os fluxos de trabalho (workflows). Este EGI atua na otimização dos processos e na criação e aplicação de métodos inovadores. A atividades de apoio comercial interna.

Este EGI também atua na gestão da operação planejamento e controle dos projetos e negócios e suporta a área comercial na gestão técnica junto ao cliente.

Ele integra as informações com toda a base organizacional e desenvolve o fluxo de inovação para o UPSIDE Organizacional*. Veja o diagrama de integração.

## INTEGRAÇÃO DO EGI COMERCIAL & OPERACIONAL

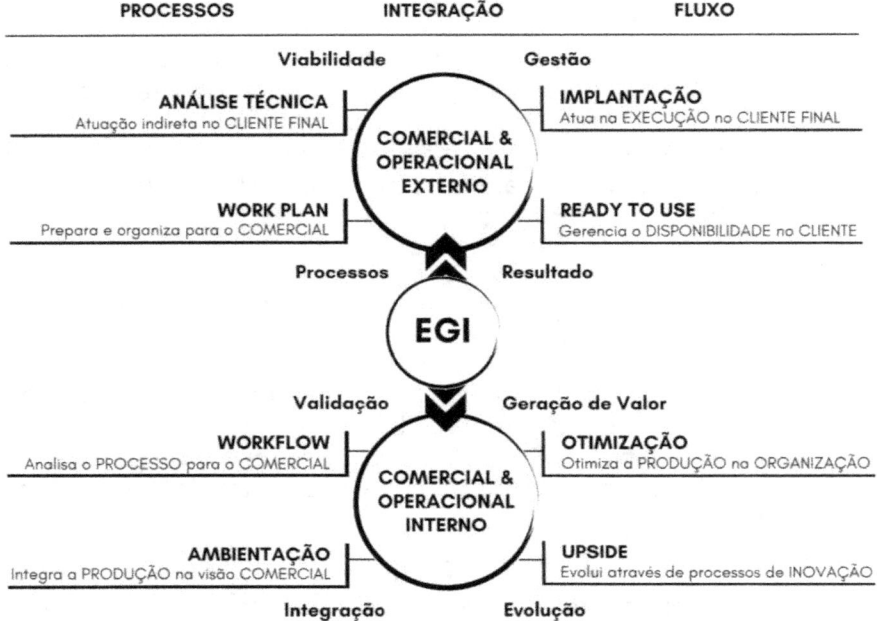

## EGI ADMINISTRATIVO OU OPERACIONAL INTERNO

O EGI Administrativo ou Operacional Internos são escritórios que atuam em atividades internas da organização. Eles estão voltados para o cliente interno e fazem a integração dos processos internamente. Esses EGIs ficam na sede do cliente interno ou até mesmo fora da organização, como um prestador de serviços.

O EGI Administrativo Interno desenvolve e gerencia processos administrativos e de gestão organizacional com foco no controle interno.

Ele é responsável por preparar internamente os processos de controladoria, gestão financeira, recursos humanos, tecnologia da informação e muitas outras áreas organizacionais internas.

Este EGI conhece o processo organizacional interno na íntegra. Este EGI atua através de metodologias inteligentes de gestão para produzir gerenciar processos internos de maneira altamente inteligente e efetiva.

O EGI Operacional Interno desenvolve e gerencia processos operacionais com foco na produção.

Ele é responsável por gerenciar a produção e operação interna na organização. Este EGI atua na pesquisa e desenvolvimento da produção criando processos e métodos operacionais. Atua também no planejamento da operação para desenvolvimento da produção. Este EGI atua no fluxo de otimização da execução de projetos e negócios e integra as informações com toda a operação.

Estes EGIs atuam baseados nas práticas do livro Metodologias Inteligentes de Gestão da série Management da BIO. Veja o diagrama de integração.

## INTEGRAÇÃO DO EGI ADMINISTRATIVO OU OPERACIONAL

## O EGI, OS CARGOS E OS PROCESSOS DE GESTÃO

O EGI ainda possui uma característica de suporte a alta e média gestão. Muitos executivos e gestores tem seu tempo escasso pois atuam em atividades essencialmente de processos internos e externos.

Essas atividades podem ser facilmente conduzidas, trazendo um ganho expressivo de tempo e melhoria de processos de gestão. Um gestor passa em média um terço do seu tempo dedicado a tarefas de gestão que poderiam ser delegadas e transferidas.

Existem ainda muitas outras funções e atividades dos mais diversos cargos de gestão que, por demanda ou simplesmente por necessidade, são executadas nas mais altas esferas de gestão.

Isso não só consome um tempo muito precioso dos altos executivos e gestores, como poderia ser gerenciado por um escritório como o EGI. Nesse processo o EGI assume as atividades e processos de gestão da alta gestão (C-Level) e da média gestão (M-Level).

Deixando a cargo do EGI essas atividades, tanto o C-Level quanto o M-Level podem exercer atividades de geração de valor para a organização, deixando os processos internos e externos que demanda tempo dos gestores, para ser executado pelo EGI.

Esse processo pode trazer resultados expressivos para organização reduzindo prazos de aprovações e processos internos que dependem dos níveis de gestão. Veja o diagrama comparativo da interação do EGI com os níveis de gestão.

## EGI E OS CARGOS DE ALTA GESTÃO

| CARGOS DE GESTÃO | ESCRITÓRIOS DE GESTÃO | PROCESSOS DE GESTÃO |
|---|---|---|
| **C-LEVEL*** <br> Alta Gestão <br> Diretoria e Presidência | **EGI ESTRATÉGICO** <br> **SUPORTA A ALTA GESTÃO** <br> **GERENCIA OS PROCESSOS** | **GESTÃO EXECUTIVA** <br> Processos para gestão executiva C-Level |
| Diretoria executiva atua na administração geral da organização em todas as esferas, da gestão do negócio até a gestão os recursos. <br><br> Gerencia externa e internamente a organização. Toma decisões e leva ao conhecimento do conselho de administração as decisões. Representa a organização externamente. | Realiza os processos de gestão suportando o C-Level em todas as esferas. Transfere atividades de gestão executiva do C-Level para o EGI. Traz mais flexibilidade para o C-Level atuar em estratégias e administrar atividades de valor agregado para a organização. <br><br> Desenvolve, organiza e apresenta os reports da Alta Gestão, deixando a cargo do C-Level o comando da organização. | Administra a organização, trabalha nas estratégias externas e internas, organiza e otimiza recursos e processos de alto nível. <br><br> Atua na aprovação e gerencia demandas de alto nível. Define os rumos, metas e objetivos da organização. |

O EGI executa os processos da Gestão Executiva, que podem ser transferidos, reduzindo consideravelmente o tempo de aprovações, avaliações e decisões estratégicas, reports e funções administrativas de gestão.

*C-LEVEL: nível de Diretoria por exemplo CEO, COO, CIO, CTO, etc.

# EGI E OS CARGOS DE MÉDIA GESTÃO

| CARGOS DE GESTÃO | ESCRITÓRIOS DE GESTÃO | PROCESSOS DE GESTÃO |
|---|---|---|
| **M-LEVEL*** <br> Média Gestão <br> Alta e média Gerência | **EGI OPERACIONAL** <br> **SUPORTA A ALTA GESTÃO** <br> **GERENCIA OS PROCESSOS** | **GESTÃO EXECUTIVA** <br> Processos para gestão operacional M-Level |
| Gerência executiva que atua na administração das diversas áreas da organização, do negócio e dos projetos. Gerencia recursos e processos internamente e executa as demandas definidas pelo C-Level. <br><br> Gerencia equipes e pessoas direta e indiretamente através de processos de gestão internos. Gerencia equipes externas para atividades comerciais e operacionais nos clientes. | Realiza os processos de gestão suportando o M-Level em todas as áreas. Transfere atividades gerenciais do M-Level para o EGI. Traz mais liberdade ao M-Level para atuar na execução e administração de atividades de valor agregado para a organização. <br><br> Desenvolve, organiza e apresenta os reports da Média Gestão, deixando a cargo do M-Level o comando das áreas e suas operações. | Gerencia áreas da organização e seus recursos. Gerencia processos e organiza negócios e projetos internos e externos. Entrega resultados de através de ações e práticas de gestão de equipes e recursos. <br><br> Executa as demandas da Alta Gestão e aplica as práticas de gestão para as áreas de sua competência. Visão técnica e operacional são seus principais atributos. |

M-LEVEL: nível de Gerência (Management Level) por exemplo OM - Operational Manager, SM - Sales Manager, etc.

# CAPÍTULO 20: ESCRITÓRIOS INDEPENDENTES

## O EGI COMO ESCRITÓRIO DE GESTÃO INTELIGENTE INDEPENDENTE

O EGI pode ser ampliado e diversificado através de escritórios independentes. São escritórios adquiridos do PMPROJECT BMO através de licenças de operação para atuar como escritórios para comercializar e executar o portfólio de negócios e projetos.

Os escritórios independentes podem ser diretos ou indiretos. A seguir será apresentado como funciona cada tipo de EGI Independente.

## ESCRITÓRIOS INDEPENDENTES DIRETOS

Os escritórios independentes diretos são gerenciados como unidades independentes ligadas a um escritório regional. O escritório regional é tratado com mais detalhes no capítulo 21. Um escritório independente direto funciona como se fosse uma filial do escritório regional, porém como o próprio nome sugere, atua de forma independente.

Os EGIs independentes não caracterizam um grupo econômico, mas apenas uma forma de integração de inteligências. Isso porque os escritórios são independentes, apenas seguem uma metodologia padrão para todas as unidades. A reunião de resultados é uma forma de compartilhar os conhecimentos e as práticas de gestão dos escritórios independentes.

A característica direta dos EGIs Independentes é a forma como cada EGI solicita apoio para a sua expansão e gestão dos seus negócios. Ao invés de solicitar apoio e suporte ao PMPROJECT BMO, os EGIs Independentes diretos entram em contato com o seu respectivo EGI Regional.

## ESCRITÓRIOS INDEPENDENTES INDIRETOS

O escritório do PMPROJECT BMO gerencia de forma uniforme todos os EGIs independentes indiretos. O Programa EGI desenvolvido no PMPROEJCT, capacita todos os gestores de EGIs e seus colaboradores de acordo com o manual de operações do EGI.

Os EGIs com melhores resultados são premiados com o selo de excelência em gestão para EGIs.

A política de governança do EGI do PMPROJECT BMO prevê uma reunião trimestral para apresentar os resultados de todos os EGIs juntamente com os EGIs Regionais, seus gestores proprietários, sócios, conselheiros e mentores.

Os escritórios independentes indiretos são gerenciados como unidades independentes ligadas ao PMPROJECT BMO através das licenças de uso e operação. Um escritório independente indireto funciona como se fosse uma extensão do PMPROJECT BMO, porém como o próprio nome sugere, atua de forma independente.

Os EGIs independentes não caracterizam um grupo econômico com PMPROJECT BMO e nem fazem parte do quadro societário, da sua gestão e de tantas outras formas de integração.

Os escritórios independentes, sejam diretos, indiretos, ou regionais são apenas uma forma de integração de inteligências. Isso porque os escritórios são independentes, apenas seguem uma metodologia padrão para todas as unidades como forma de organização. A reunião de resultados é uma forma de compartilhar os conhecimentos e as práticas de gestão dos escritórios independentes e regionais.

A característica indireta dos EGIs Independentes é a forma como cada EGI solicita apoio para a sua expansão e gestão dos seus negócios. Ao invés de solicitar apoio e suporte a um EGI Regional, os EGIs Independentes Indiretos entram em contato com o ao PMPROJECT BMO.

## AQUISIÇÃO DE ESCRITÓRIOS INDEPENDENTES

Um escritório independente do EGI não é uma estrutura física ou uma franquia mas um método, uma plataforma e um sistema, integrados para atuar como Escritório de Gestão Inteligente nas organizações.

Não há como comercializar um EGI como uma unidade, pois isso teria impactos nos processos societários, fiscais, jurídicos e tantas outras áreas. Por isso o EGI é uma plataforma independente no que tange a gestão e integração no que tange ao conhecimento.

Hoje com o mundo globalizado, os serviços online representam boa parte dos negócios mundiais de tecnologia.

Não há porque se concentrar em escritórios físicos em estruturas onerosas para realizar serviços que podem ser feitos em qualquer lugar do planeta de forma compartilhada.

O desafio está em desenvolver uma plataforma e um sistema que possa ser utilizado em escala para qualquer escritório no mundo e ao mesmo tempo aplicar a gestão compartilhada. Imagine uma receita de sucesso na gestão sendo compartilhada para várias empresas no mundo inteiro?

Isso traria tantos benefícios e melhoria dos resultados das organizações quanto um processo de gestão evolutivo e melhorado.

## FORMAS DE AQUISIÇÃO DOS EGIS INDEPENDENTES

Agora que os EGIs foram identificados, a melhor forma de aquisição de um escritório independente é identificar na organização as necessidades de gestão.

Existe um paradigma de gestão, pois geralmente, as áreas de gestão são ocupadas por cargos e não por escritórios de gestão. Olhando o comparativo entre os processos e cargos, pode-se concluir que os processos de gestão são identificados ao invés de pessoas ou cargos.

O objetivo é criar uma filosofia de gestão, independentemente de quem executa as atividades. As figuras que representam as empresas continuarão nas suas funções e cargos, porém os processos que são executados por eles podem ser transferidos para um EGI. Para adquirir um EGI então é necessário um framework de decisão.

Para encontrar o framework de decisão do EGI acesse o site www.pmproject.com.br/egi e clique em adquirir um EGI Independente. Os EGIs Independentes podem ser ampliados e criados de acordo com a demanda necessária.

Os EGIs podem ser adquiridos por outras empresas que desejam comercializar os EGIs como EGIs independentes ou integrados. O EGI pode fazer parte do negócio ou projeto de uma empresa.

Quem deseja comercializar os escritórios através de EGIs independentes deve seguir os protocolos de operação do EGI baseadas na SMOC (vide capítulo 18).

As práticas contábeis, fiscais, societárias e jurídicas para aquisição do EGI devem ser adequadas a cada tipo de cliente.

Devida a amplitude do EGI é inviável criar um programa com todas as práticas e estabelecê-las em um manual, visto que cada uma delas tem um volume de alterações significativas e inviabilizaria o programa do EGI.

Para nortear as práticas de gestão citadas anteriormente, será utilizado um EGI padrão com o propósito de ilustrar os processos internos para os clientes que desejam adquirir o seu próprio EGI Independente.

O livro Smart PMO da série Management da BIO traz um modelo completo de EGI aplicado a projetos e sua operação.

## CAPÍTULO 21: ESCRITÓRIOS REGIONAIS

### O EGI COMO ESCRITÓRIO REGIONAL INDEPENDENTE

O EGI pode ser ampliado e diversificado através de escritórios independentes como visto no capítulo anterior.

Os escritórios independentes podem ser estruturados de duas maneiras, EGI Independente ou EGI Regional Independente. Os EGIs Independentes foram tratados na íntegra no capítulo anterior. Neste capítulo será tratado o EGI Regional.

Os escritórios regionais têm esse nome por se tratar de escritórios que concentram um ou mais EGIs ou possui um escopo ampliado de gestão.

Assim como os EGIs independentes, os EGIs regionais podem ser adquiridos do PMPROJECT BMO para atuar como escritórios para comercializar e executar o portfólio de negócios e projetos.

Os escritórios regionais podem ter sua origem como EGIs diretos ou indiretos e funcionam como os EGIs Independentes. A seguir algumas particularidades e responsabilidades de um escritório regional.

## ESCRITÓRIOS REGIONAIS E A GESTÃO DOS EGIS DIRETOS

O escritório regional gerencia de forma uniforme todos os EGIs independentes diretos, não ligados ao escritório regional do PMPROJECT BMO.

O Programa EGI desenvolvido no PMPROJECT BMO, capacita todos os gestores de EGIs e seus colaboradores de acordo com o manual de operações do EGI.

Os EGIs com melhores resultados são premiados com selo de excelência em gestão para EGIs. A política de governança do EGI Regional prevê uma reunião trimestral para apresentar os resultados de todos os EGIs.

Os resultados são apresentados ao PMPROJECT BMO e aos outros gestores proprietários, sócios, conselheiros e mentores.

Um EGI Regional funciona como um escritório regional ou subsidiária do PMPROJECT BMO, porém atua de forma independente. Não há ligação societária ou comercial entre os escritórios regionais, diretos ou com o PMPROJECT BMO.

Um EGI Regional tem a capacidade de estabelecer processos de inteligência de gestão para vários EGIs Independentes. Por isso o EGI Regional deve ter uma capacitação e uma equipe de suporte a gestão.

Os escritórios regionais são responsáveis por fornecer capacitação e auxiliar na gestão dos escritórios independentes da sua regional.

Os escritórios regionais podem auxiliar escritórios independentes diretos e indiretos no desenvolvimento de novos escritórios regionais. Esses escritórios podem se tornar escritórios butiques regionais para desenvolvimento da gestão inteligente.

Saiba mais sobre como constituir um escritório butique de gestão no livro Boutique Management Office – BMO da série Management da BIO.

## ESCRITÓRIOS REGIONAIS COMO ESCRITÓRIOS DE REFERÊNCIA

Os escritórios regionais ainda servem como escritórios de referência para os clientes que querem conhecer o funcionamento do EGI.

Os escritórios regionais são responsáveis pelo desenvolvimento de toda a gestão de suporte ao cliente para novas aquisições de EGIs juntamente com os escritórios independentes diretos.

Os escritórios independentes diretos que reportam a um escritório regional local devem seguir as boas práticas estabelecidas por aquele escritório. A ligação que existe não trata de vínculos societários, mas integrações de sistemas de gestão. Veja nos próximos tópicos exemplos de funcionamento dos escritórios regionais.

A seguir a estrutura dos tipos de EGIs Independentes, equipes e ligação com o escritório regional.

# INTEGRAÇÃO DO EGI – ESCRITÓRIOS REGIONAIS

# PMPROJECT
### BOUTIQUE MANAGEMENT OFFICE

## ESCRITÓRIO BOUTIQUE DE GESTÃO
### Detentora do Conhecimento / Formadora

Empresa detentora do conhecimento global. Capacita todas as unidades através das metodologias de gestão. É uma base para os EGIs indiretos e EGIs Regionais. Comercializa licenças de operação para EGIs.

**EGI INDEPENDENTE INDIRETO**

### ESCRITÓRIO INDIVIDUAL INDEPENDENTE
Adquire o Conhecimento / Capacitada

Empresa adquire uma licença de operação e o conhecimento do PMPROJECT BMO - Escritório Boutique de Gestão. Recebe a capacitação do BMO e aplica na gestão dos EGIs.

É uma empresa que atua diretamente na operação e implantação de EGIs no cliente. Suas dúvidas são direcionadas diretamente ao PMPROJECT BMO.

**EGI INDEPENDENTE REGIONAL**

### ESCRITÓRIO REGIONAL INDEPENDENTE
Adquire o Conhecimento / Multiplicadora

Empresa adquire uma licença de operação e o conhecimento do PMPROJECT BMO - Escritório Boutique de Gestão. Recebe a capacitação do BMO e compartilha com todas as unidades através das metodologias de gestão.

Pode ser considerada uma base regional para os EGIs diretos e para outros EGIs regionais.

**EGI INDEPENDENTE DIRETO**

### ESCRITÓRIO INDIVIDUAL INDEPENDENTE
Adquire o Conhecimento / Capacitada

Empresa adquire a licença de operação e o conhecimento do PMPROJECT BMO através do EGI Regional. Recebe a capacitação do EGI Regional e aplica na gestão dos EGIs do cliente.

É uma empresa que atua diretamente na operação e implantação de EGIs no cliente. Suas dúvidas são direcionadas ao EGI Regional e depois ao PMPROJECT BMO.

## A ESCOLHA DO EGI REGIONAL COMO ESCRITÓRIO INDEPENDENTE

O escritório regional segue a mesma estrutura dos escritórios diretos e indiretos independentes. A diferença do escritório regional é a capacidade de gerir, além dos serviços próprios dos seus clientes do EGI, outros escritórios diretos.

Para adquirir um escritório regional, o cliente do PMPROJECT BMO deve ficar um ano como escritório independente, direto ou indireto. Após a avaliação de um ano, o EGI poderá ser elegível a escritório regional.

Um escritório regional deve ter pelo menos um EGI direto além do seu próprio escritório. O escritório regional pode ter seu título revogado caso não consiga manter sob a sua gestão os EGIs diretos.

Ao encerrar os EGIs sob a sua gestão, o escritório regional passará a ser um EGI Indireto ligado ao PMPROJECT BMO ou um EGI Direto ligado a outro escritório regional.

Para mais detalhes de tipos de EGIs, fluxos de trabalho e passos para aquisição consulte o Capítulo 20 e acesse o site www.pmproject.com.br/egi e clique em adquirir um EGI Independente.

Tanto os EGIs Regionais como os EGIs Diretos ou Indiretos têm seu funcionamento regulado pelas licenças de operação dos EGIs.

No próximo capítulo serão apresentados os tipos de licenças de operação dos EGIs Independentes.

# CAPÍTULO 22: LICENÇAS PARA EGIS

## CINCO PASSOS PARA ADQUIRIR UM EGI INDEPENDENTE

O EGI Independente pode ser adquirido de forma rápida e com a aplicação dos critérios necessários, através dos cinco passos para aquisição. Veja a seguir no diagrama.

Auditoria e governança são processos posteriores a aquisição do EGI, mas seus protocolos são assinados durante a fase de aquisição.

Os processos de auditoria garantem a execução nos moldes estabelecidos pelo EGI e pela matriz PMPROJECT BMO.

Os processos de governança garantem a segurança da informação do cliente no quesito confiabilidade e transparência de processos.

## LICENCIANDO O EGI INDEPENDENTE

Utilizando os cinco passos, o EGI pode ser adquirido através de uma licença de uso independente.

A licença de uso traz as aplicações para o EGI e as práticas de governança estabelecidas para aplicação no cliente do EGI Independente. Esta licença é restrita com direitos autorais de aplicação e uso do sistema EGI Independente.

A licença do EGI é uma licença comercial semelhante a uma licença de uso de software, porém aqui o produto é a inteligência de gestão utilizada na base de conhecimento do EGI.

Assim como os livros, a licença de uso do EGI Independente permite o uso e aplicação comercial desde que não seja alterada sua configuração ou realize uma distribuição não autorizada.

## COMO UTILIZAR A LICENÇA DO EGI INDEPENDENTE

A licença comercial do EGI pode ser utilizada por qualquer organização (é necessário ter uma personalidade jurídica para adquirir uma licença). Mas o uso e aplicação de um EGI Independente deve ser utilizado por profissionais qualificados com experiência comprovada para assumir o papel de gestores inteligentes através do EGI.

No site do PMPROJECT é possível encontrar um modelo de licença de uso padrão utilizado como referência para o EGI Independente. Por se tratar de um negócio inovador, o EGI e suas diretrizes estão ligadas a processos de inteligência de gestão estabelecidos pelo PMPROJECT BMO.

As licenças são intransferíveis e de uso único para cada EGI. Se necessário expandir, evoluir ou adquirir um novo EGI, será estabelecida uma nova licença de uso, assim como ocorre com os softwares de suíte de aplicativos ou on-demand.

Exceções das licenças do EGI são aplicadas para EGIs Independentes quando há transferências por pedido do cliente. Veja o exemplo a seguir.

Um cliente solicitou um EGI para área de Engenharia de Projetos. É um EGI interno que atuará junto a produção, gerenciando de forma inteligente a área de Engenharia Industrial. Durante o processo de gestão, houve uma alteração no cliente e a área de Engenharia Industrial ganhou mais uma área sob a sua gestão, o PCP agora faz parte da área. Então o EGI agora fará a gestão também da área de PCP.

Neste caso a licença do EGI não sofre alterações pois a área de gestão continua sendo a Engenharia Industrial e tudo o que está sob a sua demanda. Isto é chamado de inclusão de comando. Agora veja outro exemplo.

O mesmo cliente solicitou que o EGI da área de Engenharia de Projetos, que atualmente conduz a gestão da Engenharia Industrial possa também fazer a gestão do Almoxarifado. O Almoxarifado pertence a área de Suprimentos e continuará sob a gestão desta área. Assim o EGI necessitará de uma inclusão de escopo e atuará também na área de Suprimentos.

Neste caso, onde o escopo é adicionado, a licença do EGI precisa ser expandida e adicionada uma nova licença para a nova área a ser incluída no escopo. Isto é chamado de inclusão de demanda.

## EXPANSÃO DOS EGIS INDEPENDENTES E LICENÇAS REGIONAIS

A licença comercial do EGI pode ser uma licença regional. A licença comercial regional é uma licença "guarda-chuva" também semelhante a uma licença de suíte de aplicativos completa. Com esse tipo de licença o proprietário do EGI Independente poderá adquirir novos escopos ou movimentá-los da forma que desejar sem adquirir novas licenças. Mais detalhes sobre o EGI Regional no capítulo 21.

## LICENÇAS DE OPERAÇÃO DO EGI - ENTERPRISE

**ENTERPRISE LICENSE | ETPO**
Licença CORPORATIVA para operação de EGI

A Licença Enterprise Third Party Office é para operação de EGIs Independentes Regionais ou EGIs Independentes com múltiplos negócios.

A licença ETPO é completa e possuí todos os EGIs em todos os níveis de gestão de acordo com contrato.

Ao adquirir uma licença ETPO para comercialização é necessário ter um escopo de serviços coerente com a contratação.

## LICENÇAS DE OPERAÇÃO DO EGI - BUSINESS

**BUSINESS LICENSE | BTPO**
Licença de NEGÓCIOS para operação de EGI

A Licença Business Third Party Office é para operação de EGIs Independentes com um único negócio. A licença BTPO possuí um tipo de EGI em todos os níveis de gestão de acordo com contrato.

Ao adquirir uma licença BTPO para comercialização ela poderá ser utilizada para 1 cliente e 1 tipo de negócio. Para mais clientes e / ou outros negócios é necessário contratar uma nova licença BTPO para cada um deles.

## LICENÇAS DE OPERAÇÃO DO EGI - PROJECT

**PROJECT LICENSE | PTPO**
Licença de PROJETOS para operação de EGI

A Licença Project Third Party Office é para operação de EGIs Independentes com um único projeto. A licença PTPO possuí um tipo de EGI em todos os níveis de gestão de acordo com contrato.

Ao adquirir uma licença PTPO para comercialização ela poderá ser utilizada para 1 cliente e 1 tipo de projeto. Para mais clientes e / ou outros projetos é necessário contratar uma nova licença PTPO para cada um deles.

## LICENÇAS DE OPERAÇÃO DO EGI – OPERACIONAL

**OPERATIONAL LICENSE | OTPO**
Licença OPERACIONAL para operação de EGI

A Licença Operational Third Party Office é para operação de EGIs Independentes para um único experimento.

A licença OTPO possuí um tipo de EGI especial exclusivo para implantação sem continuidade com um único nível gestão.

Ao adquirir uma licença OTPO para comercialização ela poderá ser utilizada para 1 único processo. Para mais processos é recomendável utilizar outros tipos de licença.

As licenças de operação dos EGIs estão distribuídas de acordo com o uso e aplicação dos EGIs. Os EGIs Regionais utilizam a licença ETPO. Essa licença permite ao escritório regional comercializar qualquer EGI em qualquer nível de gestão para uma quantidade ilimitada de clientes.

Para adquirir esse tipo de licença, o escritório regional deve ter um escopo multifuncional (diversos escopos e fluxos) e multinível (operacional, gerencial e estratégico). Os EGIs Diretos, ligados aos EGIs Regional ou os EGIs Indiretos ligados ao PMPROJECT BMO devem utilizar uma das opções a seguir:

- Licença BTPO – Para EGIs que atuam com negócios em vários níveis de gestão.
- Licença PTPO – Para EGIs que atuam com projetos em vários níveis de gestão.

A diferença das licenças está no tipo de prestação de serviços do EGI. Se o serviço prestado pelo EGI for para um negócio novo ou estabelecido, onde as operações têm fluxo contínuo e processos operacionais, a licença deverá ser a BTPO.

A licença BTPO é uma licença contínua onde os serviços prestados ao negócio têm continuidade até o seu encerramento por uma das partes. Não há expectativa de encerramento das atividades.

Se o serviço prestado pelo EGI for para um serviço exclusivo, temporário ou um projeto, programa ou portfólio, onde os processos têm fluxo temporal, caráter finito ou prazo para conclusão, a licença deverá ser a PTPO.

A licença PTPO é uma licença contínua porém com expectativa de término definida pelo projeto ou serviço temporário que ela atende. Os serviços prestados nessa licença têm continuidade até o seu encerramento por uma das partes ou pelo projeto, o que for mais conveniente ao cliente.

No caso da licença PTPO, o encerramento do projeto não significa que a organização não tenha atividades a cumprir. Auditorias, encerramentos financeiros e contábeis ocorrem em meses e até mesmo anos após o encerramento operacional do projeto. Assim o EGI terá a continuidade até o encerramento de todas as atividades, operacionais e pós operacionais do projeto.

E por fim, apenas para projetos ou negócios exclusivos, com período de operação não usual, experimental, pesquisas e desenvolvimentos ou apenas para fase de teste de EGIs, a licença será a OTPO ou licença operacional.

O funcionamento do EGI será o mesmo para todos os tipos de licença, o que muda é o fornecimento de informação e a base de conhecimento para cada tipo de licença. As licenças BTPO e PTPO são licenças para EGIs em uma única área. As licenças ETPO pode utilizar EGIs em várias áreas.

É recomendável avaliar o custo-benefício de cada licença vs o processo de implantação. Tem casos que uma licença ETPO pode ser mais vantajosa que uma licença BTPO ou PTPO, quando se trata de vários EGIs ou EGIs evolutivos em uma organização cliente.

## REMUNERAÇÃO EM ESCALA PARA EGIS

Conhecimento é o maior de todos os ativos do século 21. Agora o conhecimento será transformado na grande moeda para remuneração do EGI.

O programa do EGI tem um processo de remuneração em escala gerenciado pelo PMPROJECT BMO. Cada regional recebe um percentual sobre os EGIs que ela gerencia.

Cada EGI Indireto também recebe um percentual sobre as licenças que adquire. Cada EGI Direto também recebe um percentual sobre as licenças que adquire do EGI Regional. Assim todos ganham em escala ao adquirir um EGI. Veja os diagramas de remuneração do EGI.

## REMUNERAÇÃO DO EGI INDEPENDENTE REGIONAL

A Licença ETPO é adquirida pelo EGI Regional com uma taxa de 100% do valor da licença. A cada nova licença um % de desconto é aplicado o L% ETPO.

A cada novo EGI implantado no cliente do EGI Regional, um % de remuneração é aplicado ao novo EGI, o M% EGI.

A cada novo EGI Direto ligado ao EGI Regional, um % de remuneração é aplicado, o D% EGI.

O EGI Regional ainda pode ter um % sobre Licenças OTPO em projetos e negócios específicos ou testes de implantação.

## REMUNERAÇÃO DO EGI INDEPENDENTE DIRETO E INDIRETO

A Licença BTPO ou PTPO é adquirida pelo EGI Direto ou Indireto com uma taxa de 100% do valor da licença.

A cada nova licença um % de desconto é aplicado o L% BTPO ou PTPO.

A cada novo EGI implantado em um cliente, um % de remuneração é aplicado ao novo EGI, o D% EGI.

O EGI Direto ou Indireto ainda pode ter um % sobre Licenças OTPO em projetos e negócios específicos ou testes de implantação.

## REMUNERAÇÃO DO EGI EXCLUSÍVO

A Licença OTPO é uma licença especial e pode ser adquirida por qualquer EGI Independente.

Ao implantar um EGI utilizando uma licença OTPO, o EGI Independente que o implantou adquire a Licença OTPO com uma taxa de 100% do valor da licença.

A cada nova Licença OTPO, um % de desconto é aplicado como remuneração, o L% OTPO.

ESCRITÓRIOS DE GESTÃO INTELIGENTE - EGI

Para incentivar a implantação dos EGIs Independentes, existe a possibilidade de remuneração em escala a cada novo EGI implantado, seja no cliente, seja no escritório regional, direto, indireto ou exclusivo.

Veja a seguir como funciona cada remuneração.

## REMUNERAÇÃO PARA EGI REGIONAL INDEPENDENTE

O EGI Regional Independente adquire um a licença para funcionamento do seu escritório Regional., a Licença ETPO.

Essa licença permite o funcionamento de qualquer nível para todos os tipos de EGI aplicados aos escritórios regionais.

Através desta licença o EGI Regional pode comercializar qualquer tipo de EGI aos seus clientes.

Essa licença é adquirida por um valor integral, sem desconto, a uma taxa de 100%.

Ao implantar EGIs nos clientes da Regional Independente, cada licença aplicada ao cliente adquirida na implantação, o EGI Regional recebe um desconto na sua licença ETPO através do L% ETPO.

Quando o EGI Regional integra um novo EGI Direto sob a sua orientação, o EGI Regional recebe uma remuneração sobre os EGIs Diretos, o D% EGI.

O EGI Regional pode ainda receber a remuneração se comercializar uma licença OTPO para projetos e negócios exclusivos, em fase de teste ou operação especial. A remuneração vem através do O% EGI.

Os descontos aplicados nas licenças L% são disponibilizados ao EGI Regional no momento da aquisição.

As remunerações ocorrem na forma de cash back ao EGI Regional paga pelo PMPROJECT BMO.

A seguir veja como são calculados os processos de remunerações e os descontos para o EGI Regional.

## REMUNERAÇÃO PARA EGI REGIONAL

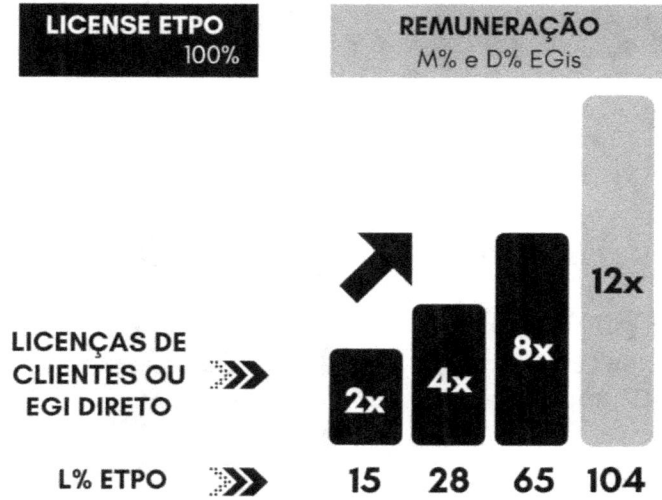

A Licença ETPO tem um fluxo de remuneração em escala a partir de 2 licenças.

Para iniciar a remuneração aplicada as licenças de clientes ou EGIs Diretos, quando o EGI Regional atingir 2 licenças, será aplicado o fator 15 para remuneração já a partir da 2ª licença.

Ao atingir 4 licenças o fator será 28 a partir da 4ª licença.

Ao atingir 8 licenças o fator será 65 a partir da 8ª licença. Ao atingir 12 licenças, o EGI Regional terá o valor equivalente a 1 licença de EGI de remuneração a partir da 12ª licença.

Os valores seguem em escala, quanto maior a quantidade de licenças, maior o fator de remuneração.

A quantidade de clientes poderá ser somada a quantidade de EGIs Diretos para compor a remuneração. Exemplo: 2 clientes e 2 EGI Diretos compõe 4 licenças e já é passível de remuneração no fator 28 aplicado a uma licença.

## DESCONTOS PARA EGI REGIONAL

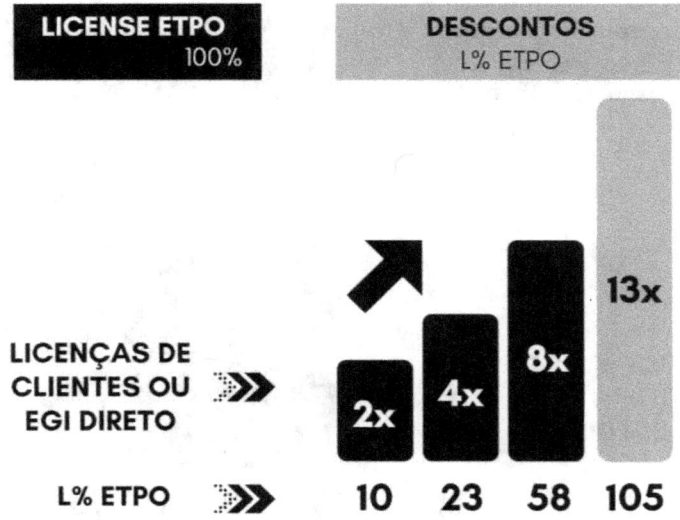

A Licença ETPO tem um fluxo de descontos em escala a partir de 2 licenças.

Para os descontos aplicados as licenças de clientes ou EGIs Diretos, quando o EGI Regional atingir 2 licenças, será aplicado o fator 10 para desconto já a partir da 2ª licença.

Ao atingir 4 licenças o fator será 23 a partir da 4ª licença. Ao atingir 8 licenças o fator será 58 a partir da 8ª licença.

A partir do 13 licenças o EGI Regional terá uma licença gratuita de operação.

Os valores seguem em escala, quanto maior a quantidade de licenças, maior o fator de descontos.

A quantidade de clientes poderá ser somada a quantidade de EGIs Diretos para compor o desconto. Exemplo: 2 clientes e 2 EGI Diretos compõe 4 licenças e já é passível de descontos no fator 23 aplicado a uma licença.

## REMUNERAÇÃO PARA EGI DIRETO OU INDIRETO

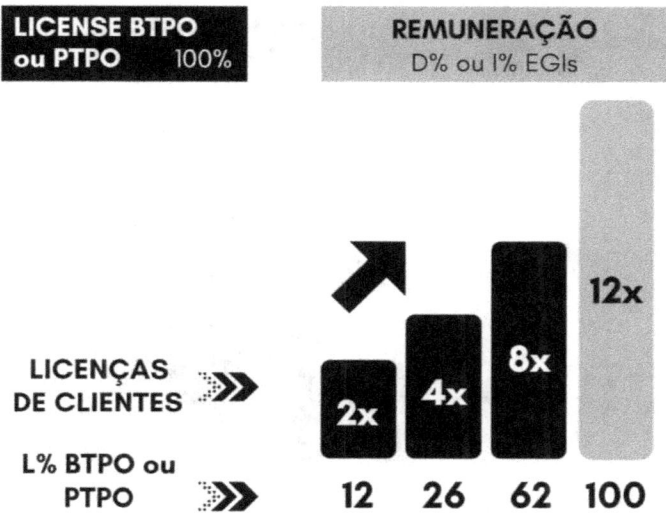

As Licenças BTPO e PTPO tem um fluxo de remuneração em escala a partir de 2 licenças.

Para iniciar a remuneração aplicada as licenças de clientes quando o EGI Direto ou Indireto atingir 2 licenças, será aplicado o fator 12 para remuneração já a partir da 2ª licença.

Ao atingir 4 licenças o fator será 26 a partir da 4ª licença. Ao atingir 8 licenças o fator ser 62 a partir da 8ª licença.

Ao atingir 12 licenças, o EGI Direto ou Indireto terá o valor equivalente a 1 licença de EGI de remuneração a partir da 12ª licença.

E os valores seguem em escala, quanto maior a quantidade de licenças, maior o fator de remuneração.

## DESCONTOS PARA EGI DIRETO OU INDIRETO

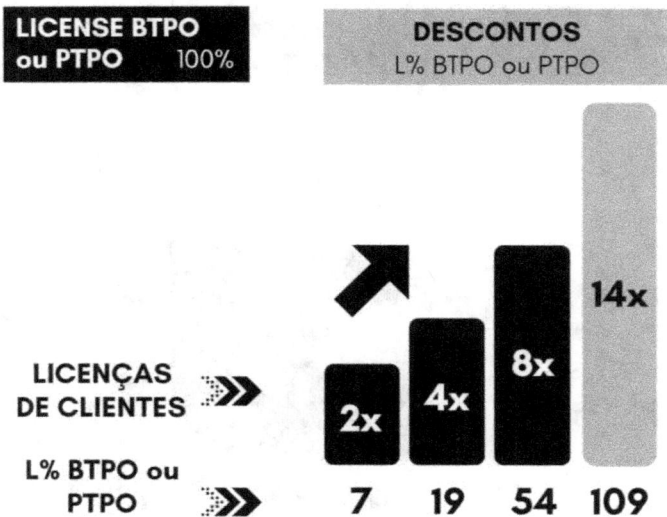

As Licenças BTPO e PTPO tem um fluxo de descontos em escala a partir de 2 licenças.

Para os descontos aplicados as licenças de clientes, quando o EGI Direto ou Indireto atingir 2 licenças, será aplicado o fator 7 para desconto já a partir da 2ª licença.

Ao atingir 4 licenças o fator será 19 a partir da 4ª licença.

Ao atingir 8 licenças o fator será 54 a partir da 8ª licença.

A partir do 14 licenças o EGI Direto ou Indireto terá uma licença gratuita de operação.

E os valores seguem em escala, quanto maior a quantidade de licenças, maior o fator de descontos.

As LICENÇAS OTPO comercializadas pelos EGIs Independentes Regionais, Diretos ou Indiretos, seguem os mesmos fatores de remuneração e desconto aplicados acima. Os fatores serão aplicados as licenças mensais comercializadas para clientes ou EGIs através dos planos de licenças.

A remuneração aplicada as licenças adquiridas pelo EGI Regional crescem exponencialmente. Como as licenças são aplicadas para um período aos clientes, a quantidade de licenças computadas são as licenças acumuladas ativas.

Licenças encerradas no período não serão computadas para os fatores de desconto ou remuneração.

Cada EGI Regional deverá organizar suas licenças e apresentar periodicamente o resultado da comercialização e remuneração dos EGIs.

Todas as licenças serão comercializadas através do PMPROJECT BMO.

A comercialização de licenças OTPO são elegíveis a remuneração e descontos, porém, seu cálculo é feito de forma separada e seus fatores aplicados somente as mesmas licenças OTPO comercializadas.

Saiba mais sobre como funcionam as licenças e como gerenciar um escritório regional de gestão no livro Boutique Management Office – BMO da série Management da BIO.

# CAPÍTULO 23: O FUTURO DA GESTÃO

## COMO SERÁ O FUTURO DA GESTÃO?

Um dos papéis mais importantes dos grandes gurus, em cada uma das suas áreas, é trazer respostas sobre as áreas que atuam. Dificilmente um guru terá previsões realistas sobre o futuro. Isso não é pelo fato de não terem conhecimento sobre suas áreas, pelo contrário, isso está muito claro que todos tem conhecimento de sobra.

> Você quer passar o resto da sua vida vendendo água com açúcar ou quer uma chance de mudar o mundo.
> Steve Jobs

Não há porque fazer uma análise sobre esse momento da vida de Jobs, a situação em que estava, para quem ele disse essa frase. Ao utilizar essa frase, o objetivo é levar um questionamento para todos.

O que você tem feito da sua vida?

Está vendendo água com açúcar ou mudando o mundo?

Se essa pergunta for feita a grandes organizações, elas provavelmente estarão em um processo de vendas de água com açúcar. E mais, elas têm deixado de lado o potencial que tem para ajudar a mudar o mundo.

Outra coisa que muitos gurus não vão saber responder é sobre um dos projetos mais importantes da sua vida, a sua própria vida.

Por mais que existam máquinas e inteligência artificial suficiente para controlar o mundo inteiro, nunca haverá máquinas que desvendem por completo os mistérios da inteligência humana.

Muitos cientistas não tiveram sucesso no desenvolvimento de máquinas inteligentes. Isso se deve ao fato de não compreenderem o livre arbítrio de fato.

Ter liberdade não é ter livre arbítrio. Ter liberdade é não estar preso a algo ou a algum lugar.

Ter livre arbítrio, mesmo quando se está preso, acorrentado, em uma cela, solitário, é possível escolher estar livre.

Ter domínio do pensamento humano é a maior de todas as façanhas. Nesse campo de atuação não há notícias sobre como atuar na compreensão do pensamento de forma efetiva.

Teorias e mais teorias são traçadas sobre a mente humana e como ela se comporta. Mas o grande fato é que ainda não é possível compreender nada tão relevante sobre ela.

Estes parágrafos não parecem ser extraídos de livros sobre gestão, mas sim sobre Psicologia. E este é o propósito. Trazer para os processos de negócios e projetos um olhar sobre a verdadeira inteligência, a inteligência interior.

O objetivo dessa reflexão é compreender o que é necessário fazer para elevar o nível de inteligência e compreender como será o futuro a partir da compreensão da inteligência humana.

Para compreender a inteligência segue algumas visões de futuro da BIO. para incentivar esse entendimento. Um período de 20 anos será o intervalo escolhido para cada visão.

Em 20 anos a mente humana terá alcançado uma velocidade de conexão com a sua própria inteligência e a inteligência superior muito mais rápida do que nos últimos 200 anos.

A mente humana terá passado por um processo de evolução e uma carga de estresse mental nunca experimentado. O resultado disso provavelmente é uma oportunidade de evolução.

Projetos e negócios, tecnologia e desenvolvimento super-rápidos e avançados transformarão os seres humanos em verdadeiras máquinas de pensar, dar respostas e soluções.

O que falta para que a gestão inteligente seja parte inerente da rotina das organizações, dos negócios e projetos, do dia a dia das pessoas, é apenas parar para compreender o que realmente é inteligência de gestão.

É necessário parar um momento, no meio a tanta velocidade e evolução e ver algo que ficou para trás.

Assim como em uma viagem de trem entre duas localizações, não é possível olhar pela janela e ver o que passou.

É possível conectar a vários satélites e ver em tempo real aquilo que não se viu no tempo presente. E as sensações vividas naquele momento? Como é possível revivê-las?

Não é possível. É possível ter lembranças, mas sensações são algo possível de serem vividas somente no momento presente.

Este despertar da inteligência é um chamado a todos os profissionais para que comecem a utilizar o seu maior potencial criativo, possam transformar métodos e processos em transformações de comportamento. E mais, possam mudar o mundo através de ações de inteligência.

Que os profissionais do futuro possam realmente utilizar o computador mais eficiente que já foi desenvolvido, a sua própria mente.

## O FUTURO SEGUNDO A GESTÃO INTELIGENTE

Em um futuro muito próximo, universidades pelo mundo inteiro substituirão seus métodos de ensino por processos inteligentes de gestão, de ensino e de transformação.

Em futuro muito mais próximo ainda, cada empresa, em cada área existente em uma organização, terá ao menos um profissional com o título, Inteligência de Gestão de Processos, Inteligência de Gestão de Projetos, Inteligência de Gestão de Negócios, etc.

Em um futuro próximo, assim como as empresas possuem um departamento de RH, Contabilidade, Financeiro, Suprimentos e Vendas, as organizações terão um departamento de Inteligência.

Escritórios convencionais estarão fechados e espaços inteligentes serão abertos.

Uma transformação no modo de vida e na forma de encarar o trabalho, no desenvolvimento das atividades do dia a dia e na formação de conceitos, todos estarão voltados para processos de inteligência.

Novas formas inteligentes de construir, produzir, comercializar, capitalizar, investir e transformar serão gerenciadas por EGIs em todo o mundo.

Novas indústrias do futuro produzirão itens inteligentes que ainda não foram inventados e estarão lado a lado com os Escritórios de Gestão Inteligente que serão responsáveis por esses processos.

Meios de transportes inteligentes contendo pessoas e mais pessoas indo para onde quiserem, trabalhando em sistemas autônomos de gestão através dos EGIs itinerantes.

O KPI – Key Performance Indicator será substituído nas organizações pelo SPI – Smart Performance Indicator.

Experiências profissionais em inteligência de gestão farão parte dos currículos de muitos profissionais em todo o mundo.

Jovens e idosos estarão nas empresas trocando experiências nos mais diversos meios de comunicação inteligente.

Os jovens desenvolverão processos inteligentes de gestão nos diversos EGIs espalhados pelo mundo.

Os idosos prestarão consultoria de processos inteligentes com a capacidade que adquiriram a vida inteira e armazenaram nos Sistemas de Gestão Inteligente através do HALL.

Uma geração inteira indo embora em 20 anos sendo substituída por uma geração muito mais inteligente e o EGI registrando todo o conhecimento dessa geração que se vai.

Curas de doenças ditas incuráveis, sendo desenvolvidas por processos inteligentes de gestão com EGIs aplicados a saúde e a pesquisas científicas aliadas a inovação de gestão.

Países inteiros substituindo seus indicadores de PIB – Produto Interno Bruto por IIB – Inteligência Interna Bruta. O conceito de inteligência IIB superará o PIB em escala mundial.

Sistemas tributários, jurídicos e financeiros sendo transformados em sistemas inteligentes de colaboração e inovação através do EGI.

Não haverá perda de funções, mas transformação inteligente de gestão para essas funções.

Centenas, milhares, milhões de pessoas pedindo aos seus governos que lhe forneçam conteúdos inteligentes através de EGIs de conteúdo nacional aplicados a gestão governamental.

Televisão, rádio e de muitos outros meios de comunicação serão transformados em transmissões inteligentes com canais de gestão inteligente através do Int Channel.

Alimentação mundial será substituída por processos inteligentes de alimentação em escala global onde os processos de produção de alimentos sofrerão uma revolução inteligente.

Grandes corporações e pequenas empresas com processos inteligentes atuando em mercados mundiais, todas com EGIs implantados e em pleno funcionamento.

Uma transformação no pensamento e na gestão como um todo está em andamento pelo mundo através dos EGIs. Todo lugar onde há algum processo, projeto, negócio e pessoas, haverá um despertar da inteligência através dos EGIs e da BIO.

Enfim, novas oportunidades de transformar a gestão organizacional e profissional foram criadas pelo EGI e deverão ser levadas a diante para mudar o mundo.

## O FIM É APENAS O COMEÇO DE TUDO

O Escritório de Gestão Inteligente é só o começo. Muitos outros virão depois dele. A mudança sobre as novas formas de gestão é um pensamento da BIO. Boutique Intelligence Office.

Saiba mais sobre escritório butique de gestão no livro Boutique Management Office – BMO da série Management da BIO.

Hoje a BIO. e o seu conceito chegou até você através deste livro, mas chegará a muitos outros lugares, de muitas outras formas inteligentes. A BIO. transformará o mundo e nós faremos parte dessa transformação.

Sucesso !!!

# SOBRE O AUTOR

MARCELO MARQUES GRANADO

Um engenheiro, brasileiro do estado mineiro, teve um sonho de mudar a vida da humanidade. Em busca de encontrar o sentido da vida resolveu começar a jornada mudando a própria vida. Tudo isso resultou em uma explosão de conhecimentos ativados pela Inteligência Infinita e a criação da BIO.

Quando o primeiro anjo, foi levado para um lugar na eternidade e outro anjo veio como uma alegria para vida, tudo se transformou em um encontro especial com o eu interior. Aos 39 tornou-se consultor, empreendedor e CEO do PMPROJECT Boutique Management Office. Criou metodologias de gestão e vários projetos para multinacionais.

Aos 43 anos a descoberta da minha verdadeira paixão aflorou, deixar um legado de tudo o que recebeu interiormente, que pode ajudar a muitos a se encontrarem, profissional, pessoal e espiritualmente. São mais de 40 títulos para celebrar os 40 anos de vida. Das aulas de Filosofia, aos estudos de Psicologia Positiva, Felicidade, Origem da Vida e tudo o que leva ao bem estar interior até a música que inspirou tudo isso.

EU SOU Marcelo Marques Granado e terei prazer em conhecer você e te apresentar nossas histórias da Inteligência Infinita. Conheça a BIO. em www.pmproject.com.br/bio.

# OBRAS DO AUTOR

## FAMILY OFFICE SERVICES

Iates e viagens internacionais, um mundo bilionário está ao alcance de profissionais que desejam trabalhar em um Family Office.

Gerir fortunas bilionárias e tomar decisões de investimentos e gestão de portfólios com orçamentos maiores do que muitas cidades ao redor do mundo.

Mas nem tudo são investimentos, valores e luxo. O maior desafio dos serviços prestados para Family Offices é a mudança de cultura. Este livro trata da cultura e dos processos para atuar com Family Offices.

Um choque cultural para a maioria dos profissionais que entram nesse mercado. Não há um único escopo ou empresa, holding ou escritório em particular. O trabalho é desenvolvido para uma família.

Uma sensação de segurança, confiança e trabalho mútuo. Um dos melhores lugares para se trabalhar, ao lado de uma grande família.

Trabalhar com um Family Office é uma verdadeira questão de família e não é para qualquer um.

## SMART PMO

Consagrado nas organizações como a mais alta cúpula de conhecimento de projetos, o PMO ou EGP, Escritório de Gerenciamento de Projetos, é o fator crítico de sucesso de organizações que trabalham com projetos.

Projetos são os elementos mais complexos de uma organização e necessitam de profissionais experientes. Porém as diversas crises mundiais afetaram o mercado de diversas maneiras.

Aumento da demanda e capacitação, redução dos salários e aumento dos custos de produção inviabilizaram uma gama de processos.

A solução encontrada foi criar um programa de serviços completo para organizações de forma inteligente com qualidade superior e com custo inferior ao custo das equipes internas.

O Smart PMO é a solução para grandes, médias e pequenas organizações.

O Smart PMO pode ser dividido por nível de gestão inteligente. Smart PMO Directive (Estratégico), com mais alto nível de gestão. Smart PMO Control (Gerencial), com foco no controle gerencial. Smart PMO Support (Operacional) atuando com as equipes de projetos. Este é um manual prático para conhecimento, aplicação e implantação do Escritório de Gestão Inteligente - Smart PMO.

**SMART PROJECT AUDIT**

Os auditores são as últimas pessoas que atuam nos projetos e processos de uma organização. O resultado das auditorias nunca foi tão desejado em todos os tempos. Uma validação dos projetos e dos processos traz maior credibilidade e ajudam a descobrir falhas internas e externas.

Os trabalhos de auditorias internas e externas, em qualquer uma das áreas de aplicação, tem um papel tão fundamental como qualquer outro departamento como vendas, orçamentos, recursos humanos, produção e até mesmo a alta gestão.

Os auditores são os olhos e ouvidos da organização e seu principal objetivo é olhar, de forma prática, o dia a dia, as operações, os projetos e os processos.

Este livro pretende desmistificar o trabalho de auditoria e apresentar processos inteligentes de gestão para criar equipes "auto auditáveis" seguindo as práticas das equipes de gestão inteligente.

O Smart Project Audit é a revolução da inteligência em auditoria de gestão, de custos e operações. Aliados aos Escritórios de Gestão Inteligente - EGI o Smart Project Audit é uma carta na manga para as organizações.

## ESCRITÓRIOS DE GESTÃO INTELIGENTE

A Gestão Inteligente é uma realidade das Startups. Grandes corporações e multinacionais também já experimentaram os benefícios da Gestão Inteligente. Chegou a hora de todas as organizações conhecerem os Escritórios de Gestão Inteligente.

A Gestão Inteligente é desenvolvida a partir de uma série de processos inteligentes aplicados ao mundo dos negócios e projetos. Os escritórios espalhados pelo mundo compartilham os processos e práticas de Gestão Inteligente.

Os Escritórios de Gestão Inteligente são inspirados no Escritório de Gestão de Projetos - PMO e no Centro de Serviços Compartilhados - CSC. Enquanto o PMO e o CSC atuam em projetos e serviços, os Escritórios de Gestão Inteligente atuam em todas as áreas de gestão.

Da gestão operacional ao C-Level, passando por processos de decisão, indicadores, ações e resultados inteligentes, todos estão sob a gestão do Escritório de Gestão Inteligente.

Este livro é o resultado de projetos, consultorias e desenvolvimento inteligente de gestão ao longo de mais de 20 anos de experiência.

Escritórios de Gestão Inteligente é o novo conceito de gestão para transformar as organizações. Saiba como implementar a Gestão Inteligente em todas as áreas da organização.

O futuro da gestão começa aqui.

## INTELIGÊNCIA ORGANIZACIONAL

Sucesso organizacional é um dos índices mais difíceis de se medir.

Uma organização não é um conjunto de leis, normas, práticas, regras, números, não é um registro comercial ou faturamento, operações e processos.

Uma organização é composta de máquinas e de seres humanos. E todo ambiente que acomoda um ser vivo, tende a se tornar um ambiente vivo.

A cultura organizacional levada a sério avalia o indivíduo e suas ações, seus impactos na organização e os impactos na vida que as organizações geram para os indivíduos.

A Inteligência Organizacional é um livro que traz informações, processos e práticas para gerir esse ambiente vivo.

Este livro é um guia prático de como entender o banco de dados mais precioso da sua organização, as mentes brilhantes que o conduzem todos os dias.

Como conduzir o conhecimento tácito e transformá-lo em conhecimento adquirido.

A Inteligência Organizacional apresenta ainda uma nova visão organizacional por posições e processos ao invés de indivíduos.

Saiba como criar uma estrutura organizacional inteligente, equipes motivadas e autogerenciáveis.

## PLANEJAMENTO E INTELIGÊNCIA ESTRATÉGICA

Previsões realistas disponíveis em segundos em plataformas de captação de leads e perfis de consumo. Mas será que essas informações são suficientes? Como serão os padrões de consumo daqui a 5 anos?

E o planejamento de longo prazo? Deixou de existir um planejamento estratégico? Claro que não. Mas como prever um futuro tão incerto como o nosso futuro na era de transformação digital?

Este livro tem o objetivo de apresentar às organizações a estratégias de gestão inteligentes que vão transformar completamente o planejamento organizacional de longo prazo.

O Planejamento e Inteligência Estratégica pode ajudar as organizações a criar planejamentos estratégicos inteligentes, iterativos, auto atualizáveis e adaptáveis as mudanças.

Ainda faz parte deste livro as ferramentas de gestão inteligente de negócios e projetos para planejamento e inteligência estratégica.

Conheça a Inteligência aplicada ao Planejamento Estratégico.

## INTELIGÊNCIA ECONÔMICA E FINANCEIRA

A gestão econômica e financeira sempre teve um papel crucial nos resultados das organizações. Ela é o elo que liga o passado (Contabilidade) e o futuro (Planejamento Estratégico).

Agora a Controladoria tem um novo formato de gestão para negócios e projetos, o Escritório de Gestão Inteligente de Finanças o SFM - Smart Finance Management.

O SFM foi inspirado no Escritório de Gestão Inteligente de Projetos o Smart PMO. O SFM foi desenvolvido de forma inteligente para os mais diversos níveis organizacionais.

O SFM pode assessorar e gerenciar as informações e resultados organizacionais através do SFM Support (Operacional).

O SFM Control (Gerencial) atua com todos os controles contábeis e gerenciais alinhado a gestão de custos e receitas organizacionais para projetos e negócios.

O SFM Directive (Estratégico) está ligado a alta gestão e analisa os resultados dos portfólios e traça metas estratégicas de resultados balizados no planejamento organizacional.

O SFM também é responsável pelos relatórios mensais e anuais de gestão inteligente.

Este livro é um manual para conhecer, organizar, estruturar e implantar um Escritório de Gestão Inteligente de Finanças - SFM na sua organização.

Escolha o melhor SFM para o seu negócio ou projeto e comece a transformar os resultados da sua organização.

## INTELIGÊNCIA COMERCIAL E SUCESSO DO CLIENTE

Sucesso do cliente é a continuidade da sua organização. A frase pode parecer impactante mas ela é a razão de ser da sua organização que tem relacionamentos com clientes.

O famoso provérbio moderno, o cliente tem sempre razão, não é exagero.

O termo do Sucesso do Cliente é um jovem com menos de 20 anos que nasceu a partir da tecnologia disruptiva. A cultura do sucesso do cliente é possível de ser aplicada a qualquer área ou segmento de mercado.

Mas como acompanhar a jornada de sucesso do cliente na sua organização? Não há como falar de sucesso do cliente sem inteligência comercial.

Este livro é um manual de inteligência e aplicação de práticas de gestão do sucesso do cliente aliada a gestão comercial inteligente.

Manager Success, Customer Care, Customer Success, Ongoing, Onboarding, Low Touch, High Touch e tantas outras expressões que serão apresentadas neste livro de forma inteligente.

Este livro é o primeiro passo do nosso relacionamento, esperamos que ele seja o início de uma jornada de sucesso entre nós rumo a satisfação plena.

**MANAGEMENT INTELLIGENCE TECHNOLOGY**

A gestão nunca foi tão bem servida de sistemas e ferramentas e processos. De plataformas de apoio a portais inteligentes de resultados. Talvez bem servida até demais, o que pode gerar excesso de tecnologia.

A tecnologia disruptiva proporcionou uma nova maneira inteligente de fazer a gestão organizacional, operacional, projetos e processos.

Amparada por tecnologias de ponta, as áreas de gestão podem contar com um alto nível de informações em níveis jamais imaginados. Mas toda essa informação é utilizada? Não há excesso de informação e falta de foco?

São questões que devem ser respondidas a luz de cada organização, projeto ou negócio.

Este livro traz as técnicas e práticas do Management Intelligence, o uso da gestão inteligente de informações para os sistemas de gestão e tecnologia para as organizações.

## MANAGEMENT INTELLIGENCE INNOVATION

Google, Uber, Apple, Facebook, Amazon, e tantas outras empresas de tecnologia, de mercado, redes sociais, comunicação, transporte, etc. fizeram a revolução no modo de gerir os negócios.

Inspiradas nas empresas do Vale do Silício, as inovações vieram das Startups e das Small Business.

As antigas e novas organizações que se destacaram no cenário mundial tem métodos, soluções e práticas simples e inovadoras. Um novo jeito de pensar e utilizar a inteligência de gestão.

As pequenas gigantes, as Startups e Small Business, pequenas empresas que de tão enxutas parecem negócios familiares, reinventaram a maneira de trabalhar e fazer gestão.

Este livro traz as técnicas e práticas do Management Intelligence, o uso da gestão inteligente de inovação para as organizações. Como inovar em negócios e projetos e como a utilização de práticas inteligentes e como embarcar nessa ideia.

Venha participar dessa transformação com o Management Intelligence Innovation.

## MANAGEMENT INTELLIGENCE USER EXPERIENCE

Eles não trabalham na sua organização mas sabem mais sobre ela do que você mesmo. As necessidades do usuário nunca estiveram tão em alta como nos tempos atuais.

A interação com tecnologias digitais e como os usuários experimentam cada produto ou serviço tem o UX - USER EXPERIENCE como referência.

Apesar de não ser tão comum o uso de UX e suas dimensões em segmentos fora das empresas de tecnologia, as empresas estão usando as técnicas e experiências aplicadas no meio digital e levando para as suas organizações.

Este livro traz os elementos e dimensões do UX da era da transformação digital através das práticas de Gestão Inteligente com o Management Intelligence User Experience.

O uso da gestão inteligente aliado as experiências organizacionais na visão do usuário.

Este livro apresenta como utilizar a combinação de experiência do usuário e experiência do cliente aplicado aos negócios e projetos de forma inteligente.

**MANAGEMENT INTELLIGENCE BUSINESS**

A gestão inteligente aplicada a negócios e projetos tem novas direções, métodos, práticas e indicadores.

Aprendendo os métodos de medições de desempenho inteligente, desenvolvimento da marca, uso e aplicação de técnicas de incentivo a criatividade e a inovação e muito mais.

Mas como medir o sucesso do negócio?

OKR - Objectives and Key Results aliado a SPI - Smart Performance Indicators criam indicadores inteligentes e realistas.

Este livro traz a prática e implementação dos processos e definição de indicadores inteligentes para novos negócios através do Management Intelligence Business, o uso da gestão inteligente de negócios para as organizações.

Este livro é um manual completo para ingressar em negócios da era da transformação digital. Aprenda como utilizar a combinação de técnicas inteligentes para ampliar negócios e criar projetos de sucesso.

**MANAGEMENT INTELLIGENCE SYSTEMS CSI**

Os processos e as informações organizacionais passaram por uma revolução nos últimos 10 anos. A quantidade de informação mundial dobra a cada 2 anos. A falta de informação que era um os grandes problemas das organizações no século XX agora sofrem com o excesso de informações.

Inspirado nas tecnologias de investigação de dados foi criado o framework de Gestão Inteligente, o CSI - Control System Information. O CSI é parte integrante do Management Intelligence System, um conjunto de sistemas de gestão inteligente desenvolvido para negócios e projetos.

Este livro traz uma visão geral sobre o framework CSI e como aplicá-lo na organização. A poderosa ferramenta do CSI explora, de forma investigativa e inteligente, os processos organizacionais, da estratégia até a operação.

Análise de riscos, metas estratégicas, entregas, reports, oportunidades, desenvolvimento, abordagens híbridas e muitos outros fatores são investigados pelo CSI. Venha fazer parte da equipe de investigação do CSI.

## METODOLOGIAS INTELIGENTES DE GESTÃO

Os sistemas de gestão organizacional estão sofrendo uma revolução nos processos e métodos. Novos conceitos surgem da noite para o dia e já fazem parte do cotidiano de muitas empresas.

As novas tecnologias proporcionaram uma análise de Métodos e Processos tão precisa que pode ser medida em qualquer lugar do planeta e até fora dele.

Como manter um sistema organizacional funcionando em um ambiente com tantas mudanças na velocidade da era de transformação digital?

As Metodologias Inteligentes de Gestão apresentam os novos conceitos e métodos autoincrementais, processos autogerenciáveis e adaptáveis de forma prática e aplicada.

Aliada aos Escritórios de Gestão Inteligente, as novas metodologias apresentam as formas mais avançadas de desenvolvimento organizacional inteligente.

Este livro é um manual prático para implantação dos novos métodos inteligentes de gestão para todos os tipos de organização.

## INTELLIGENT PROJECT PORTFOLIO MANAGEMENT IPPM

O PPM - Project Portfolio Management é o mais alto nível de excelência e gestão de projetos de uma organização. O IPPM - Intelligent Project Portfolio Management é uma evolução do PPM e agrega valor ao portfólio através do gerenciamento inteligente de projetos ligados aos objetivos estratégicos.

O maior dos desafios dos gestores é a inteligência de gestão de portfólios. Mas como ajudar a organização a gerenciar seus portfólios de forma inteligente?

Este livro envolve gerentes de projetos, gerentes de programas e gerentes de portfólios e toda a alta gestão organizacional em torno dos sistemas de informação inteligente com o IPPM.

Inspirado em mais de 20 anos de experiência em gestão inteligente de portfólios de projetos, o IPPM traz exemplos práticos de gestão inteligente através dos portais de gestão de portfólios.

Saiba como o IPPM pode transformar completamente a gestão organizacional e operacional de projetos da sua organização.

**101 MANAGEMENT INTELLIGENCE**

O livro 101 Management Intelligence é uma compilação de informações para apresentar os fundamentos da Gestão Inteligente. Para pessoas e organizações que desejam iniciar a gestão com Management Intelligence este é o livro recomendado.

O 101 Management Intelligence traz um conteúdo autoexplicativo sobre os processos de Gestão Inteligente, os Escritórios de Gestão Inteligente - EGI, Sistemas de Gestão Inteligente e suas aplicações.

Baseado na série Management da BIO. o 101 Management Intelligence reuniu neste livro as principais informações do Portfólio de Inteligência de Negócios e Projetos.

Os principais conceitos e referências para a criação do Management Intelligence são encontrados neste livro.

Escrito de forma inteligente, como todas as publicações da BIO, este livro traz a história de um Project Manager que decidiu implantar o Management Intelligence na sua organização.

Os relatos do dia a dia da implantação do Projeto 101 Management Intelligence cria um ambiente lúdico e favorável para a incorporação desse imenso volume de informações.

*O primeiro livro iterativo do mundo sobre Management Intelligence.

**MANAGEMENT INTELLIGENCE KNOWLEDGE**

O conhecimento adquirido em uma organização é o seu maior ativo.

Todo conhecimento gerado tem um papel no desenvolvimento de negócios e projetos. O que as organizações necessitam é a compreensão de como deve ser a gestão desse conhecimento.

O livro Management Intelligence Knowledge traz os conceitos mais avançados de Gestão Inteligente de Conhecimento. A organização das bases de conhecimento, a compreensão da engenharia de dados, o compartilhamento inteligente de informações e muitas outras vertentes de gestão inteligente.

O Management Intelligence Knowledge apresenta as bases de conhecimento para implantação de negócios e projetos com uso de o Management Intelligence.

Da integração de processos aos sistemas de gestão inteligentes, todos os conceitos de gestão do conhecimento estão presentes neste livro.

Venha expandir seu conhecimento com a Gestão Inteligente.

**MANAGEMENT INTELLIGENCE TOOLS**

A Gestão Inteligente não seria nada sem as ferramentas e sistemas que impulsionam a extração inteligente de informações.

O livro Management Intelligence Tools traz uma série de ferramentas, técnicas e sistemas para Gestão Inteligente.

O Data Governance, Data Architecture, Data Storage, Data Warehousing, Business Intelligence e muitas outras fontes de gerenciamento são avaliadas pelo Management Intelligence Tools.

Uma análise inteligente e completa das fontes e conexões de dados organizacionais traduzem o formato inteligente e as formas de contribuir para a gestão.

Este livro traz as ferramentas e sistemas de gestão inteligente interagindo com os processos internos (da organização) e processos externos (do cliente).

O Management Intelligence Tools pretende traduzir de forma prática as maiores ferramentas de suporte a Gestão Inteligente.

**MANAGEMENT INTELLIGENCE TEAMS**

O Management Intelligence Teams é uma revolução de gestão de equipes.

Equipes de Gestão Inteligente que atuam em Escritórios de Gestão Inteligente - EGI.

Equipes Autogerenciadas que atuam em negócios e projetos ágeis ou híbridos.

E o mais novo conceito de Gestão Organizacional Inteligente por Células, o IMC - Intelligent Management Cells. Conceitos e práticas de gestão de equipes inteligentes aplicadas aos processos de Management Intelligence.

Este livro apresenta os tipos de equipes do Management Intelligence, como adquirir equipes externas ou transformar suas equipes internas em equipes inteligentes.

Inspirado em mais de 20 anos de experiência em gestão inteligente de equipes de projetos e negócios o Management Intelligence Teams é uma coleção de práticas de gestão de equipes.

Saiba como o Management Intelligence Teams pode transformar a gestão de equipes na sua organização.

**BOUTIQUE MANAGEMENT OFFICE - BMO**

Uma seleta carteira de clientes com atendimento exclusivo e personalizado. Este é o BMO - Boutique Management Office.

O Escritório Boutique de Gestão é um novo formato personalizado e totalmente direcionado para um seleto grupo de clientes.

Serviços personalizados com atendimento de alto padrão para clientes selecionados.

Como criar um Escritório Boutique de Gestão?

Inspirado nos escritórios boutiques de investimentos o BMO é a evolução dos escritórios de gestão.

O BMO foi criado a partir da experiência de mais de 20 anos do PMPROJECT em atendimento exclusivo para clientes selecionados.

A gestão exclusiva está ao seu alcance com o livro Boutique Management Office.

Saiba como são os processos exclusivos do mais inovador dos escritórios de gestão e aprenda como implementá-los.

www.ingramcontent.com/pod-product-compliance
Lightning Source LLC
Chambersburg PA
CBHW070619220526
45466CB00001B/51